具身认知视角下运动员心理旋转能力研究

冯 甜 著

人民体育出版社

图书在版编目（CIP）数据

具身认知视角下运动员心理旋转能力研究 / 冯甜著.
--北京：人民体育出版社，2021
ISBN 978-7-5009-6054-6

Ⅰ.①具… Ⅱ.①冯… Ⅲ.①运动员-体育心理学-研究 Ⅳ.①G804.87

中国版本图书馆 CIP 数据核字（2021）第115776号

*
人民体育出版社出版发行
北京中献拓方科技发展有限公司印刷
新 华 书 店 经 销
*
787×960 16开本 9.25印张 270千字
2021年9月第1版 2021年9月第1次印刷
*
ISBN 978-7-5009-6054-6
定价：68.00元

社址：北京市东城区体育馆路8号（天坛公园东门）
电话：67151482（发行部） 邮编：100061
传真：67151483 邮购：67118491
网址：www.sportspublish.cn
（购买本社图书，如遇有缺损页可与邮购部联系）

前　言

　　日常生活中，我们如果想要改变自己的空间方位，通常会在执行实际动作之前，先在脑海中变换身体方位，这一过程能够协助我们快速准确地完成动作。个体在空间中保持和操作二维或三维物体的过程，被称为心理旋转。

　　从心理旋转的发展来看，在运动领域中，多数运动项目的技战术执行都需要运动员对空间信息进行感知、编码和转换。体操、跳水的翻腾、转体，篮球、足球的转身，都是通过身体围绕某一轴进行旋转而实现的，所以旋转是体育运动中重要的技术动作之一。从具身认知（Embodied cognition）的角度出发，研究者认为身体能够感知运动技能，进而提升了个体的诸多认知能力，心理旋转能力就是其中之一[1]。研究证实，运动员心理旋转能力优于普通人[2-4]，且心理旋转能力与运动水平之间存在显著正相关关系[5]。原因在于，运动员的心理旋转加工过程能够自动将脑神经系统与感觉动作信息相联系，并表现出与运动学特征和生理限制相一致的心理旋转优势[6-13]。具体而言，研究发现对于能够完成的动作，个体在相关心理旋转任务中的反应时更短[14]，进而完成一种"空间具身"过程。除此之外，心理旋转的实质是对任务刺激进行旋转表象。运动员在练习和比赛的过程中，除了实际执行动作外，经常会运用动作表象，动作表象（Motor imagery）是在没有实际动作的前提下头脑中计划和执行的动作[15]。举例而言，体操运动员在学习新动作时经常提前在心中表象空翻或转体后的朝向，而篮球比赛中球员需要提前把握运球转身动作及方向。从功能等价假说（Functional equivalence hypothesis）的观点出发，研究者认为表象和感知之间是高度相似的[16]。因此，通过考察运动员在不同表征方式下的心理旋转能力，分析运动员心理旋转优势的阶段特征，挖掘运动员心理旋转的机制，可能有益于旋转技术的掌握，以及提升运动员在竞赛中预知自身或对方的运动轨迹和空间方位的能力。在运动训练早期考察心理旋转能力，可以为包含复杂空间信息的运动项目提供科学的选材依据。

　　作为空间能力的重要组成部分，心理旋转在运动情境中的实现经常伴随着时间的要求。具身理论认为，时间信息是影响认知功能具身化的重要方面[17]，由于体育运动需要个体具有针对情境的迅速变化而不断更新策略的能力，因而需要运动员建立在真实时间下的、更加复杂的情境性认知能力[17]。这一主张提示研究者，运动员的心理旋转能力可能通过"时间具身"的方式获得其优势。研究证实，时间压力是影响运动员表象准确性的重要因素，而时间压力是影响动作表象和动作执行的时间是否相等的因素之一[19]。针对普通人群的研究发现，在时间压力下被试的心理旋转成绩下降[20]，然而现有研究结果还未能提供时间压力影响运动员相关绩效的证据。因此，聚焦运动员在不同时间条件下的心理旋转表现，观察他们在不同表征方式的心理旋转的阶段绩效，或许能够为时间具身效应的观点提供新的思考。

在众多运动项目中，竞技跳水项目为深入考察身体旋转经验对心理旋转能力的影响提供了可能。跳水是运动员在一定高度的器械上起跳，完成空中动作后，以入水为结束的一项水上技巧运动，它包含了几个与旋转密切相关的特征：首先，跳水动作是包括了多角度、多圈数及多旋转轴的综合性技术。即便是最常见的翻腾、转体等动作，也需要运动员围绕着三个不同的旋转轴（左右横轴、上下竖轴和前后纵轴）进行旋转才能完成，因而要求跳水运动员具有良好的空间转换、控制能力等基本专项素质[21]。其次，跳水动作对运动员旋转时的精准度要求极高。以打开入水技术为例，我们在观看跳水比赛时经常会看到运动员由于打开时间早或晚而出现水花过大，影响了比赛成绩。最后，跳水项目特殊的时间要求有助于研究者收集心理旋转的时间信息加工的证据。在跳水项目中，所有动作必须在有限的时间内完成，走板、翻腾、转体、打开入水等一系列动作在节奏和时间上环环相扣，前一动作速度的快慢会影响后一技术的衔接，而最终影响动作质量。具体而言，所有的翻转动作都必须在起跳后的腾空时间内完成，还要预留出时间做入水前的打开动作，在此期间每个动作环节都包含了各自不同的时间要求，因此，时间的把握直接影响了跳水运动员的竞技成绩。综上所述，研究采用"专家—新手"范式，通过比较高水平跳水运动员和非运动员在进行心理旋转任务时的行为绩效及脑活动特征，揭示身体旋转经验影响不同表征方式的心理旋转的空间具身效应的整体、阶段特点以及脑活动特征，并通过设置时间压力条件，探索运动经验影响心理旋转时间具身效应的存在及其相应特征。

目 录

第一章 心理旋转能力 …………………………………………（1）

一、概念 …………………………………………………………（1）

二、理论 …………………………………………………………（2）

 （一）具身认知理论 …………………………………………（2）

 （二）动作模仿理论 …………………………………………（4）

三、测试工具 ……………………………………………………（5）

四、表征方式 ……………………………………………………（7）

五、加工阶段 ……………………………………………………（9）

六、电生理研究 …………………………………………………（11）

 （一）ERP研究 ………………………………………………（11）

 （二）fMRI研究 ………………………………………………（13）

第二章 运动员心理旋转能力研究现状 ……………………（15）

一、运动员心理旋转能力的影响因素 …………………………（15）

 （一）运动水平 ………………………………………………（15）

 （二）运动项目差异 …………………………………………（16）

 （三）性别差异 ………………………………………………（18）

 （四）年龄差异 ………………………………………………（20）

二、运动员心理旋转能力的时空具身效应 ……………………（21）

 （一）空间具身效应 …………………………………………（21）

 （二）时间具身效应 …………………………………………（24）

三、运动员心理旋转能力的阶段特征 …………………………（27）

四、运动员心理旋转的策略 …………………………（28）
　　五、运动员心理旋转能力的迁移 ………………………（30）

第三章　运动员心理旋转的空间具身效应的实证研究 ………（32）

　一、客体表征下（抽象图形）运动员心理旋转的特征 …………（33）
　　（一）运动员客体抽象心理旋转的整体特征………………（33）
　　（二）运动员客体抽象心理旋转的阶段特征………………（38）
　　（三）总结 ……………………………………………………（41）
　二、客体表征下（人体图形）运动员心理旋转的特征 …………（42）
　　（一）运动员客体人体心理旋转的整体特征………………（42）
　　（二）运动员客体人体心理旋转的阶段特征………………（46）
　　（三）运动员客体人体心理旋转的脑加工时程特征………（51）
　　（四）总结 ……………………………………………………（62）
　三、主体表征下运动员心理旋转的特征 ………………………（64）
　　（一）运动员主体心理旋转的整体特征……………………（64）
　　（二）运动员主体心理旋转的阶段特征……………………（69）
　　（三）运动员主体心理旋转的脑加工时程特征……………（74）
　　（四）总结 ……………………………………………………（86）
　四、运动员心理旋转空间具身效应的影响因素 ………………（87）
　　（一）个体因素………………………………………………（87）
　　（二）任务因素………………………………………………（117）
　　（三）总结 ……………………………………………………（147）
　五、运动员心理旋转的空间具身效应研究总结 ………………（148）

第四章　运动员心理旋转的时间具身效应的实证研究 ………（152）

　一、时间压力下运动员主体心理旋转的特征 …………………（153）
　　（一）相对时间压力下运动员主体心理旋转的特征………（153）

（二）绝对时间压力下运动员主体心理旋转的特征………（159）
二、时间压力下运动员主体心理旋转的阶段特征 …………（164）
三、时间压力下运动员主体心理旋转的脑加工时程特征 ……（168）
四、运动员心理旋转时间具身效应的影响因素 ……………（181）
　　（一）个体因素………………………………………（182）
　　（二）任务因素………………………………………（195）
　　（三）总结……………………………………………（208）
五、运动员心理旋转的时间具身效应研究总结 ……………（209）
六、研究局限 ………………………………………………（212）

第五章　具身认知视角下运动员心理旋转能力的发展 ………（214）

一、当前研究结论 …………………………………………（214）
二、心理旋转研究的生态性 ………………………………（214）
三、心理旋转的干预研究 …………………………………（215）
四、心理旋转的神经生理学证据 …………………………（216）

参考文献 ……………………………………………………（217）

附录 …………………………………………………………（233）

第一章 心理旋转能力

一、概念

心理旋转（Mental rotation）是个体在空间中保持和操作物体进行旋转的能力[22]。在日常生活中，我们经常会遇到这样的情景：看到一幅倾斜或倒置图像，会在心里想象图像旋转多少度后恢复正立。同样的情境还发生在我们开门的时候，总是会在心里想象应该以哪个方向将钥匙插入锁孔（图1-1）；当司机倒车入库时，也会提前在头脑中规划好倒车路线。相反地，一些人能够快速地辨认倒置的图像内容，或是准确无误地将钥匙插入锁孔，都与其良好的个体心理旋转能力有关。正因如此，心理旋转不仅是心理表象研究的实验范式，也是空间能力（Spatial ability）的重要组成部分。

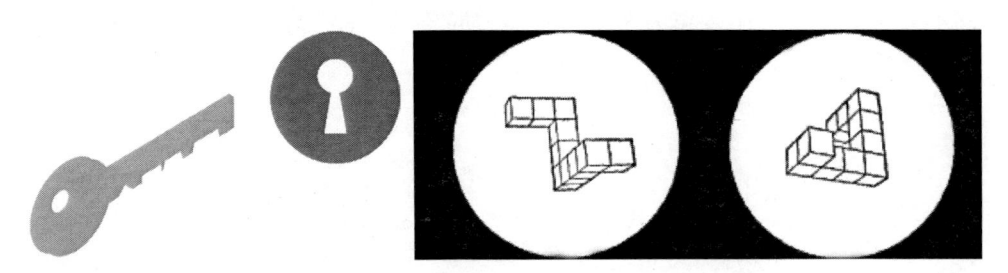

图1-1 生活中的心理旋转和经典三维方块心理旋转

空间能力是理解物体不同位置的空间关系，以及想象二维或三维运动物体的能力[23]。对于空间能力的构成，学界的观点并不统一。洛曼（Lohman）将空间能力分为空间关系、空间定向、空间视觉化以及空间转换，林（Linn）、彼得森（Petersen）和瓦耶尔（Voyer）等认为包括空间感知、空间视觉化和心理旋转[24,25]，而科日夫尼科夫（Kozhevnikov）和赫加蒂（Hegarty）则认为由空间控制能力（以心理旋转能力为代表）和空间定位能力组成[26]。可以看出，尽管空间能力的分类尚无定论，但心理旋转的重要性得到了普遍认同，因而常被用于代表空间能力，或是与空间视觉化（Spatial visualization）能力等同[27]。

空间能力是生活中不可缺少的能力，以心理旋转为代表的空间能力被认为是个体在科学、技术、工程和计算领域（Science, Technology, Engineering & Mathematics, STEM）获得成就的关键影响因素[28, 29]。经典的空间能力测试——谢帕德-梅茨勒（Shepard-Metzler）心理旋转测试也被《最强大脑》纳入空间能力的测试题目。不仅如此，心理旋转与流体智力存在密切的关系，流体智力是指不依赖于以往知识经验，在解决新颖、抽象问题时，通过洞察复杂关系来解决问题的能力。

心理旋转又称表象旋转（Image rotation），个体进行心理旋转的前提是操作自身的内部表征。早期的心理旋转研究有力地说明了表象是一种独立的心理过程，通过心理旋转的研究可以探讨表象的产生、表征、转换等认知加工过程和机制。因此，有研究者认为，心理旋转其实涉及了比表象更为复杂的认知过程[30]。由此出发，心理旋转经常被作为表象研究的范式开展研究。可以此来探讨情绪词语对摔跤运动员心理表象任务影响的行为特征及事件相关电位特点。例如，王积福等探讨了情绪词语对摔跤运动员心理表象的影响，该实验任务为心理旋转任务，心理表象素材即为旋转的字母R[31]。此外，宋薇为了验证马丁表象技能量表能否作为测量表象能力的工具，针对不同量表评分的组别进行心理旋转实验，来考察该量表的效度[32]。

二、理论

心理旋转能力是如何获得的？研究发现，它与个体的活动参与经验相关，学习、工作以及日常活动参与行为都会带来影响。针对不同工作领域的研究表明，外科医生、飞行员、牙医、工程师、电子游戏者、运动员等都表现出优于常人的心理旋转能力[33, 34]。究其原因，研究者认为是由于这些职业包含了复杂的空间操作活动。举例而言，飞行员需要在改变飞行轨迹的同时保持对目标方位的警觉，而运动员的大部分动作技术都需要通过空间方位的改变来完成。

（一）具身认知理论

经典的心理学研究表明，当个体进行手部心理旋转任务时，他们通过想象自己的手移动来匹配刺激方向[8, 9, 35]，而进行这种表象与进行实际的手部运动有着相同的时间特征,并同样受到关节运动的物理限制[8, 9, 35-37]。沃尔施拉格尔(Wohlschläger)等的实验发现,与任务要求方向一致的手部运动能够提高心理旋转成绩[38],而运动障碍者的手部心理旋转任务绩效显著低于健康人[8, 30]。

因此,研究者根据身体活动与认知能力的发展性联系,提出了具身认知理论,主要观点是认知加工以身体状态为基础[17, 39]。理论认为,人类各种类型的认知活动,从观念、思维、概念的形成,到分类和判断等任务的执行,都受到身体和身体感觉运动图式的制约和塑造[40],身体活动与个体的感知、记忆及语言理解能力密切相关[41-43]。对于具身认知的代表性观点,威尔逊(Wilson)进行了概括[17]:①认知是情境性的。认知活动发生在现实环境的背景下,并向内与个体的感知和动作相关联;②认知受到时间的压力。对于认知的理解必须基于一个前提,这前提就是认知是如何在与环境的实时交互的压力下发挥作用的;③环境替我们分担了一部分认知负荷。由于我们的注意能力和工作记忆的资源和总量有限,使得我们处理信息能力是有限的,但环境经常被用来减少我们的认知工作量。我们通过环境来保持甚至操纵信息,在我们需要时供我们使用;④环境是认知系统的一部分。我们的头脑紧密地延续着与世界之间的信息传递过程,因而认知系统不仅是我们的头脑,还可以扩展到包括身体在内的整个环境;⑤认知的目标是行动。认知的功能和根本目的是指导行为,要想把握感知或记忆等认知过程的机制,首先需要理解它们在产生与情境相适应的行为中的作用;⑥离线认知是以身体为基础的。思维活动即使脱离了环境,也依然受到感觉加工和动作控制的深刻印象,这种影响是认知与环境交互中所发展出的。

具身认知所强调的"身心一统"的观点,与传统认知中的"身心二元论"主张有着明显的区别。西伦(Thelen)通过两张图来阐释它们之间的差异[44],图1-2指的是,传统的认知理论关注的是抽象的心理表征,其中感觉系统和运动系统被认为是感知系统的输入和输出对象。在这一过程中,人脑的功能经常被比作计算机,只要被输入一个指令,就会出现对应的结果。但是在具身动态系统模型中[图1-3(A)],感觉系统和运动系统与认知加工被看作一个整体,它们处于不断的互相作用之中。最近,帕科(Paco)重新绘制了动态系统模型[45],该模型强调环境、身体和神经系统各自为动力系统并且持续交互。在这其中,神经系统、身体和情境发生不同层级的交互,在这一过程中,神经系统是具身的,而身体是情境的[图1-3(B)]。

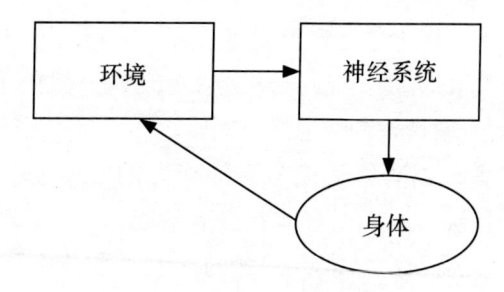

图1-2　传统认知理论模型

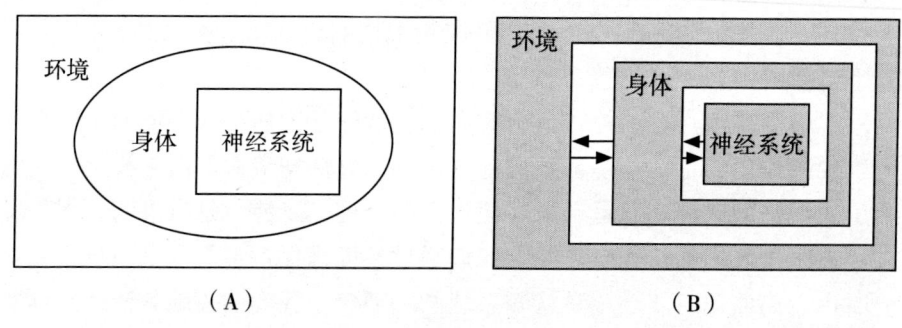

（A）　　　　　　　　　　　　（B）

图1-3　具身认知的动态系统模型（西伦，2000；帕科，2015）

从具身认知理论出发，研究者认为执行实际动作时激活的感觉运动表征在进行动作表象、动作观察和模仿时也会被激活[39,46,47]。与之相似，谢帕德（Shepard）提出了功能等价假说，认为心理表象与动作感知高度相似[16]，通过不同感觉通道获得的空间表征在功能上是相同的。尽管视觉是我们获得空间表征的主要途径，但是通过听觉、触觉、本体感觉等通道，同样能够得到在功能上与通过视觉获得的空间表征相似的表征[48]。通过本体感觉获得的表征也可以像视觉表征那样随着观察者的运动被自动更新[49,50]。

综上所述，具身认知理论是心理旋转研究的重要理论依据，心理旋转的具身效应指的是身体动作经验对个体的心理旋转等空间表征能力的促进作用。

（二）动作模仿理论

运动员心理旋转的理论主要建立在对运动表象的加工过程的阐述之中，运动表象（Motor imagery，MI）指的是在没有外部动作执行的前提下想象一个动作。具身认知理论作为心理旋转研究的重要力量，在之前已详细介绍。本章从心理旋转和运动表象的关系出发,将主要介绍动作模仿理论对于心理旋转能力的支持和解释。

为解释与个体动作相关的认知功能与实际动作执行行为之间的关联,让纳罗(Jeannerod)提出了动作模仿理论(Motor simulation theory,MST)。理论认为,运动表象与实际动作执行之间共享了某些心理表征和内部机制,因此在进行运动表象时能够激活与实际动作执行相似的神经回路。此外,动作模仿理论假设动作表象是通过对神经动作系统的离线模拟完成的,因而运动动作的心理表征和实际动作的心理表征形成了一个连续体,在这个连续体中,被表征的动作在最终执行之前随着时间的推移而逐渐清晰。因此,动作模仿理论的观点为:①真实动作是由内隐的动作表征过程至外显的动作执行过程的连续发展体,其中内隐的动作表征过程包含了对即将执行的动作的许多方面,如动作目标、动作计划和程序,以及动作结果。②动作加工系统作为认知加工网络的一部分,使得动作表征可以脱离于实际动作,独立地通过模拟机制进行操作。③除非动作执行被抑制的情况,被表征的动作与实际执行动作共享同一套神经机制。因此,遵循上述加工机制,动作表象能够为不同人群带来积极的行为结果。研究证明动作表象能够提高运动员、音乐家及舞蹈者的运动表现,并且能够调节动作系统的神经连接性。

此外,需要说明的是,从具身认知的角度出发,即是身体动作如何将我们和外在环境联系起来的。据此,扎根认知的观点认为,想要单纯通过动作表象去完成一个新动作的学习是不可能的[51]。因为动作表象的模拟机制只能重现已有记忆的各种表征,但如果一个动作在记忆中没有进行适当储存,它就难以被模拟或通过联想来表象。

三、测试工具

在当前研究中,对心理旋转能力的考察包括心理测量的纸笔测试(Paper-and-pencil tests)和电脑计时测试(Chronometric tests)两种方式。在纸笔测试中,被试需要在时限内进行多选形式的判断。以范登堡(Vandenberg)和库斯(Kuse)的心理旋转测试为例[27],研究者向被试呈现24道题,每道题包括一个参考图形和四个备选图形,被试需要从四个备选图形中选出两个与参考图形相同,只是进行了旋转变换的正确图形。每选对一个得1分,共24分,要求6分钟内完成[52]。这个测试简便易行,但研究者只能通过测试得分来衡量被试的心理旋转能力[53]。此外，多数研究使用电脑计时测试，要求被试比较在电脑屏幕中呈现的刺激并进行快而准确的判断，研究者通过记录被试判断的反应时和正确率进行心理旋转能力的考察。

随着心理旋转研究的发展，旋转的测试材料也不断增加。三维方块被更改为二维方块［图1-4（B）］，以观察被试在不同类型任务中的绩效；还有研究者用字母代替二维的图形，研究字母的旋转在语义加工中的作用［图1-4（C）］。这类以抽象图形或字母为刺激材料的心理旋转任务被称为物体心理旋转任务（Mental object rotation test，MORT）[54]。除了操作对物体的旋转进行测试外，手部单侧判断任务（Hand laterality judgment task）也被作为心理旋转研究的测试任务［图1-4（D）］。库珀（Cooper）和谢帕德（Shepard）最先使用单幅人手和人脚图作为刺激材料并采用左右判断任务[55]。与物体心理旋转任务不同的是，帕森斯（Parsons）发现个体完成手部心理旋转的时间与其进行实际的手部旋转的时间高度相关，说明在手部旋转的任务中被试的判断是依靠在心中想象自己的手部进行旋转来完成的[35]。此外，帕森斯将手部图形扩展为人体图形［图1-4（E）］，进行了人体心理旋转任务（Mental body rotation test，MBRT），开始系统地研究个体对沿着不同轴旋转的身体动作的感知能力，研

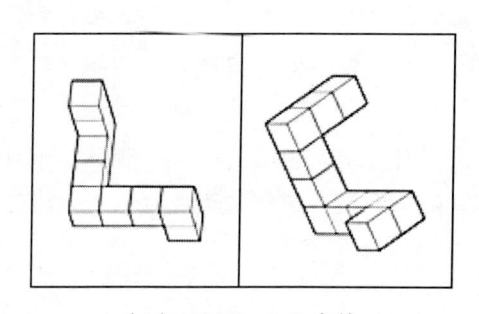

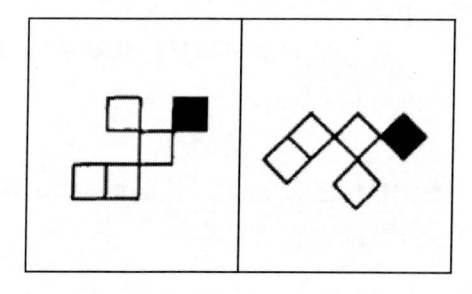

（A）MORT：3-D方块　　　　　　（B）MORT：2-D方块

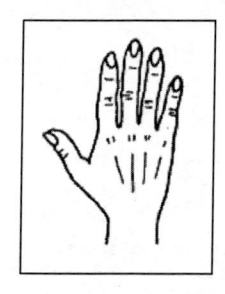

（C）MORT：字母　　　（D）MBRT：手部　　　（E）MBRT：人体

图1-4　心理旋转任务常用的刺激材料

究者发现，空间转换的时间和运动特性会受到表象物体的特性的影响，并据此发现个体具有自我中心参考系的调整能力[9]。

从图1-4中我们可以发现，心理旋转测试的刺激除了物体、字母、二维和三维人体图外，刺激呈现的数量也不尽相同，有的是两个刺激，有的是单个刺激。这就涉及心理旋转测试中的两个常见的范式——S-D范式（Same-different paradigm）和L-R范式（Left-right paradigm）[54]。前者通常呈现两幅图，内容可能是物体、字母或人体，要求被试进行"相同还是不同"的判断［图1-4（A）和（B）］，后者则呈现一幅图，通常是人体或字母，要求被试进行"左侧还是右侧"或"正向还是镜像"的判断［图1-4（C）、（D）和（E）］。两种测试的范式是由心理旋转的两种表征方式决定的，在随后的内容里会具体地介绍。

四、表征方式

心理旋转包括两种不同的表征方式，分别是客体表征（Object-based transformations）和主体表征（Egocentric transformations）[56]，它们广泛地存在于我们的日常生活中，并受到个体进行操作和变换自身或物体的经验的影响[57]。客体表征是被试以第三人称的视角（客观参考系）想象空间中的物体进行操作。例如，在一场篮球比赛中，球员总是需要在比赛间歇聚集在教练身边接受战术指导，对那些面向教练站立的球员而言，只能倒置地阅读教练手中的战术板，这是一种客体表征。在这种表征方式中，观察者将自身位置固定，操作物体进行变换。因此，客体表征的任务刺激通常是成对出现的，任务要求被试进行相同与否的判断。除了成对出现外，范登堡和库斯使用S-M方块，开发了四选二的纸笔心理旋转任务（V-K MRT）[27]，任务每次呈现5幅图，包括1幅参考图和4幅备选图，其中有两幅图与参考图相同，需要被试从中四选二（图1-5）。

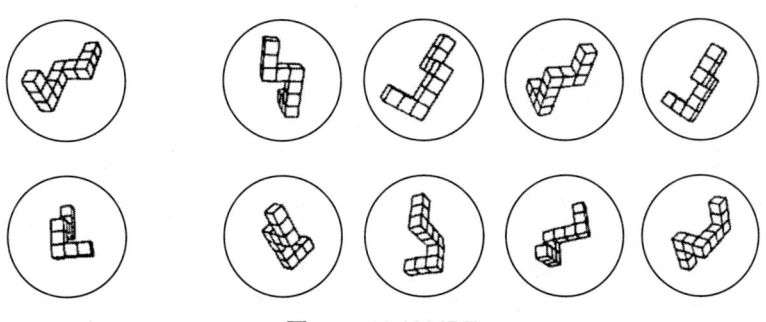

图1-5　V-K MRT

主体表征是被试以第一人称的视角（主观参考系）想象自己在空间中进行转换。举例而言，在倒车入库之前，多数司机在头脑已有大致的行驶路线，这样确保他们不会偏离合适的方向太远，这是一种主体表征。在这种表征方式下，物体保持固定，观察者通过变换自身的角度或方位建立与物体间的关系。在测试任务中，主体表征的任务刺激单个出现，要求被试进行单侧或正镜像判断。以往研究中，主体表征被认为是与身体动作密切相关的心理旋转能力，在第三章"运动员心理旋转的空间具身效应的实证研究"中将作具体介绍。

两种表征方式的区别除了在于参考系和任务要求之外，它们的反应时—角度关系也存在差异。前面提到的谢帕德和梅茨勒使用三维方块的客体表征测试发现了反应时与角度之间的线性关系，并据此发现物体的心理旋转是对物体实际旋转的模仿[22,58]（图1-5左）。但是，在主体表征中，反应时在旋转角度超过60°或90°后才会增加[59,60]，角度和反应时的关系表现出"U"形（图1-6右）[61]。根据凯斯勒（Kessler）和汤姆森（Thomson）的解释，主体表征中特殊的反应时—角度特征或许是由于策略的不同所致[62]。在角度较小的时候类似视觉匹配的过程，而在角度较大时第一人称的主观表征才会启动，使得心理旋转的资源投入更多，因而增加了反应时。

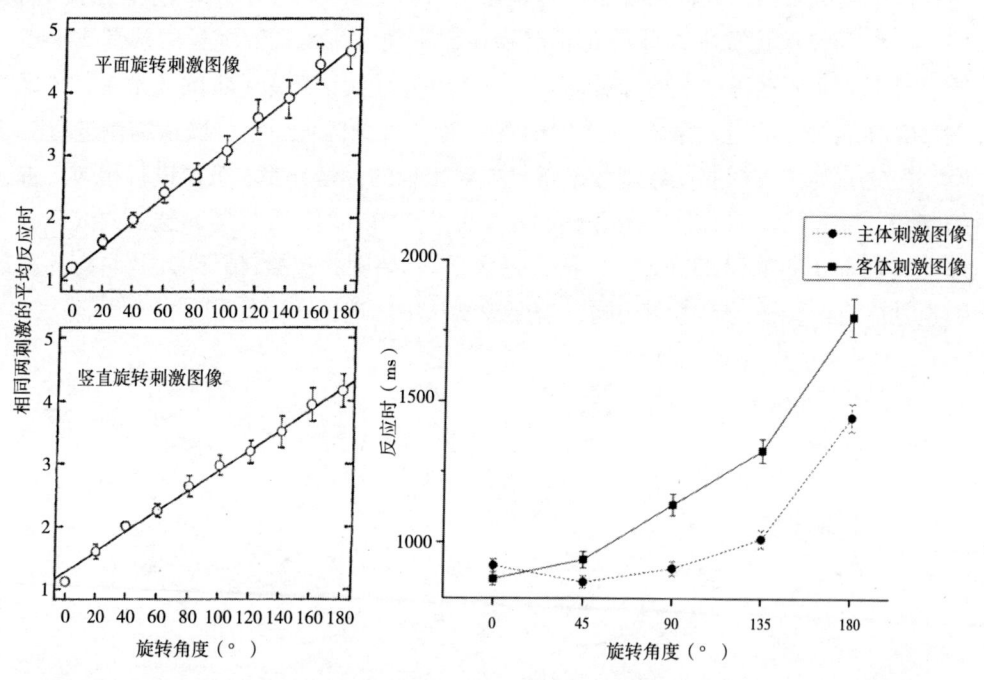

图1-6 心理旋转反应时与刺激选择角度之间的线性关系（左）和"U"形关系（右）

五、加工阶段

从心理旋转的加工过程出发，理解其可能包含的不同阶段，对于阐释心理旋转的机制有着重要意义。早在20世纪70年代，库帕（Cooper）等就对个体在一个心理旋转试次中的反应时的阶段进行分析，建立了反应时的信息加工模型[58]，图1-7中黑色方块表示外部控制或记录的事件，而方框表示内部过程，具体内容包括：①空屏出现后，被试调整、适应位置和距离以及注意刺激材料即将出现的屏幕位置，并准备好反应手指（100ms）。②确定选择选项中哪一个进行比较（原任务中有多个选项，100ms）。③确定该选项的方向（100ms）。④在头脑中将该选项旋转至直立方向，当呈现的刺激从直立（向任一方向上倾斜）到

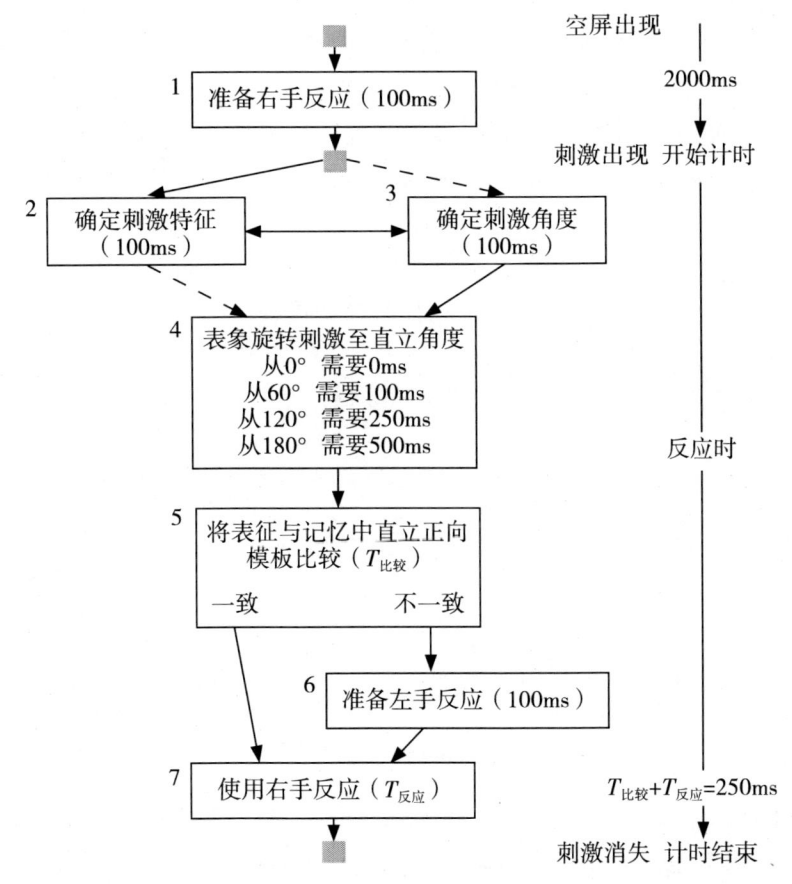

图1-7 心理旋转的信息加工模型图（库帕，1973）

旋转60°、120°或180°，分别需要100ms、250ms或500ms。⑤将旋转后的图像与长时记忆中的标准图像进行比较。如果匹配，则立即执行之前已准备好的响应，所需的时间共约400ms，外部记录反应时。⑥如果不匹配，被试在反应前须改用另一只手按键。

以早期研究者提出的信息加工模型为基础，当前研究发现，心理旋转的认知加工阶段包括3个依次发生的阶段，它们分别是：①感知阶段（Perceptual stage）——感知加工、刺激识别和方向判断；②旋转阶段（Rotation stage）——心理旋转和刺激比较；③决定阶段（Decision stage）——反应选择和执行[63-65]。在相关电生理研究中，有研究者将心理旋转的认知阶段与不同的事件相关电位成分的潜伏期联系起来，认为感知阶段对应的是刺激出现后的0~300ms，对应N2这类早期成分，旋转阶段是300~800ms，对应P3成分，而决定阶段是800ms之后[66]。

还有研究者认为，心理旋转任务具有明确的6个信息处理阶段[67]，分别是：第一，知觉编码，即将原始或靶刺激在心理表征中进行编码；第二，图形辨别，即判断原始刺激和靶刺激旋转的角度；第三，心理旋转，将靶刺激/原始刺激旋转至该角度；第四，判断相同性，将旋转后的图像与原始刺激/靶刺激进行比较；第五，选择反应；第六，反应执行。

对于各心理旋转加工阶段的绩效如何判断，依据Wright等人的观点[68]，不同阶段的作用难以通过心理旋转的整体绩效来体现，因而将反应时指标分解为两个成分，分别是反应时—角度函数（图1-8）的斜率和截距。其中，斜率代表旋转阶段的加工，截距代表感知和决定阶段的加工[69,70]，分别用刺激未旋转时（即旋转角度为0°）的反应时和旋转速度（即用角度除以对应的反应时）作

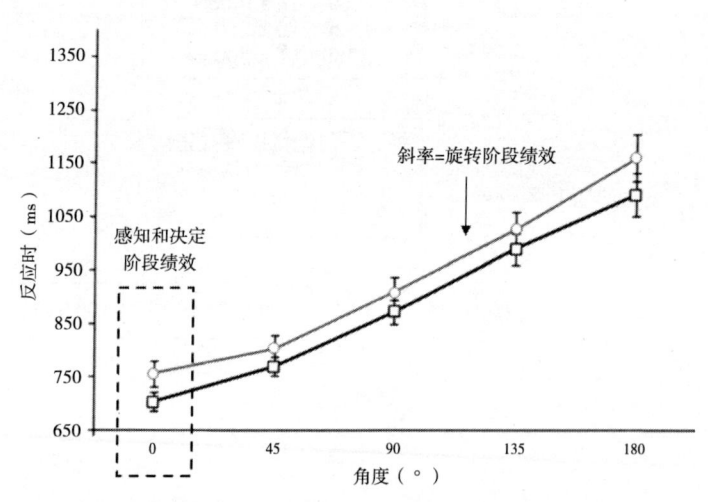

图1-8 不同表征方式的心理旋转的反应时—角度函数[57]

为评价指标[69]。

六、电生理研究

（一）ERP研究

近年来，运用事件相关电位（Event-related potential，ERP）等神经生理技术开展的相关研究，为挖掘心理旋转的神经机制提供了有价值的信息。ERP技术具有灵敏的时间分辨率，经过数十年的发展，已经被广泛地利用到运动认知研究之中。使用ERP手段的心理旋转研究，最早关注到了P3成分[71]。作为ERP研究中的重要成分，P3是峰潜伏期在300ms左右的ERP晚期正向波，它反映了受试者对刺激的接受、处理、反应等认知过程，并可以结合其他成分来评价感知觉、注意、记忆、理解、判断和推理等综合认知过程[72]。P3的潜伏期与信息处理阶段注意力是否集中及中枢信息处理速度有关，P3的波幅反映受到刺激后脑功能被激活的程度，即中枢资源动用程度，与受试者对靶刺激的选择有关[73]。在Oddball中，偶然出现的偏差刺激会引起一个顶部P3的出现。因此，唐钦（Donchin）等认为P3的波幅代表了工作记忆表征的更新，而其潜伏期说明了被试进行刺激分类或评价的时间[74]。并且，实验证明大脑投入的认知资源越多，引发的P3波幅越大。

韦尔斯（Wijers）等以经过不同角度旋转的字母和数字为刺激进行心理旋转测试，他们发现被试在完成判断时，他们的顶叶区域出现了P3成分[71]。并且，P3成分的波幅与图形旋转角度呈现相关，表现为随着与竖直位角度差异的增大，波幅向负向偏移。但是，就心理旋转测试而言，旋转角度的增加应当引起被试更多的认知资源投入，但他们的P3波幅却出现减小。针对这一现象，韦尔斯等进一步提出，P3的减少是由一个负波叠加引起，这个负波是一个与心理旋转加工过程有关的电生理信号，是一个与旋转相关的负成分（Rotation-related negativity，RRN，图1-9）。RRN的波幅随着旋转角度增加而加大，在此过程中大脑皮质的活动强度也随之增大，这种变化反映了进行旋转时需要的心理资源的不断增加[71]。与P3相比，该慢电位起点更晚，持续时间更长。研究发现RRN出现在刺激出现后的300~800ms，在具体实验操作中，研究者通常对某一时段内RRN的平均波幅进行分析。例如，在字母心理旋转中，选择刺激出现后400~500ms[75]或被试反应前的400~200ms[76]，在手部心理旋转中选择

450~600ms[77]。此外，RRN在不同刺激类型的心理旋转任务中都有报告，包括2D几何图像[78, 79]、符号[80]、字母[81]及3D物体图像[82]等，但人体图像的刺激，多为手部图像[13, 83]，少见全身图像的心理旋转RRN研究。综上所述，RRN是心理旋转过程中重要的ERP成分，研究者认为RRN平均波幅反映了个体心理旋转过程中的大脑认知资源的募集量，而顶叶皮层则被认为是心理旋转的核心作用皮层[84, 85]。

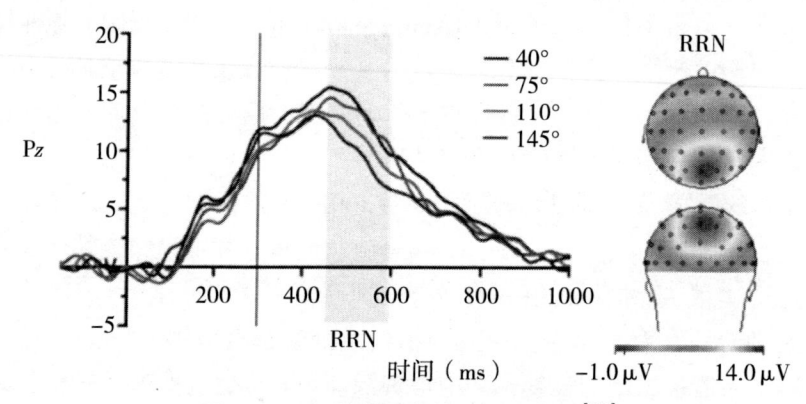

图1-9 心理旋转任务的RRN示意图[83]

需要注意的是，上述研究直接将刺激出现后300~800ms出现的ERP负向变化称为"RRN"[75-77, 86]，本研究也沿用了这一表达，但实际上这一变化是RRN与P3叠加而成的。因此，一些研究用旋转时间窗内的"ERP"来表示[63, 87-89]，而不直接使用"RRN"的说法。还有，我们发现国内研究者关于心理旋转的ERP研究对RRN的表述也有所不同，他们多使用"P3"来表示心理旋转过程中的ERP负向变化[32, 90-94]。

ERP技术有较高的时间精度，其中不同的成分不仅通过出现的时间来命名，更能够代表在某一时间段内大脑的活动特征。不仅如此，心理旋转的三个阶段在时间上是顺序发生的，那么通过将心理旋转的各阶段评价指标与不同时程可能出现的ERP成分相关联，或许能够揭示不同心理旋转阶段的大脑活动特征。最近的一项研究为研究心理旋转的ERP时程效应提供了重要的证据。刘（Lyu）等的研究除了关注在旋转阶段出现的RRN成分外，还关注了早期成分N2[89]（在其他心理旋转ERP研究中也经常出现这个成分，但少有人去关注，图1-10）。N2与P3都是ERP的"内源性成分"，不受物理刺激的特性影响，能够反映个体的认知过程。有研究提出，额区N2在认知控制中有着重要意义[95]。认知控制包括实施行动前对信号的监测、策略的制定，行动中对策略的监控、对动作的及时控制，以及行动后加工反馈信息和调整相关策略等。研究者认为，额区N2与信息加工的过程有关[96]，反映了刺激的感知强度，即一个非常见的刺激或偏差刺激会引起更大的N2，因而进一步体现了刺激的分类加工过程[89]。在此基础上，刘等比较了截肢患者与健康人的手部心理旋转能力的阶段差异及神经活动特征。他们使用N2代表信息加工中的感知阶段；400~600ms的RRN代表心理旋转阶段。结果发现截肢患者的N2和RRN更小，说明其感知能力和旋转能力都低于健康人。

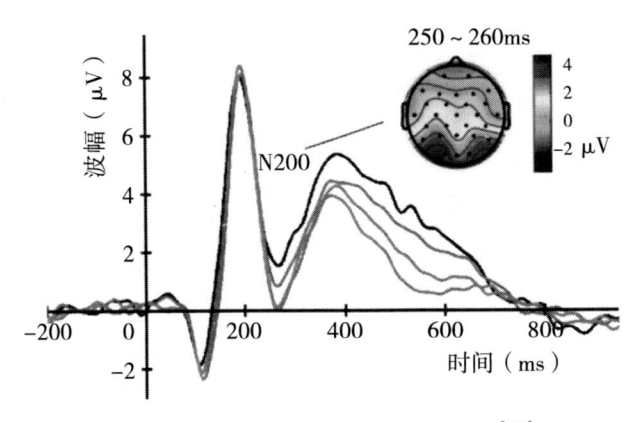

图1-10　心理旋转任务的N2示意图[89]

虽然一些研究者试图用不同ERP成分去标记心理旋转的不同阶段，但是却没有将其与心理旋转阶段的行为指标联系起来，如0°反应时和旋转速度，也未能将它们与ERP成分联系起来。因此，心理旋转能力阶段的大脑活动特征还需要进一步解释。

（二）fMRI研究

功能性核磁共振（Functional magnetic resonance imaging，fMRI）作为一种非介入技术，主要方式是通过磁共振成像生成反映脑血流变化的图像。其作用在于能对特定的大脑活动的皮质区域进行准确、可靠的定位，空间分辨率达到2毫米，能以各种方向对物体反复进行扫描。但是相对而言，fMRI的时间分辨率较ERP更低，大约1秒左右。虽然如此，由于其能够迅速获取个体在进行认知任务中的大脑思维活动的血流信号，因而在认知神经科学的研究应用非常广泛。

研究人员采用fMRI记录被试完成心理旋转任务时的大脑血流信号变化，

研究表明人在完成心理旋转任务时，主要激活区域为顶叶皮质[30]。而且，研究还发现男性和女性在心理旋转中的脑活动差异，具体表现为女性激活的区域主要在双侧顶内沟、顶上叶、顶下叶、额下回和运动前区，而男性的活动部位是右脑顶枕沟、左脑顶内沟、左脑顶上叶。相似性的研究发现，大脑顶叶和双侧额叶下回是心理旋转的重要激活区域，相比较而言，男性激活主要表现在顶叶，女性则主要在额叶下回的激活强度大。相似地，研究发现心理旋转任务中个体脑激活区域主要在顶内沟及其周围部位[86]。

第二章 运动员心理旋转能力研究现状

从心理旋转的发展来看，在运动领域中，多数运动项目的技战术执行都需要运动员对空间信息进行感知、编码和转换。体操、跳水的翻腾、转体，篮球、足球的转身，都是通过身体围绕某一轴进行旋转而实现的，所以旋转是体育运动中重要的技术动作之一。

体育锻炼和竞技运动通常作为心理旋转任务的具体表现，即经常需要对二维或三维物体进行心理调整。心理旋转的信息在体育运动中经常被用于在团队运动中定位队友或对手，确定目标位置（如射击、高尔夫等项目），或是使用空间标记（如跳水、体操等项目）。一般来说，运动员与非运动员相比，在感知认知能力方面表现出差异。例如，研究发现体操运动员与非运动员相比，在以人体为图形的心理旋转任务中比在以抽象图形的任务的绩效更好。受到运动特征或类型的影响，在不同项目甚至同一项目中，不同性别的运动员可能心理旋转水平并不相同，因而研究者可以使用不同心理旋转任务进行测试。

虽然心理旋转在神经元发育阶段发育较早，且运动员与非运动员心理旋转的差异可能与个体空间能力较强有关，但研究表明，心理旋转是能够通过训练得到提升的[97]。一项关于杂技训练的研究表明，与没有接受任何训练的对照组相比，3个月的杂技训练提高了个体在处理3D立方心理旋转任务时的表现。这一基础将有助于我们理解基于具身理论和心理模拟的运动学习，并有助于运动员的训练，特别是在如跳水、体操、跳伞、攀岩等细微动作失误可能威胁生命的运动项目之中。

一、运动员心理旋转能力的影响因素

（一）运动水平

在运动经验与心理旋转这一主题的研究初期，运动水平和运动项目等运动员心理旋转的影响因素最先受到了研究者的关注。首先，具身认知的观点提示我们，个体运动水平越高，经验越丰富，心理旋转能力应当越强。其次，动作模仿理论认为,对动作执行越熟悉的个体,在进行心理旋转判断时能够更加准确和迅速地模拟实际动作,绩效应当越好。

一致地,集中在体操、足球、摔跤、定向运动等项目的研究发现,运动员在三维抽象图形和人体图形心理旋转任务中的成绩显著高于非运动员,同一项目中专家运动员的心理旋转成绩显著高于新手运动员[4, 5, 98, 99]。此外,以不同专业的大学生为被试研究也发现,体育专业学生的心理旋转能力显著高于其他专业,这一结果与体育专业的课程学习和运动训练有关[100]。

然而,一些研究却报告了不一致的结果,施密特(Schmidt)等发现大学跑步俱乐部队员的心理旋转速度和心理旋转成绩与没有运动习惯的学生相比不存在差异[4],他们认为,这一结果是跑步等项目对旋转表象的需求较低导致的。因此,研究者认为,在由于运动项目的训练方式有所区别,因而不应将不同项目的运动员与非运动员进行心理旋转能力的比较。此外,研究者开始关注不同运动项目的运动者心理旋转能力的差异。

(二)运动项目差异

不同运动项目的经验对心理旋转能力发展的影响可能存在区别。与跑步类闭锁性项目相比,足球、篮球等开放性项目运动者更需要临场分析对手的移动方向以及球的运动轨迹,因为这一过程涉及了更加复杂多变的空间因素。因此,研究者认为项目空间信息较为复杂的运动项目参与者的心理旋转能力应当优于项目空间信息简单的参与者。

针对部分项目的研究报告了这种差异。密罗(Moreau)等将击剑、柔道和摔跤运动员与跑步运动员比较,发现前者心理旋转能力更高,原因是在对抗性项目中运动员需要运用不同策略应对各种复杂的比赛环境[5]。还有研究发现体操和定向运动参与者的心理旋转能力优于足球和跑步[4, 98]。据此,研究者进一步提出,心理旋转任务刺激与运动经验的相关度越高,运动员的绩效应当越好,且不同项目运动者的心理旋转能力表现出"选择性影响"特征。哈巴查(Habacha)等运用足球和手球的持球图片作为心理旋转的刺激图像(图2-1),并设置垂直轴和水平横轴两种旋转方式,他们发现足球、手球运动员在垂直轴旋转的任务表现优于水平横轴旋转,且足球运动员对足球持球图片的反应时更快,他们认为这种选择性影响来自于运动项目对相关动作的练习量差异。其他研究也证实,在手部心理旋转任务中乒乓球运动员对自身惯用手的反应时更快，以及体操运动员在包含三轴旋转的人体心理旋转任务的成绩优于足球运动员和非运动员[3, 101, 102]。

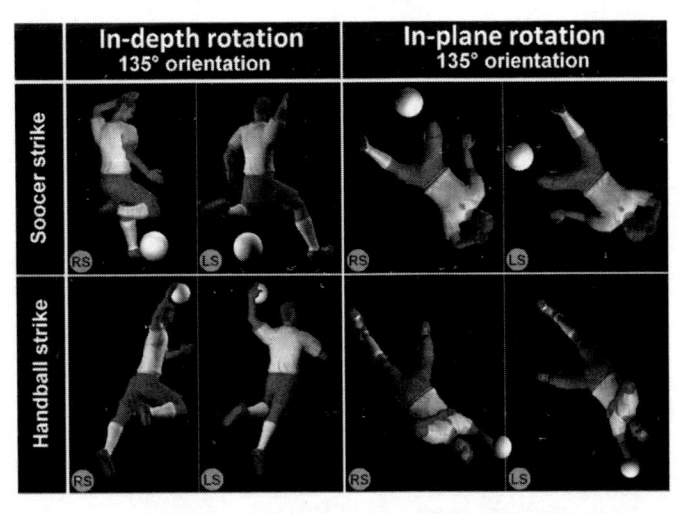

图2-1 哈巴查等实验使用的足球和手球的心理旋转刺激图片

据此，一些研究者试图将运动项目归类来考察心理旋转能力。塞尔维（Sylvie）等选取对心理和身体旋转要求程度不同的运动员以及非运动员，哈巴查等将运动项目根据空间因素的复杂程度分为空间性和非空间性项目，都未能发现组间差异[103, 104]。此外，塞尔维等假设开放性项目运动员的心理旋转能力要高于闭锁性项目，结果显示两组被试在反应时和错误率上均没有差异[105]。但是研究者发现开放性项目运动员比闭锁性的平均反应时快93ms，他们认为这一优势已经能够保证个体在竞赛情境中做出有效判断。此外，近期一项研究也未能发现团体项目和个人项目参与者的心理旋转能力差异[106]。有趣的是，报告项目差异的研究都采用人体图形作为刺激材料，而没有发现项目差异的研究（除哈巴查的研究可能存在分组问题）外，均采用字母或二维抽象图形作为刺激材料，证明结果的不一致可能由实验任务导致。

研究结论的不一致，可能受到了项目分组和实验任务的影响。哈巴查等认为塞尔维等研究中球类项目和摔跤或柔道应当属于高空间旋转因素的项目[107]。此外，有趣的是，如表2-1所示，报告了项目差异的研究都采用三维方块或人体图形作为刺激材料，而没有发现项目差异的研究（除哈巴查的研究可能存在分组问题）外，均采用字母或二维抽象图形作为刺激材料，证实了不同类型的刺激材料可能导致研究结果的不一致。

表2-1　项目类型与心理旋转能力研究结果

项目类型	刺激类型	组间差异
①击剑、柔道、摔跤 ②跑步	三维抽象图形	显著[5]
①体操 ②足球	三维抽象图形、人体图形	显著[98]
①体操、定向 ②跑步	三维抽象图形	显著[4]
①旋转要求高的项目（体操） ②要求低的项目（手球、橄榄球、篮球、足球、羽毛球、摔跤、柔道和田径）	二维抽象图形	不显著[103]
①空间性项目（足球、手球、篮球、持拍项目、曲棍球、体操） ②非空间性项目（田径、摔跤、游泳）	三维抽象图形	不显著[104]
①开放性项目（橄榄球、篮球、足球、羽毛球、摔跤、柔道和网球） ②闭锁性项目（中距离跑、自行车、游泳、体操、射箭、标枪和健身）	二维抽象图形	不显著[105]
①团体项目（排球和篮球） ②个人项目（空手道和体操）	字母"F"	不显著[106]

（三）性别差异

除了运动水平和运动项目外，性别因素——这个以往心理旋转研究中受到特别关注的个体因素也经常在运动员心理旋转的研究中被提及。但是，可能由于在更为广泛的实验群体中已经获得了一定研究成果的缘故，性别对运动员心理旋转的影响显得较为一致。性别差异是空间认知领域被广泛关注的议题之一，大量研究证明男性的空间认知能力优于女性[33]。研究者比较了42名男性和42名女性的心理旋转能力，发现性别是预测心理旋转测试成绩的有效因素，即男性比女性的心理旋转能力更强。针对这种性别差异出现的时间，研究发现心理旋转的性别差异可能出现在个体发展的早期阶段，10岁左右的男生和女生就已经表现出空间能力的差异，甚至有研究认为这种性别差异可能出现在幼儿时期甚至婴儿时期[108]。

研究发现，经典的V-K心理旋转测验显示了一致性的男性优势。影响因素可能与遗传、性别相应特征的限制、大脑功能偏侧化、性激素、大脑大小等个体生理因素有关，但检验结果并不一致。随后，研究者考察与任务绩效相关的因素，如反应速度或应答风格的影响。戈德斯坦（Goldstein）等发现，设置严格的任务时间限制后，男性在纸笔心理旋转测试的绩效更好。但如果取消时间限制，性别之间的绩效差异就出现缩小[109]。不仅如此，如果用所有选择中正确选项的比例去替代传统的正确题目数的计分方式，结果显示性别间的心理旋转绩效差异消失。原因可能在于，女性被试的自信程度相对男性较低，使得她们在遇到不确定的心理旋转判断时不敢于猜测答案，使得正确题目数的得分更低。这一结果证明了任务设置与绩效评价方式会影响空间能力的性别差异结果。

除了生理因素和任务因素外，社会环境因素及活动参与也会对心理旋转的性别差异造成影响[110, 111]，例如，社会化程度、早期生活经验和后天训练等。众所周知，许多活动都普遍被认为是"男性化的"，如数学、科学等学科，而这些学科又被包括在空间能力的测试中。因此，如果女生更少地参与这些男性化的活动，将会使得心理旋转的性别差异更加显著；反之则会减弱差异。研究调查了北美的学龄前儿童的娱乐活动情况，发现家长们通常更加鼓励男生进行户外的、活动量更大的运动，而女生则更多进行室内的、安静的游戏，因此，男生在体育活动中培养出的丰富经验，例如，爬树、足球和电脑游戏提升的手眼协调能力，将会使男生在空间能力测试中有更优异的表现。

虽然空间能力的性别差异普遍存在，但是研究发现后天学习能够缩小这种性别差异。有研究证实较高年级的男生和女生的心理旋转成绩之间没有差异。根据以上观点，对于从事运动训练多年、经验相似的男女运动员而言，性别差异是否能够得到弥补？当前研究结论并不一致。针对体育运动领域的空间能力性别差异，研究者从认知能力可塑性的观点出发，认为男性和女性运动员在参与运动之间的性别差异已经存在，而在积累运动经验的过程中，两者的心理旋转能力得到了同等程度提升，因而即便都拥有运动经验，但性别之间的差距依然存在[4, 108]。相反，还有研究认为，女运动员能够从活动中获得更大提升，即性别差异可以通过参与活动来弥补[104]。由于先前的早期经验不足，研究者认为女性在活动参与中能够更显著地改善其视觉搜索行为，因而在心理旋转任务的感知过程或编码过程中表现更好[99]，使得心理旋转分数提高。但当前仍存在研究结论的不一致，原因可能仍与刺激类型有关，詹森（Jansen）等证实运动者在人体图形任务中表现出的性别差异显著小于抽象图形[98]。这种结果可能提示，女性运动员在对自己熟悉的项目或动作进行心理旋转时绩效更好，但对于相对抽象，或需要一定迁移的心理旋转任务的绩效与男性运动员相差较多。

（四）年龄差异

年龄也可能是运动员心理旋转能力的影响因素。对早期发育的研究表明，心理旋转能力最早可能在4个月大就已经出现，在6~7岁达到接近成人的水平。还有研究表明，青少年的认知能力的发展存在一个或多个敏感期，也就是说，认知能力会在这一时间段内快速发展。有研究比较了842名二年级和四年级的小学生在心理旋转测试中的成绩，结果发现小学四年级学生的心理旋转能力显著高于二年级学生[112]。相反地，在成年之后，认知能力也会随着年龄的增加出现下降的趋势。一项研究比较了454名不同年龄（20~91岁）被试的空间能力，结果显示心理旋转能力随着年龄段（每10年为一个阶段）的上升而逐渐下降[113]（图2-2）。

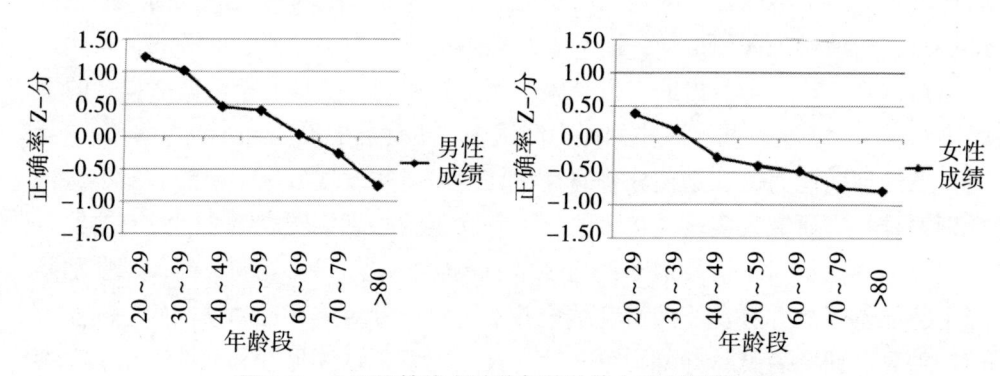

图2-2 心理旋转能力随着年龄段的上升而逐渐下降

针对心理旋转的年龄效应，研究者认为可能与年龄引起的工作记忆（Working memory）和认知加工速度（Processing speed）的改变相关。首先，心理旋转涉及不同的加工阶段。在实际旋转过程之前，要旋转的刺激必须被编码到大脑的存储器中；在旋转之后，想象的刺激必须与比较刺激对齐。因此，每个特定加工阶段中个体必须保持先前具有的表征状态，以便在下一阶段能够访问信息。

虽然当前只有少数行为研究支持了工作记忆参与到心理旋转过程中的观点，但从实际角度来看，心理旋转随着年龄出现的发展变化也应当被考虑到与工作记忆能力随着年龄增长而下降相关。此外，有证据表明，工作记忆的年龄差异主要是由信息处理速度的差异所调节的。例如，有研究将信息处理速度作为协变量进行分析，年龄与工作记忆之间的关系就减弱了。因此，年龄对心理旋转能力影响的内部因素应当与认知加工速度相关[114]。根据比伦（Birren）的假设，心理旋转任务中反应时间的增加，与中枢神经系统中与年龄相关的处理速度降低有关。儿童的信息处理速度也会降低。但髓鞘的形成提高了信息处理的速度，年龄增长后，信息处理速度减慢是由于在中枢神经系统轴突的髓鞘形成的数量不足导致的。这一生理发育阶段在童年和青春期后期，即4~17岁逐渐成熟，随着年龄的增长从78岁左右开始减弱。

尽管有证据指出，参与体育运动能够延缓认知老化[115,116]。需要注意的是，最近的一项元分析梳理了针对运动经验影响心理旋转能力的研究，发现现有研究存在一个明显局限：忽视了年龄问题。虽然在最终被纳入该元分析的24个研究中，被试的年龄从17岁到59岁不等，但这些研究不仅没有对这些被试进行年龄分组，也缺少17岁以下的青少年被试[117]。研究者认为原因在于，高水平运动员的成长、成材需要经年累月地积累经验，这一情况使得一个儿童或青少年成为运动专家的可能微乎其微。

尽管这种情况确实存在，但对于中国体育的情况而言，寻找年龄较小，却是世界顶尖级别的优秀运动员其实是可行的。许多技巧类项目的运动员获得世界冠军时都不超过17岁（前文综述中缺少的被试年龄），如跳水、体操等。因此，本土研究者可以通过对这些从很小年龄（早至3岁）就开始从事专业体育运动，并在十多岁就获得世界级名次的运动员进行心理旋转能力考察。综上所述，年龄是否作为运动员心理旋转的影响因素，还需要更多研究解答。

二、运动员心理旋转能力的时空具身效应

（一）空间具身效应

心理旋转的具身效应指的是身体动作经验对个体的心理旋转等空间表征能力的促进作用。据此，在运动领域中，运动员心理旋转的优势被归纳为一种空间具身效应，即心理旋转任务的空间与身体动作经验相匹配时，任务绩效得

到促进而表现出专家优势。当前围绕运动员心理旋转的空间具身效应进行的探讨，主要通过两条途径展开：①比较不同空间表征方式（即空间参照系）下，运动经验对心理旋转的影响作用。②通过设置与运动相关的心理旋转任务刺激或其他实验控制，考察刺激类型、旋转轴或优势侧/肢等动作加工信息在运动员心理旋转优势中的作用。

首先，就心理旋转的不同表征方式而言，大多数研究确认了运动员在主体表征[57, 118, 119]中有更好的绩效，但对于客体表征是否存在优势，结果并不一致。多数研究提供了正面的支持[3-5, 53, 69, 100, 103, 105, 119-121]，但也有一些研究未能发现运动员在客体表征中的优势[4, 57, 106]。这种争论的原因可能与实验任务刺激有关。首先，针对不同表征的研究结果提取自不同的研究，导致了刺激图像不一致的问题。其次，使用未包含运动信息的刺激图像进行测试可能是没有发现差异的原因，例如，帕兰（Pasand）等和施密特（Schmit）等分别使用了字母和三维抽象图形作为心理旋转的图像[4, 106]。此外，虽然小部分研究同时比较了不同表征方式对运动员心理旋转的影响，研究结果却不尽相同。约拉（Jola）分别使用S-M方块和一个人弯曲一侧手臂的动作，测试了舞蹈运动员和非舞蹈运动员在客体表征和主体表征的心理旋转，发现运动员在客体表征任务中的反应时更慢，而主体表征与非运动员没有差异[54]。凯尔特纳（Kaltner）等和斯特格曼（Steggemann）等使用与约拉等相似的人体图像作为客体表征（两图判断异同）和主体表征（一图判断左右）的任务刺激，发现具有旋转经验的运动员的优势仅存在于主体表征任务中[57, 61]（图2-3）。

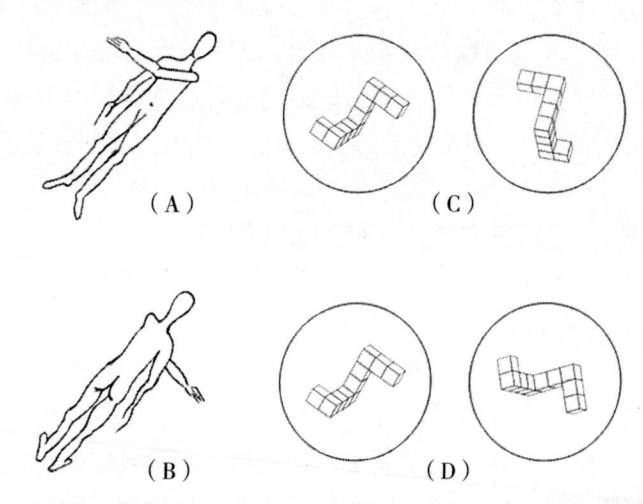

图2-3 约拉使用的主体表征（左）和客体表征（右）的心理旋转刺激

第二章 运动员心理旋转能力研究现状

埃南（Heinen）等对专项性任务刺激的主张或许能解决研究结果的不一致。他们强调，刺激图像的专项性在心理旋转研究有着重要价值[122]。运动员的心理旋转绩效，很大程度上依赖于刺激的身体特征与运动员本身经验是否一致[3,37]。在此基础上，研究者需要关注的不仅是刺激类型（是方块还是人体图像），而是在比较不同项目的运动员与非运动员时，所使用的任务刺激是否与运动员从专项中获得的身体特征相一致。此外，他们认为现有研究忽视了全身旋转动作在心理旋转任务中的使用，如脚尖点地旋转、转体和翻腾动作，因此应当更多关注采用复杂的、专项性的全身旋转图像是否与采用简单的、日常的手部或身体姿势图像有着相似的一致性效应[122]。因此，心理旋转任务刺激应当随着运动员的项目类型而更改，以便揭示身体旋转和心理旋转联系的内部机制。

其次，从具身认知理论出发，研究者认为运动员的心理旋转优势是由于在认知任务中运用了运动经验中的动作信息[123]，使他们的刺激加工速度更快、更高效，甚至表现为脑可塑性的变化。一项双任务实验证实，如果在心理旋转任务前增加一个动作记忆的任务，高水平摔跤运动员的心理旋转优势消失，因此研究者认为，运动员更多地依赖动作加工，非运动员则主要依靠视觉加工[124]。与此相似，密罗（Moreau）发现，限制身体的移动后，摔跤运动员在经典心理旋转测试中的优势消失，成绩下降至与非运动员无差异[125]。运用电生理手段的研究发现，即便是在进行看似与运动无关的抽象图形的心理旋转时，运动员的前运动区和运动区也会出现皮层激活[126]。一项干预研究通过训练被试进行长期的手部心理旋转任务，发现经过训练后被试的行为绩效不仅提高，还包括神经效率提升，主要表现在执行任务时的视觉表象区域的激活减弱，但是动作相关区域激活却随之增加[127]。

以此为基础，一些研究使用运动专项的动作图像，揭示了心理旋转任务与运动技能的一致性的影响作用。哈巴查等运用足球和手球的持球图片作为心理旋转的刺激图像，并设置左右横轴和上下竖轴两种旋转方式，他们发现足球运动员对足球持球图片的反应时更快，且足球、手球运动员在上下竖轴旋转的任务表现优于水平横轴旋转。原因在于，足球和手球运动中的带球过人、突破等技术都是围绕竖直轴执行身体旋转的，且这些运动中很少需要运动员进行围绕身体左右横轴旋转的动作（如前滚翻）。

因此，运动项目对相关动作的练习量差异导致了运动员对不同旋转轴的偏好[101]。相似地，体操运动员在惯用旋转方向，以及包含三轴旋转的人体心理旋转任务的成绩优于足球运动员和非运动员，甚至有研究证实在手部心理旋转任务中，乒乓球运动员对自身惯用手的反应时更快，进而提示我们优势侧/肢的运动经验在心理旋转任务中也产生影响[3, 101, 102, 128]。据此，研究者将这种结果归纳为一种"选择性效应"，即任务刺激与运动经验的相关度越高，运动员的心理旋转绩效越好[57, 101, 102]。

（二）时间具身效应

研究证实，在考察运动员心理旋转时，研究者在表征方式、刺激类型、旋转轴、优势侧/肢等空间性动作因素的考察上取得了一定的成果。在空间具身基础上，关注运动经验与心理旋转关系中时间信息的交互，即运动员心理旋转的时间具身过程，就显得尤为重要。当前少有研究对此进行探讨，但是现有研究理论能够增进我们对这一问题的思考。

运动员心理旋转的时间具身过程，主要通过时间压力（Time pressure）对心理旋转能力的影响来表现。斯文森（Svenson）和埃德兰（Edland）认为，时间压力是决策者感觉完成任务的期限越来越紧迫而形成焦虑程度[129]。他们指出，只要在决策进行之前，可用于完成任务的时间少于正常时间，便会形成时间压力。具身认知理论强调，认知活动有着时间的压力，即认知是身体在实时（Real-time）压力下与环境的互动中产生的，在这种情况下，储存在记忆里的认知信息不再是抽象的符号，而是同身体的特殊感觉通道相联系的具体、生动的内容[17]。当个体在语言和思维中使用这些储存的信息时，个体仍然在身体的同一感觉通道模拟该事件（如通过心理旋转去模拟身体旋转）[130]。因此，研究者认为不受时间压力地建立和操作内部表征的情况是不存在的，而时间压力是个体的认知与环境互动中必须应对的重要因素之一。

针对普通人群的研究发现，在时间压力下被试的心理旋转成绩下降[20]，不仅如此，在压力状态下很多认知能力，包括视觉注意范围、视知觉、思维都会受到不同程度的影响[131]。针对时间压力下对决策的影响，丹（Dan）提出了时间知觉模型（Time perception model，图2-4）。研究者认为，时间压力要通过缩短完成任务的时间来引起，引发时间压力的目的是知觉到时间的流失，也就是要估计流失的时间与剩余的时间。如果个体知觉或意识到时间的限制，就会引发相应的时间压力感，从而影响决策制定[132]。以时间知觉模型为理论框架，有助于我们更好地理解运动员在时间压力下进行决策的具体过程。这一模型阐述了几个问题：①时间压力是在客观时间限制或主观时间知觉的前提下产生的；②面对时间压力情境时，个体的决策更倾向于简单的、非线性的；③时间压力通过影响个体在信息加工过程中注意资源的分配，从而降低了个体信息搜寻的程度以及决策的质量；④不同难度的任务受时间压力影响是有差异的[133]。

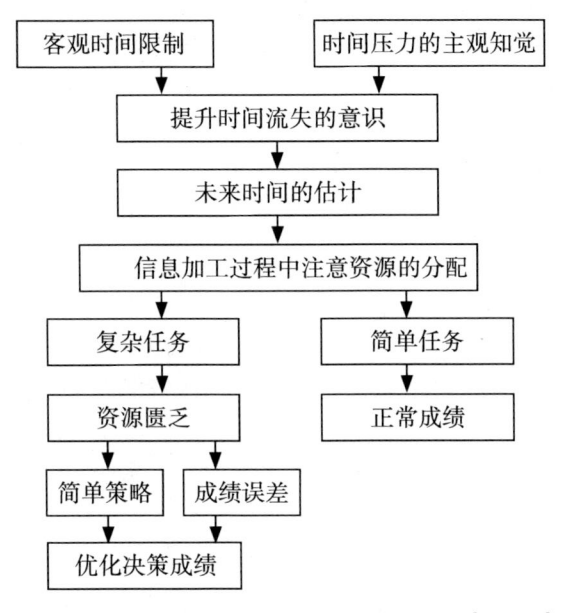

图2-4 时间压力影响决策的时间知觉模型[132,134]

不可忽视的是，时间压力在运动情境中无处不在。因此，想要在忽视时间要求的情况下准确完成技术动作，几乎是不可能的。即便是顶尖的花样滑冰运动员，表演一个优美的四周跳也需要在身体落地前完成4周旋转，同样地，足球运动员需要不断训练如何通过巧妙的带球转身，突破面前的对手，并在协助防守的对方球员来之前将球传给处在最佳位置的队友。因此，具身理论认为，体育运动需要个体具有针对情境的迅速变化而不断更新策略的能力，是建立在真实时间下的更加复杂的情境性认知能力[17]。

此外，心理旋转作为对任务刺激进行旋转表象的过程，与身体旋转的动作表象的关系密不可分。研究证实，时间压力是影响运动员表象准确性的重要因素之一[19]。一般来说，在考察运动员动作表象质量的过程中，动作表象的时间与实际执行动作的时间是否相等，是重要测试指标之一。在吉略特（Guillot）等的一篇综述中概括了动作表象和动作执行的时间是否相等的众多因素，他们认为时间限制（Temporal constraints）是影响这种时间相等环境因素之一（图2-5）[19]。

25

时间限制的不同，在一定程度上也影响了图中动作技术特点中的任务难度因素。因此，在旋转表象的任务中关注时间压力及其带来的任务难度效应，对于揭示运动员心理旋转能力的时间具身过程有着重要意义。

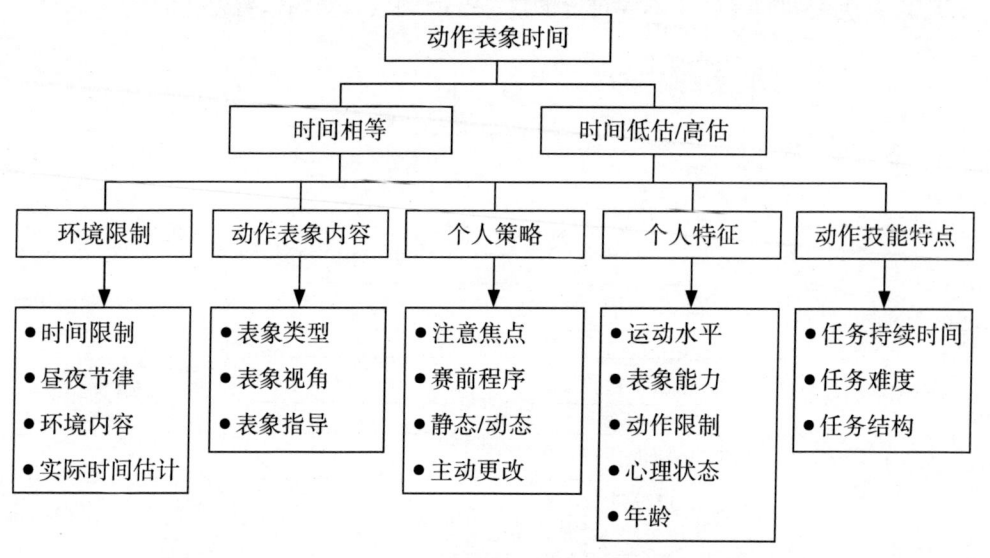

```
                        动作表象时间
                    ┌────────┴────────┐
                 时间相等           时间低估/高估
          ┌────────┼────────┐    ┌─────┴─────┐
        环境    动作表象    个人   个人     动作技能
        限制      内容     策略   特征      特点
        ·时间限制 ·表象类型 ·注意焦点 ·运动水平 ·任务持续时间
        ·昼夜节律 ·表象视角 ·赛前程序 ·表象能力 ·任务难度
        ·环境内容 ·表象指导 ·静态/动态 ·动作限制 ·任务结构
        ·实际时间估计       ·主动更改 ·心理状态
                                   ·年龄
```

图2-5　动作表象和动作执行的时间是否相等的影响因素[19]

通过以上综述我们发现，以往对于时间压力的研究更多关注时间压力对个体认知任务中产生的妨碍或损耗作用。然而，最近有研究者指出，时间压力具有"双刃效应"[135]。也就是说，时间压力的存在一方面会引发个体压力应激反应，消耗个体的身心资源；另一方面也可能提升个体动机，协助个体完成任务[135]。尤其是在运动领域中，不难找到优秀运动员在比赛中顶住了巨大压力，进而获得胜利的例子。在竞赛心理学研究领域中，王进等用"Clunth"现象去描述运动员在压力情境下如同获得了"额外"的能量，获得完美运动表现的现象[136]。研究者进一步发现，这种压力下的优异表现，是来自运动和任务的自信使运动员调整了认知控制。相似的是，卡尔梅斯（Calmels）和福尼尔（Fournier）的研究表明，体操运动员在赛前表象技术动作经常受到时间的限制，这种情况下他们会主动地加快表象过程，但其表象效果通常不受影响[137]。这一结果提示我们，运动员似乎能够更好地适应他们在运动中时常需要面临的时间压力情境，这种疑问驱使我们验证运动员心理旋转的时间具身效应存在的可能性。通过文献梳理，本研究将心理旋转的时间具身效应定义为心理旋转任务的时间压力与身体动作经验相匹配时，任务绩效得到促进而表现出的专家优势。

三、运动员心理旋转能力的阶段特征

在运动员心理旋转的时空具身研究中，我们试图通过关注运动员心理旋转的阶段优势，即更好的心理旋转能力来自哪个或哪些阶段，去深入阐释运动经验对心理旋转的影响。研究者从心理旋转的信息加工阶段出发，认为心理旋转至少包括在时间上依次发生的感知阶段、旋转阶段和决定阶段[63-65]。具体而言，感知和决定阶段的评价指标为刺激材料未旋转时（即旋转0°）的反应时，旋转阶段的评价指标是心理旋转速度（即用角度除以对应的反应时）。

首先，在空间具身的研究内容中，塞尔维（Sylvie）使用二维方块图形进行客体空间控制任务考察发现，运动员在空间感知和空间操作阶段均快于非运动员[105]。然而，詹森等运用三维方块图和人体图考察了足球运动员的成绩，发现运动员反应时更快，但空间操作阶段的旋转速度却与非运动员没有差异，因此认为运动员的优势在于空间感知时对刺激的感知编码或是反应能力更强[69]。然而，具身理论遵循"身体模仿（Body analogy）"的观点，认为身体活动的经验能够影响认知能力发展，韦克斯勒（Wexler）等发现，心理旋转与实际旋转动作之间存在旋转速度上的相关[138]。因此，身体旋转的经验或许能够使运动员在旋转阶段表现更好。但现有研究只发现了运动员在感知阶段的优势，却没有发现旋转阶段的优势[69, 118]。

研究者使用的实验刺激与专项无关可能是导致这一争论的主要原因。据此，有研究通过设置与运动相关的心理旋转任务，考察动作加工在运动员心理旋转优势中的作用，并发现将任务刺激由一般图像（非专项性图像）替换为专项性图像后，运动员心理旋转的感知阶段的优势出现[118]。此外，与客体空间控制相比，主体空间控制与被试自身运动经历的关系更加密切，然而现阶段研究未能提供足够的运动员主体空间控制成分的证据。

其次，对于时间具身而言，心理旋转任务的时间设置可能与运动员在任务中的阶段绩效有关。就感知阶段而言，其评价指标是旋转速度，而心理旋转测试的指标一般为反应时和正确率。由于运动者需要在瞬息万变的比赛环境中完成空间信息加工，因此旋转速度可能是评价运动者心理旋转能力最重要的指标。然而，有研究发现，是否参与运动个体的旋转速度没有差异[69]，一项干预研究也证实，经过心理旋转训练后个体反应时提高，而旋转速度没有提高[139]。我们认为这一冲突可能与心理旋转测试的时间要求有关。传统心理旋转任务不限制作答时间，然而有研究者指出，被试在时间压力下需要迅速完成反应时和正确率的权衡，可能表现出不同策略从而影响心理旋转成绩[20]，从而为运动员心理旋转的时间具身效应提供新的佐证。

四、运动员心理旋转的策略

心理旋转任务的执行存在不同策略。通过对个体在进行心理旋转任务时的策略进行口头报告，研究者发现被试在任务中使用了一系列的认知策略，如比较形状和图形的一致程度，而心理旋转经常被报告为最后的策略。此外，还有研究者认为个体可能会使用非旋转策略。经典的心理旋转的反应时-角度效应认为随着旋转角度的增加，个体辨认图像的难度增加，反应时逐渐增加，即直线关系。相反，宫（Kung）和哈姆（Hamm）提出，如果参与者可以通过主动识别字母，来确定旋转后字母的水平轴的极性和位置，这样就可以在不旋转的情况下识别任何角度的字符。

在过去的十年里，运动员在认知任务中使用的策略引起了研究人员的兴趣。例如，麦克弗森（McPherson，2000）比较了高水平和一般水平的网球运动员对比赛中计划和策略的使用情况。研究者要求参与者描述他们在一场网球比赛中不同阶段的想法，结果发现高水平选手使用的计划和策略的数量是普通选手的3倍。这些策略包括预判自己在一些特定情况下需要采取什么行动，以及运动员在比赛中通过关注自己表现的方式选择是否需要调控身心状态。相比之下，缺乏经验的网球运动员则报告了自己在比赛中出现的多数是与任务无关的想法。上述研究说明了随着运动经验的积累和提升，认知策略的习得对运动员空间能力的发展具有重要作用。

首先，在运动表象任务中，运动员经常使用几种策略来增强想象过程中的动觉感觉。这些战略包括表象自己手持运动器械，并进行在视觉上参与运动的内部表象。一位高尔夫运动员报告："我经常表象自己手里拿着球杆，而且能感受到球杆的重量，因为对器械重量的感受非常重要。"甚至有传闻说优秀的皮划艇运动员在跑步时也想象自己拿着划桨。研究发现，与实验室条件相比，运动员在类似训练或比赛环境的环境中进行表象时，他们表象的图像内容更加准确。因此，运动可视化策略可能作为运动员心理旋转能力优势的一种重要解释。

其次，研究证明运动心理旋转的绩效的提升与其使用了更多的适应性策略相关。摔跤运动员在进行心理旋转测试的过程中，时常调整自己的策略，以确定该问题最合适的方案；相反，跑步者在任务中使用的策略则在不同的问题上更倾向于固化的和稳定的。密罗比较了不同运动项目的专家和新手运动员完成心理旋转测试和运动表象专项测试的结果。研究者总结4种个体在心理旋转任务中使用的认知策略（图2-6）：①调整：运动员会根据具体问题去调整策略，即多样化的策略使用。②旋转：以第三视角将所示图形在头脑中进行旋转（客体表征），或者以第一视角旋转环境参照系（主体表征）的其中一种，但不是两者都使用（都使用的会被归类于调整策略）。③不清楚：被试不清楚自己在心理旋转任务中使用了什么策略。④其他：被试意识到自己使用了某种策略但难以将其描述出来。研究结果显示，专家运动员和新手运动员的策略使用存在显著差异。有34%（男性）和32%（女性）的新手运动员不清楚自己使用的策略，而这一比例在专家组中只有0（男性）和8.5%（女性）。此外，48%（男性）和54%（女性）的专家运动员使用了调整策略，相反，只有11.5%（男性）和6.5%（女性）的新手在心理旋转任务中使用多样化的认知策略。

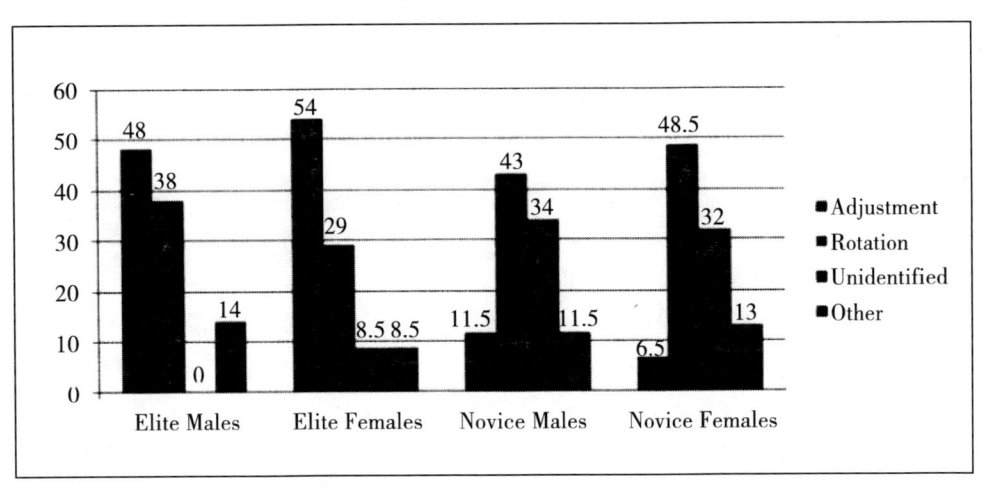

图2-6 运动专家和新手在心理旋转任务中的认知策略比较

具体而言，研究者发现，专家运动员倾向于在头脑中把抽象的图形看作是与身体动作相关的刺激（例如，将手柄状三维方块图形看作一个伸出手臂的人），这种做法能够激活他们在体育运动中积累的动作加工策略，进而获取优势。通过考察运动员在心理旋转任务中认知策略的使用，有助于我们更好地理解空间能力和运动表现之间的关系。

五、运动员心理旋转能力的迁移

有研究者曾从认知干预的角度描述训练对认知能力的迁移作用。他们认为这一过程涉及了近迁移和远迁移两种类型。近迁移是先前训练对那些具有相似刺激材料的同个实验的积极影响。它通常是通过任务来评估的，这些任务可以挖掘训练中所针对的相同加工（如工作记忆），虽然这些结构并没有包括在培训课程中。相对而言，远迁移较少出现。通常，远迁移指的是练习之后，个体又在那些与训练任务要求不同的，包含其他认知结构的任务中出现提升。

前文提到的运动员心理旋转能力优势，从运动迁移的角度来说，其实是一种运动技能对空间认知能力的迁移效应。根据林和彼得森（1985）对视觉空间能力的分类，心理旋转被认为是在想象中快速、准确旋转2D或3D图形的能力。关于心理旋转的训练，一些研究发现对于成年人而言，让其从事与心理旋转相关的实际性任务能够改善其心理旋转能力[140]。针对青少年群体，也有研究报告了开展与旋转物体相关的训练能够提升心理旋转能力，尽管相关研究数目较少。总体来说，从事复杂空间性的活动是提升心理旋转能力的有效措施。

对运动序列学习的研究表明，初级和次级运动区域参与了运动技能的内隐迁移。那么，如果运动技能能够被迁移至心理旋转能力之中，那么研究者有可能看到个体在进行心理旋转时的大脑运动相关区域活动更加显著。瓦加（Wraga）等试图通过正电子断层扫描技术（Positron emission tomography，PET）考察动作策略对心理旋转的内隐迁移。他们选择两组被试进行不同心理旋转任务间的迁移测试。第一组被试先执行以手部图片为刺激的心理旋转任务；接着，他们进行经典的谢帕德-梅茨勒（Shepard-Metzler）方块刺激的心理旋转。第二组则是在两次任务中都使用谢帕德-梅茨勒方块进行测试。任务结束后，研究者比较了每组的第二项任务，发现只有第一组被试在进行任务时的大脑运动区域被激活。研究结果提示，运动策略可以被内隐性地转移到表象之中，因而在一定程度上解释了运动员表现出空间能力优势的习得因素。

有趣的是，有研究比较了分别进行手部旋转和心理旋转的练习之后，对手部旋转和心理旋转绩效的影响，以考察身体和心理的旋转变换练习在身心两方面的迁移效应[141]。结果发现，手部旋转不仅可以提高同种任务的绩效，也能够提高心理旋转的成绩，但心理旋转训练只能提高其自身任务的成绩，这种优势却不能迁移到手部旋转。研究者认为，可能是因为手部旋转包含了比心理旋转更多的加工过程和因素。

第三章 运动员心理旋转的空间具身效应的实证研究

  在以往运动经验影响心理旋转能力的研究基础上，以下系列研究希望针对当前研究主题中的疑问，依照由浅至深、由行为特点到脑活动特征的顺序开展一系列的实验研究。研究拟解决两个关键问题：对空间具身效应进行考察，揭示跳水运动员不同表征方式的心理旋转能力，以及其加工阶段和ERP时程特征。在此基础上，将两个关键问题细化为以下具体问题：首先，现有研究对运动员心理旋转的专家优势是否普遍存在于在不同表征方式中存在争论。由于主体表征是个体想象自己在空间中旋转，与其以往运动经验相似，研究者普遍认为运动员在这一任务中表现更好。在此基础上，有研究显示运动训练也会使这种专家优势拓展至客体表征（即想象他人旋转，甚至是想象某物体旋转），但受到了一些质疑。其次，运动经验对心理旋转能力的促进作用存在于心理旋转的哪个阶段还未有定论，且在不同表征方式中是否有不同表现尚不可知。具身理论认为身体活动的经验能够影响认知能力发展，因此身体旋转的经验应当使运动员在旋转阶段绩效更优，但已有研究结果发现运动员的优势在感知和决定阶段而非旋转阶段，这一冲突需要进一步研究。再次，RRN被认为是特异于心理旋转的ERP成分，且不同运动经验的个体进行心理旋转时的RRN存在差异，这种差异与行为学的指标之间有何关联，不同表征方式之间是否存在差异，却少有研究进行关注。最近的研究指出，身体经验也会作用于N2等早期成分。既然如此，心理旋转的ERP时程特征与不同阶段的行为绩效有何关联，需要做进一步解答。进一步，拟采用两个研究（共6个实验）解决上述问题。研究一选择高水平跳水运动员与非运动员（普通大学生）作为研究对象，采用了客体表征（S-D范式）和主体表征（L-R范式）进行MBRT任务，考察不同表征方式下跳水运动员心理旋转的专家优势。

  本章内容如下：

  第一部分：采用客体表征下（抽象图形）运动员心理旋转任务测试跳水运动员和非运动员的心理旋转能力，探索跳水运动员心理旋转的空间具身效应是否存在。如果运动员优势被确立，则进一步通过区分心理旋转的信息加工阶段（感知和决定阶段、旋转阶段），分析客体心理旋转的阶段特征，探索跳水运动员空间具身效应的原因是更快的感知和决定速度，还是更高的旋转效率，或是两者兼有。

第二部分：采用客体表征下（人体图形）运动员心理旋转任务测试跳水运动员和非运动员的心理旋转能力，探索跳水运动员心理旋转的空间具身效应。如果确认存在运动员心理旋转能力的优势，则进一步分析客体心理旋转的阶段特征。此外，从大脑加工特征出发，运用ERP手段，分析跳水运动员和非运动员在进行客体心理旋转时的早期加工成分如N2和晚期RRN成分（特异于心理旋转的ERP成分），揭示跳水运动员心理旋转空间具身效应的大脑加工特征。

第三部分：采用主体表征下（人体图形）运动员心理旋转任务测试跳水运动员和非运动员的心理旋转能力，探索空间具身效应，并进一步分析客体心理旋转的阶段特征。此外，从大脑加工特征出发，运用ERP手段，分析跳水运动员和非运动员在进行主体心理旋转时的N2和RRN成分，揭示跳水运动员心理旋转空间具身效应的大脑加工特征，并试图将脑电变化与反应时和不同阶段绩效等行为学指标进行关联。

第四部分：在探讨运动员主客体表征的空间具身效应的整体特征、阶段特征和脑加工时程特征后，这一部分以前人研究为基础，旨在探讨组间因素（个体因素：性别、年龄、运动成绩）和组内因素（任务因素：旋转方向、突出旋转部分、练习效应）对运动员主客体心理旋转的各行为绩效的影响。

一、客体表征下（抽象图形）运动员心理旋转的特征

（一）运动员客体抽象心理旋转的整体特征

1. 前言

当前研究比较了不同空间表征下运动经验对心理旋转的作用，显现出研究结果的不一致。多数研究认为，运动员在主体表征[57, 118, 119]和客体表征[3-5, 53, 69, 100, 103, 105, 119-121]中都存在优势，但也有研究未能发现运动员在客体表征中的优势[4, 57, 106]。前面综述发现，这种争论的原因可能与使用了不同的任务刺激以

33

及刺激图像的专项性与否有关。据此，研究者认为，实验中所使用的任务刺激与运动员从专项中获得的身体特征的一致性决定了绩效[122]，进而主张心理旋转任务刺激应当随着运动员的项目类型而更改，以便揭示身体旋转和心理旋转联系的内部机制。

因此，本研究以高水平跳水运动员和非运动员为被试，使用前人所示的二维方块刺激图形作为刺激材料的客体心理旋转任务，旨在考察跳水运动员和非运动员在客体表征下的心理旋转能力，为运动员在一般性（非专项性）心理旋转刺激的任务中的表现提供证据。由于身体旋转经验能够影响心理旋转能力，进而出现一定程度的迁移（例如，从包含运动元素的任务迁移到与运动不相关的任务），因此实验假设，跳水运动员客体心理旋转能力存在优势。

2. 方法

（1）实验被试

47名被试参与了实验，其中包括24名跳水运动员，11名男性和13名女性（年龄14.41±2.13岁）；23名非运动员，11名男性和12名女性（年龄13.91±0.53岁）。两组被试年龄无显著差异[$F(1, 42)=1.142, p=0.291, \eta_p^2=0.026$]。运动员组是来自上海跳水队的跳水运动员，训练年限为8~13年，每周训练时间为30小时左右，所有队员都在接受初中教育。非运动员是从河南省郑州市招募来的初中二年级学生，他们从未参加过专业体育运动训练。由于实验被试是未成年人，经被试本人及其家长同意后，知情同意书由被试家长授权给教练员和班主任签署，被试在实验后获得礼品。

（2）实验材料

实验使用修订后的二维方块图像客体心理旋转任务进行，每次向被试呈现两幅二维黑白方块图形，左图为参考图，右图为参考图经过旋转后的图形（即两图相同）或其镜像（即两图不同），被试需要判断两图是否相同。图形在水平面内顺时针旋转，旋转角度为0°、30°、60°、90°、120°、150°或180°（图3-1）。每幅图形大小为4cm×4cm，深灰色部分（图中泳衣）明度为30cd/m²，浅灰色部分（肢体）为80cd/m²。实验任务由E-Prime 2.0（Psychology Software Tools，www.pstnet.com）进行设计，使用14寸屏幕笔记本电脑呈现。

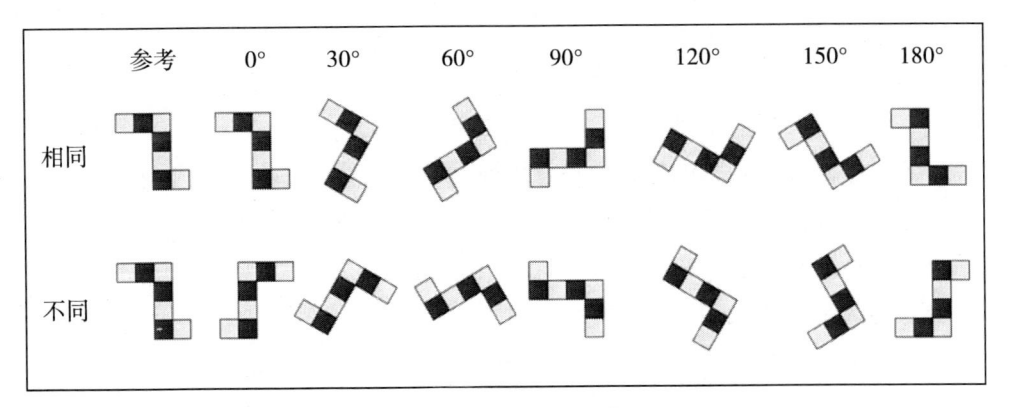

第三章　运动员心理旋转的空间具身效应的实证研究

图3-1　实验任务刺激

（3）实验程序

实验由一名主试负责，在安静的会议室或教室内一对一进行。被试在填写完成个人信息表后坐于电脑前，眼睛与屏幕距离60cm。阅读实验指导后，被试需要先进行20个有反馈的练习试次，正确率高于80%（即超过16题的选择正确）方可开始正式实验，未达到要求需再次练习。被试需要快速且准确地判断出现的两图是否相同，并双手按键反应，F键代表相同，J键代表不同。实验按照表征方式的不同分为2个顺序随机的block，共7（旋转角度）×2（异同）×8（重复）=112试次。在每个试次中，先出现1000~1500ms的注视点，随后呈现刺激图形，直到被试按键或超过3000ms后消失。在1000ms的空屏之后，开始下一试次（图3-2）。实验时间在25分钟左右。

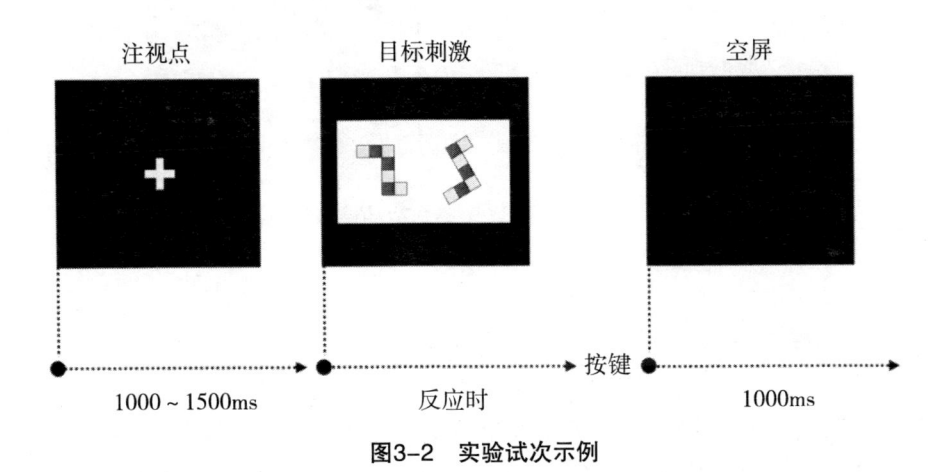

图3-2　实验试次示例

35

（4）数据统计与分析

进行数据分析之前，剔除反应时超过均值3个标准差或正确率低于75%的被试（2名运动员和1名非运动员），对反应时的统计分析只包括正确的试次。两组被试在两种条件下的正确率经反正弦转换后符合正态分布（所有$z<1.345$，$p>0.054$），反应时经过ln转换后符合正态分布（所有$z<1.097$，$p>0.180$）。使用重复测量方差分析（R-M ANOVA）对反应时和正确率的数据进行分析，组间因素为组别（运动员、非运动员），组内因素为角度（0°、30°、60°、90°、120°、150°或180°）。主效应和交互作用的事后检验使用Bonferroni检验。

3. 结果

（1）反应时

ANOVA分析发现反应时的组别主效应显著（图3-3），即跳水运动员在二维客体心理旋转任务的反应时（1818±396ms）快于非运动员（2556±931ms）。此外，角度主效应显著$[F(6, 252)=179.974, p<0.001, \eta_p^2=0.811]$。事后分析发现，反应时随着角度增加而增加，在180°略有下降。此外，组别和角度的交互作用不显著$[F(6, 252)=0.0616, p=0.660, \eta_p^2=0.014]$。

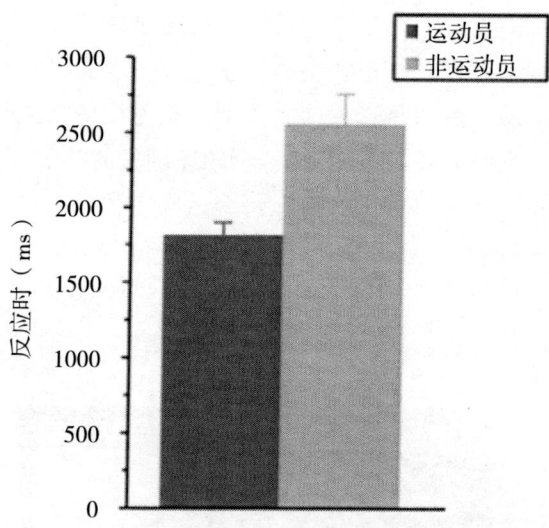

图3-3 跳水运动员与非运动员在客体抽象表征方式下的反应时（$M±SE$）

（2）正确率

针对正确率的分析发现，角度主效应显著$[F(6, 252)=17.954, p<0.001, \eta_p^2=0.295]$，但组别主效应不显著$[F(1, 42)=0.083, p=0.775, \eta_p^2=0.02]$，说明运动员（0.898±0.055）和非运动员（0.892±0.061）在正确率方面未体现出差异。

4. 讨论

本实验的目的是考察运动经验对客体方块表征方式的心理旋转能力的影响。我们比较了身体旋转的专家（跳水运动员）和新手（非运动员）在客体方块条件的心理旋转任务中的反应时和正确率，发现跳水运动员在客体表征抽象心理旋转任务中都表现出更快的反应时，证实了假设。

首先，最近一项针对运动经验和空间能力的元分析指出，缺少青少年被试是当前运动专家空间能力研究的重要局限，因为所有被纳入该分析的研究对象的年龄都在17岁以上[117]。他们推测，其可能是要达到专家水平至少需要10年的刻意训练，而儿童或青少年很难达到这一标准[142]。但是，本实验中的运动员组是处于青少年阶段的优秀跳水运动员，正是前面研究所提到的"少有被试"，他们从很小的年龄（3~5岁）开始进行跳水训练，且22人中的16人已经获得全国锦标赛或国际比赛前八名。因此，本实验能够为当前运动经验影响空间能力的研究提供青少年专家优势的证据。

从心理旋转研究开始，反应时的角度效应就被研究者反复证实[22, 54, 143]，即被试的反应时随着旋转角度的增加而延长，这一结果符合功能等价假说，即心理表征与物理环境的感知之间有着功能性相等的关系[128]。本实验发现，整体而言，反应时的角度效应独立于运动经验，即不论是跳水运动员还是非运动员，他们的反应时都随着角度的增加而增加，证实了前人研究的结果[22, 59, 60]。实验结果就运动员客体表征是否更优的争论提供了正面的证据。研究发现跳水运动员在客体表征中有着更优的绩效。与本实验结果相似，詹森等发现3个月的杂技训练显著提高了被试在3-D方块心理旋转任务的成绩[120]。

综上所述，从具身认知的角度出发，跳水运动员的优势可能是由于将心理旋转任务具身性地加工为与运动经验相关的知识，进而提升了绩效。那么，在此基础上我们更希望了解这种具身化的过程是如何产生作用的，因此，对心理旋转的加工过程加以区分，考察运动经验是否选择性地促进了某个或某些加工阶段，是后面实验的主要目的。

5. 小结

实验证明跳水运动员心理旋转的专家优势在抽象刺激的客体表征任务中存在，跳水运动员的客体表征心理旋转能力显著优于非运动员。

(二)运动员客体抽象心理旋转的阶段特征

1. 前言

研究者从心理旋转的信息加工阶段出发,认为心理旋转至少包括在时间上依次发生的感知阶段、旋转阶段和决定阶段[63-65]。具体而言,感知和决定阶段(后称感知阶段)的评价指标为刺激材料未旋转时(即旋转0°)的反应时,旋转阶段的评价指标是心理旋转速度。实验发现,跳水运动员在客体表征的心理旋转都存在优势,进而也带来一个问题。跳水运动员的客体心理旋转优势是不是由于他们在某个(或某些)加工阶段效率更高?因此,本研究以高水平跳水运动员和非运动员为研究对象,以二维抽象方块作为主客体表征心理旋转的刺激材料,目的是在之前研究的基础上揭示跳水运动员不同表征方式的心理旋转优势的阶段特征。现有研究只发现了运动员在感知阶段的优势,却没有发现旋转阶段的优势[69, 118]。研究者认为,使用的实验刺激与专项无关可能是导致这一争论的主要原因,他们发现将任务刺激由一般图像(非专项性图像)替换为专项性图像后,运动员的心理旋转阶段优势出现[118]。因此,本实验目的是揭示跳水运动员抽象客体表征方式的心理旋转优势的阶段特征。实验假设1:在抽象客体表征方式的心理旋转中,跳水运动员的感知阶段绩效更优;实验假设2:跳水运动员在抽象客体表征的旋转阶段不存在优势。

2. 方法

(1)实验被试

47名被试参与了实验,其中包括24名跳水运动员,11名男性和13名女性(年龄14.41±2.13岁);23名非运动员,11名男性和12名女性(年龄13.91±0.53岁)。两组被试年龄无显著差异[$F(1, 42)$=1.142,p=0.291,η_p^2=0.026]。运动员组是来自上海跳水队的跳水运动员,训练年限为8~13年,每周训练时间为30小时左右,所有队员都在接受初中教育。非运动员是从河南省郑州市招募来的初中二年级学生,他们从未参加过专业体育运动训练。由于实验被试是未成年人,经被试本人及其家长同意后,知情同意书由被试家长授权给教练员和班主任签署,被试在实验后获得礼品。

（2）实验材料

实验使用修订后的二维方块图像客体心理旋转任务进行，每次向被试呈现两幅二维黑白方块图形（图3-4），左图为参考图，右图为参考图经过旋转后的图形（即两图相同）或其镜像（即两图不同），被试需要判断两图是否相同。图形在水平面内顺时针旋转，旋转角度为0°、30°、60°、90°、120°、150°或180°。每幅图形大小为4cm×4cm，深灰色部分（图中泳衣）明度为30cd/m^2，浅灰色部分（肢体）为80cd/m^2。实验任务由E-Prime 2.0（Psychology Software Tools, www.pstnet.com）进行设计，使用14寸屏幕笔记本电脑呈现。

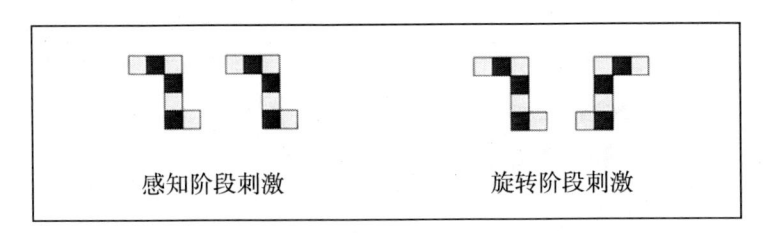

图3-4 客体表征抽象图形的阶段任务刺激

为了测量不同阶段心理旋转的绩效，本实验在前面实验二维方块图像的基础上进行了内容的更改。实验包括2种刺激材料，分别是：①感知阶段：两幅旋转0°的二维方块图。②旋转阶段：两幅旋转30°、60°、90°、120°、150°和180°的二维方块图。每幅图形大小为4 cm×4 cm，深灰色部分明度为30cd/m^2，浅灰色部分为80cd/m^2。实验任务由E-Prime 2.0（Psychology Software Tools, www.pstnet.com）进行设计，使用14寸屏幕笔记本电脑呈现。

（3）实验程序

实验由一名主试负责，在安静的会议室或教室内一对一进行。被试在填写完成个人信息表后坐于电脑前，眼睛与屏幕距离60cm。阅读实验指导后，被试需要先进行20个有反馈的练习试次，正确率高于80%（即超过16题的选择正确）方可开始正式实验，未达到要求需再次练习。在感知阶段和旋转阶段任务中，被试需要快速且准确地判断出现的两图是否相同，并双手按键反应，F键代表相同，J键代表不同。实验按照表征方式和加工阶段的不同分为4个顺序随机的block，共2（加工阶段）×2（异同）×48（重复）=192试次。在每个试次中，先出现1000~1500ms的注视点，随后呈现刺激图形，直到被试按键或超过3000ms后消失。在1000ms的空屏之后，开始下一试次。实验时间在25分钟左右。

（4）数据统计与分析

根据Jansen和Just对心理旋转阶段的测量方式[69,70]，将刺激材料未旋转时（即旋转0°）的反应时作为感知阶段的评价指标，单位为毫秒（ms），将旋转速度作为旋转阶段的评价指标，旋转速度是每个角度下的角度与反应时的比值的平均数，计算公式为：旋转速度=$(\frac{30}{RT_{30°}}+\frac{60}{RT_{60°}}+\frac{90}{RT_{90°}}+\frac{120}{RT_{120°}}+\frac{150}{RT_{150°}}+\frac{180}{RT_{180°}})\div 6$，单位为度每秒（°/s）。进行数据分析之前，剔除反应时超过均值3个标准差或正确率低于75%的被试（2名运动员和1名非运动员），以上计算仅使用正确的试次进行。进行数据分析之前进行正态分布检验，两组被试在两种条件下的感知阶段反应时经过ln转换后符合正态分布（所有$z<1.250$，$p>0.088$），且两组被试在两种条件下的旋转速度符合正态分布（所有$z<0.838$，$p>0.484$）。使用t检验对感知阶段反应时和旋转速度进行分析，组间因素为组别（运动员、非运动员）。

3. 结果

（1）感知阶段

ANOVA分析发现，感知阶段反应时的组别主效应显著[$t(42)=2.354$，$p<0.05$，$d=0.60$]，说明跳水运动员（1314±417ms）的感知阶段反应时快于非运动员（1900±1114ms）。

（2）旋转阶段

对旋转速度的分析显示，跳水运动员的旋转速度与非运动员相比并不显著（运动员：81±60°/s，非运动员：54±47°/s，$p<0.05$），[$t(42)=1.539$，$p=0.131$，$d=0.46$]。

4. 讨论

本实验在前面研究的基础上，分别以0°反应时和旋转速度作为感知阶段和旋转阶段的评价指标，目的是考察运动经验对抽象客体表征方式心理旋转的各个阶段的影响。首先，实验发现跳水运动员在心理旋转的感知阶段绩效更优，证实了假设1。研究证实，运动员的简单反应时和选择反应时比非运动员更快[144-147]，由于运动员经常需要将运动信息在神经中枢进行快速准确的编码，相关电生理研究发现运动员的脑信号传输速度更快，脑活动潜伏期更短[147]。

就旋转阶段而言，本实验以抽象图形为刺激材料，要求跳水运动员和非运动员进行判断，发现组间差异不存在，证实了假设2。韦克斯勒（Wexler）等发现，心理旋转的旋转速度与实际旋转动作的速度之间存在显著相关[138]。从这一观点出发，跳水运动员在进行抽象图形的心理旋转任务时，难以将以往训练中积累的动作旋转经验寄予抽象图形之中，使得其与非运动员的差异并不显著。

综上所述，结合实验结果，研究发现跳水运动员在抽象图形客体表征的优势是由于感知阶段的优势所致。然而，当前研究结果只囿于行为表现，心理旋转中的大脑加工特征如何，当前还不清晰。此外，由于不同的加工阶段在时间上次序发生，而事件相关电位可以揭示认知活动的时间特征，因此心理旋转的行为绩效和大脑活动之间有何联系，需要开展事件相关电位研究进行阐释。

5. 小结

在抽象客体表征方式的心理旋转中，跳水运动员的感知阶段绩效更优，在旋转阶段不存在优势，说明跳水运动员在抽象图形客体表征的优势是由于感知阶段的优势所致。

（三）总结

心理旋转的经典实验刺激是二维或三维的方块，在探索个体差异的过程中，研究者确立了动作加工经验与个体心理旋转能力之间的关系。当然，中间不可避免地存在迁移问题。以一名运动员来说，在篮球或足球项目获得的长期运动经验使其成为优秀的高水平运动员，但这些涉及了身体旋转经验的专长是否会体现在最普遍、而且看起来与体育运动几乎无关的抽象图形（如方块）的客体心理旋转能力之中？

通过系列实验，发现了两个主要的研究结果：①跳水运动员心理旋转的专家优势在抽象刺激的客体表征任务中存在，跳水运动员的客体表征心理旋转能力显著优于非运动员。从具身认知的角度出发，跳水运动员的优势可能是由于将心理旋转任务具身性地加工为与运动经验相关的知识，进而提升了绩效。②在抽象客体表征方式的心理旋转中，跳水运动员的感知阶段绩效更优，在旋转阶段不存在优势，说明跳水运动员在抽象图形客体表征的优势是由于感知阶段的优势所致。运动员感知阶段的优势说明其在神经中枢进行信息编码更加快速而准确，但以往训练中积累的动作旋转经验与二维抽象图形的相似程度不足，难以

41

出现技能迁移，因而专家运动员未能在旋转阶段表现出专家优势。

　　本书前文提到，心理旋转包括主体表征和客体表征两种表征方式。主体表征是被试以第一人称的视角（主观参考系）想象自己在空间中进行转换。客体表征是被试以第三人称的视角（客观参考系）想象空间中的物体进行操作。上述部分只针对抽象图形的客体心理旋转能力进行了考察和探讨，发现了选择性的专家优势。在下一部分研究中，我们仍然使用客体心理旋转任务考察不同运动经验的个体的空间能力，区别在于增加了身体相关元素，即将抽象图形替换为人体图形进行测试，着力于揭示身体旋转的运动经验对于专家运动员在客体心理旋转能力上的优势。

二、客体表征下（人体图形）运动员心理旋转的特征

（一）运动员客体人体心理旋转的整体特征

1. 前言

　　虽然前一研究说明跳水运动员心理旋转的专家优势在抽象刺激的客体表征任务中存在，跳水运动员的客体表征心理旋转能力显著优于非运动员。然而，当前针对专家运动员是否在客体表征中存在优势的研究结果并不一致。部分研究确立了客体表征[3-5, 53, 69, 100, 103, 105, 119-121]中存在优势，但也有研究未能发现运动员在客体表征中的优势[4, 57, 106]。前面综述发现，这种争论的原因可能与使用了不同的任务刺激以及刺激图像的专项性与否有关。据此，研究者认为，实验中所使用的任务刺激与运动员从专项中获得的身体特征的一致性决定了绩效[122]，进而主张心理旋转任务刺激应当随着运动员的项目类型而更改，以便揭示身体旋转和心理旋转联系的内部机制。

　　因此，本研究以高水平跳水运动员和非运动员为被试，使用二维人体图形作为刺激材料的客体心理旋转任务，旨在考察跳水运动员和非运动员在客体表征下的心理旋转能力，为运动员在专项性心理旋转刺激的任务中的表现提供证据。由于身体旋转经验能够影响心理旋转能力，而跳水运动员具有观察别人进行动作的经验（客体心理旋转经验），因此实验假设，跳水运动员客体心理旋转能力存在优势。

2. 方法

（1）实验被试

47名被试参与了实验，其中包括24名跳水运动员，11名男性和13名女性（年龄14.41±2.13岁）；23名非运动员，11名男性和12名女性（年龄13.91±0.53岁）。两组被试年龄无显著差异［$F(1, 42)=1.142$，$p=0.291$，$\eta_p^2=0.026$］。运动员组是来自上海跳水队的跳水运动员，训练年限为8～13年，每周训练时间为30小时左右，所有队员都在接受初中教育。非运动员是从河南省郑州市招募来的初中二年级学生，他们从未参加过专业体育运动训练。由于实验被试是未成年人，经被试本人及其家长同意后，知情同意书由被试家长授权给教练员和班主任签署，被试在实验后获得礼品。

（2）实验材料

实验使用修订后的人体图像客体表征（Objected-based transformations，OT）心理旋转任务进行。在实验中，每次向被试呈现两幅人体图形，左图为参考图，右图为参考图经过旋转后的图形（即两图相同）或其镜像（即两图不同），被试需要判断两图是否相同。人体图形内容为背面的跳水转体动作，即左侧或右侧手臂屈肘于头部上方，另一只屈肘于腹部。图形在水平面内顺时针旋转，旋转角度为0°、30°、60°、90°、120°、150°或180°。每幅图形大小为4cm×4cm，深灰色部分（图3-5中泳衣）明度为30cd/m²，浅灰色部分（肢体）为80cd/m²。实验任务由E-Prime 2.0（Psychology Software Tools，www.pstnet.com）进行设计，使用14寸屏幕笔记本电脑呈现。

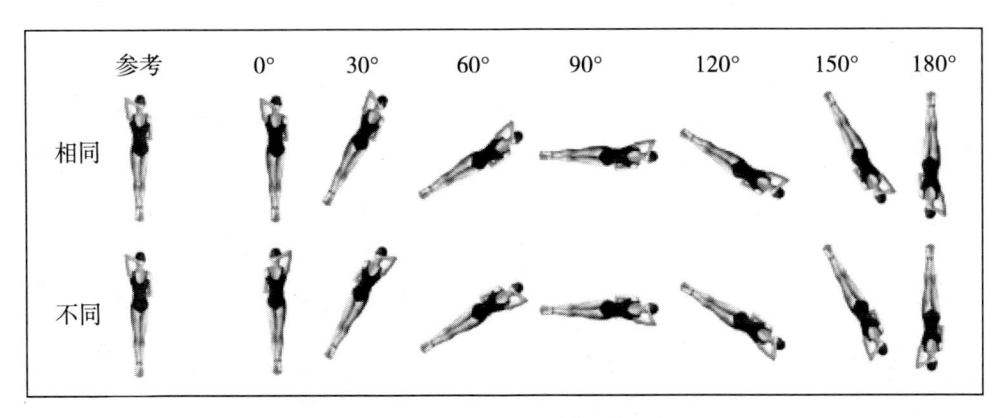

图3-5 实验任务刺激

（© QA International，2017. All rights reserved.）

（3）实验程序

实验由一名主试负责，在安静的会议室或教室内一对一进行。被试在填写完成个人信息表后坐于电脑前，眼睛与屏幕距离60cm。阅读实验指导后，被试需要先进行20个有反馈的练习试次，正确率高于80%（即超过16题的选择正确）方可开始正式实验，未达到要求需再次练习。在心理旋转任务中，被试需要快速且准确地判断出现的两图是否相同，并双手按键反应，F键代表相同，J键代表不同。实验按照表征方式的不同分为2个顺序随机的block，共7（旋转角度）×2（异同）×8（重复）=112试次。在每个试次中，先出现1000~1500ms的注视点，随后呈现刺激图形，直到被试按键或超过3000ms后消失（图3-6）。在1000ms的空屏之后，开始下一试次。实验时间在25分钟左右。

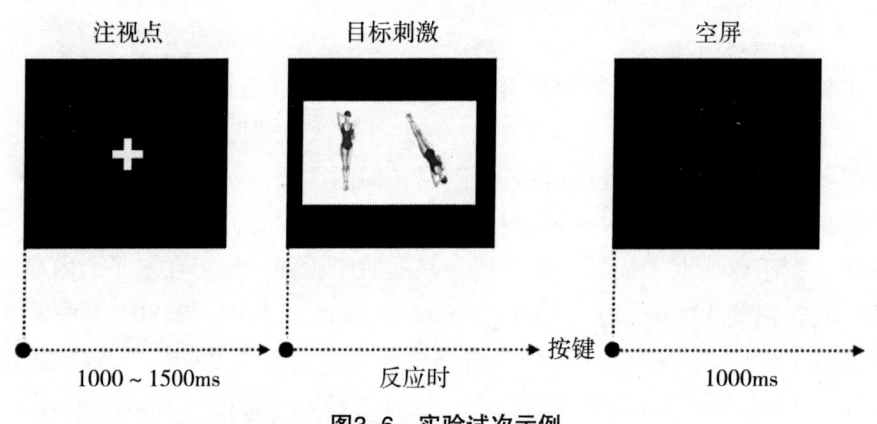

图3-6　实验试次示例

（4）数据统计与分析

进行数据分析之前，剔除反应时超过均值3个标准差或正确率低于75%的被试（2名运动员和1名非运动员），对反应时的统计分析只包括正确的试次。使用重复测量方差分析（R-M ANOVA）对反应时和正确率的数据进行分析，组间因素为组别（运动员、非运动员），组内因素为角度（0°、30°、60°、90°、120°、150°和180°）。主效应和交互作用的事后检验使用Bonferroni检验。

3. 结果

（1）反应时

ANOVA分析发现反应时的组别主效应显著［$F(1, 42)=8.904$, $p<0.005$,

η_p^2=0.175］（图3-7），即跳水运动员的反应时（1469±245 ms）快于非运动员（1995±862 ms）。此外，角度主效应显著［F（6，252）=199.222，p<0.001，η_p^2=0.826］，事后检验发现除30°（1343±553ms）与60°（1368±614ms），以及90°（1632±627ms）与120°（1725±652ms）的反应时无显著差异外（所有p>0.880），其他角度间的反应时均存在显著差异（所有p<0.05）。交互作用不显著（F=1.315，p=0.261，η_p^2=0.030）。

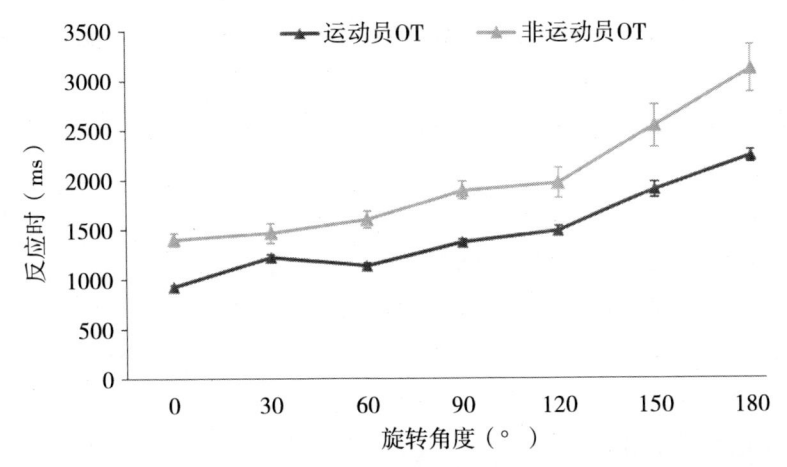

图3-7 跳水运动员与非运动员在人体图像客体表征下的各角度反应时（$M±SE$）

（2）正确率

对正确率进行分析发现，角度［F（6，252）=11.389，p<0.001，η_p^2=0.213］的主效应显著。然而，组别［F（1，42）=1.829，p=0.184，η_p^2=0.042］的主效应不显著，说明跳水运动员（0.912±0.061）与非运动员（0.931±0.054）的正确率之间没有显著差异（图3-8）。变量间交互作用不显著。

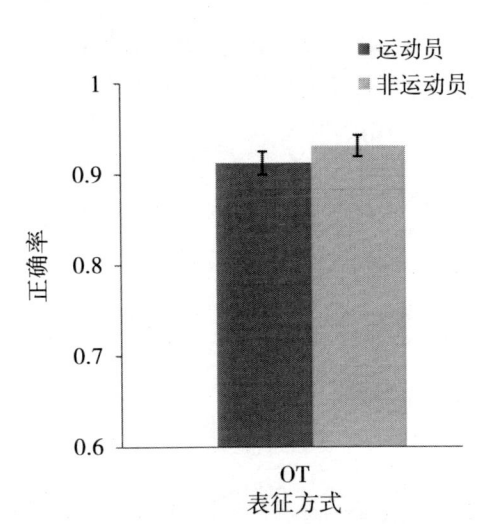

图3-8 跳水运动员与非运动员在人体图像客体表征下的正确率（$M±SE$）

4. 讨论

本实验的目的是考察运动经验对客体人体图形表征方式的心理旋转能力的影响。我们比较了身体旋转的专家（跳水运动员）和新手（非运动员）的心理旋转任务中的反应时和正确率，发现跳水运动员在客体表征的人体心理旋转任务中表现出更快的反应时。不仅如此，被试的反应时随着旋转角度的增加而延长，这一结果符合功能等价假说。跳水运动员和非运动员的反应时都随着角度的增加而增加。此外，与前面抽象图形的实验相比，两组在人体刺激任务中的反应时都短于抽象方块刺激任务，且正确率更高。

此外，研究发现跳水运动员在客体表征中依然有着更优的绩效。与本实验结果相似，密罗比较了身体旋转经验丰富的摔跤运动员与身体旋转经验较少的跑步运动员，发现前者在心理旋转任务中的绩效更好[5]。然而，还有一些研究认为运动经验对心理旋转的影响特异性地存在于主体表征[4, 57, 106]，斯特格曼（Steggemann）等和詹森（Jansen）等使用举起手臂动作的人体心理旋转任务，未能发现运动员和非运动员的差异[57, 61]，因而认为客体表征和主体表征是两种分离的加工过程，它们与个体本体感受之间的关系不同[61]。究其原因，有研究者认为是上述研究使用的任务刺激过于复杂所致[69]。虽然本实验使用的也是动作的客体心理旋转，但由于任务刺激的专项技术，使得跳水运动员在客体表征中的优势得以凸显。阿莫里姆（Amorim）等提出，人体图形的刺激材料也会加强进行异同判断的客体表征任务[14]，即运动员在不同旋转角度的身体表征优势不仅来自训练中旋转动作的执行，也受益于观看其他运动员表现同样动作的经历。

5. 小结

实验证明跳水运动员心理旋转的专家优势在人体刺激的客体表征任务中存在，跳水运动员的客体表征心理旋转能力显著优于非运动员。

（二）运动员客体人体心理旋转的阶段特征

1. 前言

从心理旋转的信息加工阶段出发，认为心理旋转至少包括在时间上依次发生的感知阶段、旋转阶段和决定阶段[63-65]。具体而言，感知和决定阶段（后称感知阶段）的评价指标为刺激材料未旋转时（即旋转0°）的反应时，旋转阶段的评价指标是心理旋转速度。前面研究发现，在抽象客体表征方式的心理旋转中，跳水运动员的感知阶段绩效更优；在旋转阶段不存在优势，说明跳水运动员在抽象图形客体表征的优势是由于感知阶段的优势所致。

在本研究中关注的问题是，在抽象客体心理旋转中，跳水运动员心理旋转的感知阶段优势是否存在于人体图像的客体心理旋转任务中？在这一任务中能否发现运动员在旋转阶段的优势？不论是从"身体模仿"的观点还是运动领域的经验，都提示我们身体旋转的经验或许能够使运动员在旋转阶段表现更好。但现有研究只发现了运动员在感知阶段的优势，却没有发现旋转阶段的优势[69, 118]。研究者认为，使用的实验刺激与专项无关可能是导致这一争论的主要原因，他们发现将任务刺激由一般图像（非专项性图像）替换为专项性图像后，运动员的心理旋转阶段优势出现[118]。

因此，本实验目的是揭示跳水运动员人体刺激的客体表征方式的心理旋转优势的阶段特征。实验假设1：在人体客体表征方式的心理旋转中，跳水运动员的感知阶段绩效更优；实验假设2：跳水运动员在人体客体表征的旋转阶段存在优势。

2. 方法

（1）实验被试

47名被试参与了实验，其中包括24名跳水运动员，11名男性和13名女性（年龄14.41 ± 2.13岁）；23名非运动员，11名男性和12名女性（年龄13.91 ± 0.53岁）。两组被试年龄无显著差异 $[F(1, 42)=1.142, p=0.291, \eta_p^2=0.026]$。运动员组是来自上海跳水队的跳水运动员，训练年限为8~13年，每周训练时间为30小时左右，所有队员都在接受初中教育。非运动员是从河南省郑州市招募来的初中二年级学生，他们从未参加过专业体育运动训练。由于实验被试是未成年人，经被试本人及其家长同意后，知情同意书由被试家长授权给教练员和班主任签署，被试在实验后获得礼品。

（2）实验材料

为了测量不同阶段心理旋转的绩效，本实验在前面人体图像的基础上进行了内容的更改。实验包括2种刺激材料，分别是：①感知阶段：两幅旋转0°的跳水转体动作图。②旋转阶段：两幅旋转30°、60°、90°、120°、150°和

180°的跳水转体动作图。每幅图形大小为4cm×4cm，深灰色部分（图3-9中泳衣）明度为30cd/m^2，浅灰色部分（肢体）为80cd/m^2。实验任务由E-Prime 2.0（Psychology Software Tools, www.pstnet.com）进行设计，使用14寸屏幕笔记本电脑呈现。

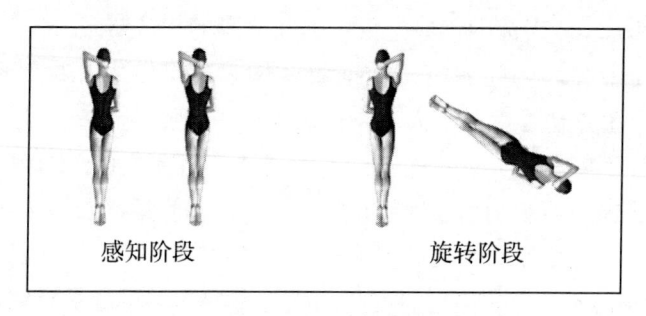

图3-9 感知阶段和旋转阶段任务刺激

（3）实验程序

实验由一名主试负责，在安静的会议室或教室内一对一进行。被试在填写完成个人信息表后坐于电脑前，眼睛与屏幕距离60cm。阅读实验指导后，被试需要先进行20个有反馈的练习试次，正确率高于80%（即超过16题的选择正确）方可开始正式实验，未达到要求需再次练习。在感知阶段和旋转阶段任务中，被试需要快速且准确地判断出现的两图是否相同，并双手按键反应，F键代表相同，J键代表不同。实验按照加工阶段的不同分为4个顺序随机的block，共2（加工阶段）×2（异同）×48（重复）=192试次。在每个试次中，先出现1000~1500ms的注视点，随后呈现刺激图形，直到被试按键或超过3000ms后消失。在1000ms的空屏之后开始下一试次（图3-10）。实验时间在40分钟左右。

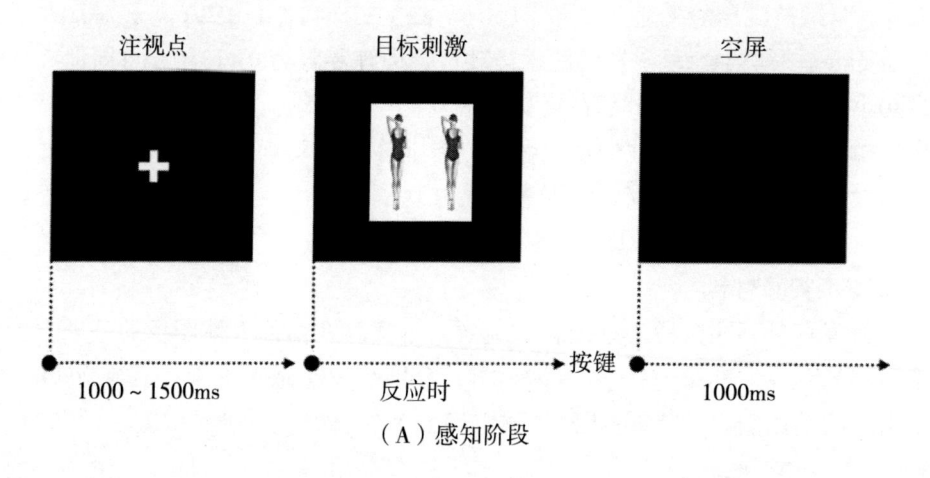

（A）感知阶段

注视点　　　　　　目标刺激　　　　　　空屏

1000～1500ms　　　反应时　　→按键　1000ms

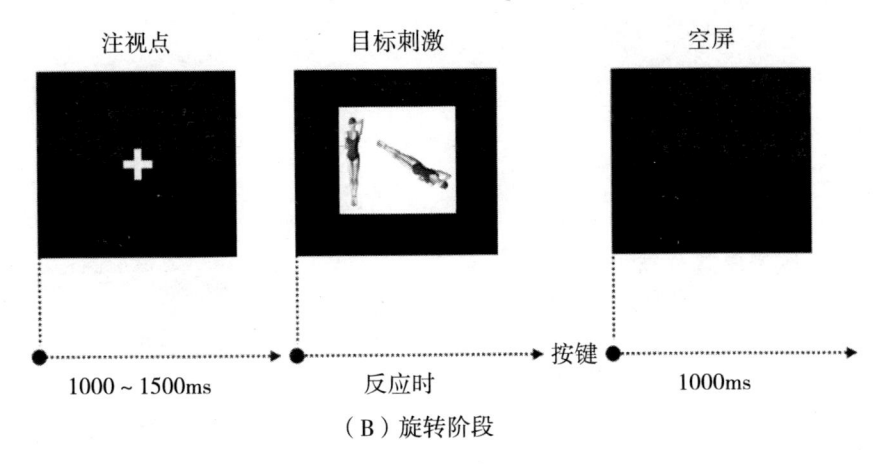

（B）旋转阶段

图3-10　实验试次示例

（4）数据统计与分析

根据詹森和贾斯特对心理旋转阶段的测量方式[69,70]，将刺激材料未旋转时（即旋转0°）的反应时作为感知阶段的评价指标，单位为毫秒（ms），将旋转速度作为旋转阶段的评价指标，旋转速度是每个角度下的角度与反应时的比值的平均数，计算公式为：旋转速度=$\left(\frac{30}{RT_{30°}}+\frac{60}{RT_{60°}}+\frac{90}{RT_{90°}}+\frac{120}{RT_{120°}}+\frac{150}{RT_{150°}}+\frac{180}{RT_{180°}}\right)\div 6$，单位为度每秒（°/s）。进行数据分析之前，剔除反应时超过均值3个标准差或正确率低于75%的被试（2名运动员和1名非运动员），以上计算仅使用正确的试次进行。分别使用t检验对运动员和非运动员的感知阶段反应时和旋转速度进行分析。

3. 结果

（1）感知阶段

t检验分析发现，感知阶段反应时的组别效应显著[$t(42)=3.282$，$p<0.01$，$d=0.99$]，说明跳水运动员（926±182ms）的感知阶段反应时快于非运动员（1401±653ms，图3-11）。

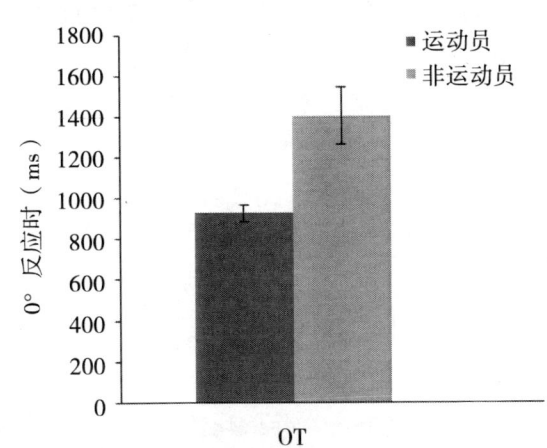

图3-11　跳水运动员与非运动员在不同表征方式下的感知阶段绩效（$M\pm SE$）

（2）旋转阶段

对旋转速度的分析显示，组别效应不显著[$t(42)=1.083$, $p=0.285$, $d=0.33$]。事后检验显示，跳水运动员的旋转速度与非运动员无显著差异（运动员：$67.15 \pm 10.23°$ /s，非运动员：$60.22 \pm 13.93°$ /s，图3–12）。

4. 讨论

本实验在前面研究的基础上，分别以0°反应时和旋转速度作为感知阶段和旋转阶段的评价指标，目的是考察运动经验对人体图像的客体表征方式心理旋转的各个阶段的影响。首先，实验发现跳水运动员在人体图像的客体心理旋转的感知阶段绩效更优，证实了假设1。与前面实验不同的是，本实验使用的是人体刺激图形的客体心理旋转任务。同时，我们进行了本实验结果与前面抽象图形客体心理旋转任务的比较，发现两组被试对于人体图形的客体表征的感知速度都快于抽象图形。通过分析，我们认为对于运动员而言，这种在感知阶段的优势可能是由于跳水运动员在刺激的编码、任务准备程度或是动作速度上存在优势。对于非运动员而言，个体对较为常见的人体图形的熟悉程度和认知加工速度要相对高于不常见的抽象方块图形，使得感知速度出现提升。

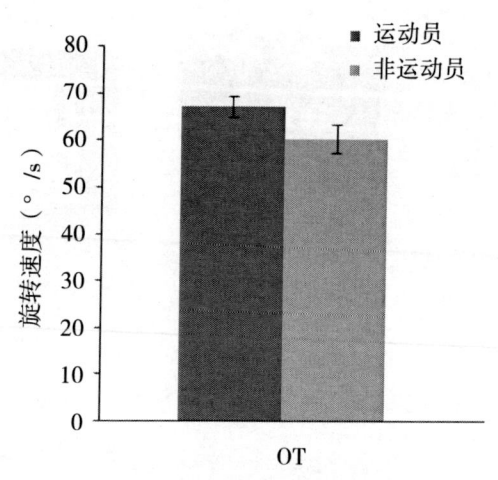

图3–12 跳水运动员与非运动员在不同表征方式下的旋转阶段绩效（$M \pm SE$）

就旋转阶段而言，本实验以跳水转体动作为刺激材料，要求跳水运动员和非运动员进行人体图像客体表征的判断，未发现组间差异的存在，没有证实假设2。现有研究对客体表征旋转阶段的运动员专家优势报告较少，仅塞尔维等使用的是2D方块的客体表征MORT任务实验，发现了运动员在旋转阶段的优势。韦克斯勒等发现，心理旋转的旋转速度与实际旋转动作的速度之间存在显著相关[138]。从理论上来讲，这一过程涉及了动作具身（Motoric embodiment）[14]。动作具身指的是观察、想象等动作表征的加工过程与实际操作一致[148, 149]。从这一观点出发，对相关动作的模仿可以提高心理旋转速度。针对本实验未能发现组间差异的原因,可能是由于采用的跳水转体动作虽然是专项性的,但抬起一只手臂的姿势在日常生活中也相对常见,因而非运动员也能够通过生活经验模仿,获得相对较高的心理旋转速度。

综上所述,与先前抽象图形的客体心理旋转实验结果一致,研究发现跳水运动员在人体图形的客体心理旋转能力的优势是由于感知阶段而并非旋转阶段。然而,当前研究结果只囿于行为表现,心理旋转中的大脑加工特征如何,当前还不清晰。此外,由于不同的加工阶段在时间上次序发生,而事件相关电位可以揭示认知活动的时间特征,因此心理旋转的行为绩效和大脑活动之间有何联系,需要开展事件相关电位研究进行阐释。

5. 小结

在人体图形的客体表征方式的心理旋转中,跳水运动员的感知阶段绩效更优,在旋转阶段不存在优势,说明跳水运动员在人体图形客体表征的优势是由于感知阶段的优势所致。

(三)运动员客体人体心理旋转的脑加工时程特征

1. 前言

实验发现跳水运动员在客体表征心理旋转中,仅在感知阶段有着更好的绩效。研究者认为,心理旋转的信息加工阶段是在时间序列上依次发生,相应地,ERP技术能够精确地揭示脑加工的时程特征,因此,本实验试图通过ERP的手段来探索跳水运动员心理旋转的行为指标与脑加工特征间的联系。

然而只有少数研究关注了不同运动经验个体在进行心理旋转时的脑加工特征[32,93,94]。尹丽琴采用字母图像作为客体表征心理旋转的材料,比较了运动员和非运动员在心理旋转时的脑活动特征,发现运动员的RRN波幅与非运动员没有差异[93]。与上述研究不同,宋薇比较了专业武术运动员与非运动员在进行字母刺激的客体心理旋转时的RRN,发现运动员组的RRN波幅更大,高淑青等在锻炼与非锻炼的老年人中开展的研究也发现了相似的结果[32,94]。上述研究存在两个问题。首先,研究虽然涉及了客体表征心理旋转任务,但他们选择的任务刺激多为字母或身体某一部位（手部），忽略了埃南（Heinen）主张的对全身性、专项性任务刺激的采用[122]，因而可能无法准确把握专项运动经验对运动员心理旋转中的脑活动特征，并且上述研究的结果存在冲突。其次，研究只关注了心理旋转中特异性成分RRN的变化，而最近刘的研究发现早期成分N2可能反映了个体对刺激的感知[89]，N2成分与心理旋转感知阶段的关系还需要更多研究进行阐释。

因此，本研究从客体表征下的跳水运动员心理旋转的阶段优势出发，旨在用ERP手段探索跳水运动员心理旋转的脑加工时程特征及其与行为指标之间的联系。实验假设，人体图形的客体表征心理旋转任务中，跳水运动员心理旋转的大脑加工特征与非运动员存在差异。具体表现为，跳水运动员的N2潜伏期更短，N2波峰值和RRN平均波幅更大，且分别与他们的感知阶段和旋转阶段的绩效存在相关。

2. 方法

（1）实验被试

42名被试参与了实验，其中包括20名跳水运动员，10名男性和10名女性；22名非运动员，12名男性和10名女性。两组被试年龄无显著差异（运动员：20.00 ± 3.50岁，非运动员：21.11 ± 2.94岁，$t=-1.054$，$p=0.299$）。运动员组是来自北京跳水队的跳水运动员，他们的训练年限为5～13年，每周训练时间为36小时左右。非运动员是从上海体育学院招募来的从未参加过专业体育运动训练的非体育专业大学生。被试在实验前签署知情同意书，在实验后获得礼品或现金奖励。

（2）实验材料

实验使用修订后的人体图像客体表征心理旋转任务进行。在实验中，每次向被试呈现两幅人体图形，左图为参考图，右图为参考图经过旋转后的图形（即两图相同）或其镜像（即两图不同），被试需要判断两图是否相同。人体图形内容为背面的跳水转体动作，即左侧或右侧手臂屈肘于头部上方，另一只屈肘于腹部。图形在水平面内顺时针旋转。考虑到ERP实验的重复次数要求，以及前人相关研究对角度的设置[71]，将行为实验中的7个角度调整为0°、60°、120°和180°，共4个角度（图3-13）。

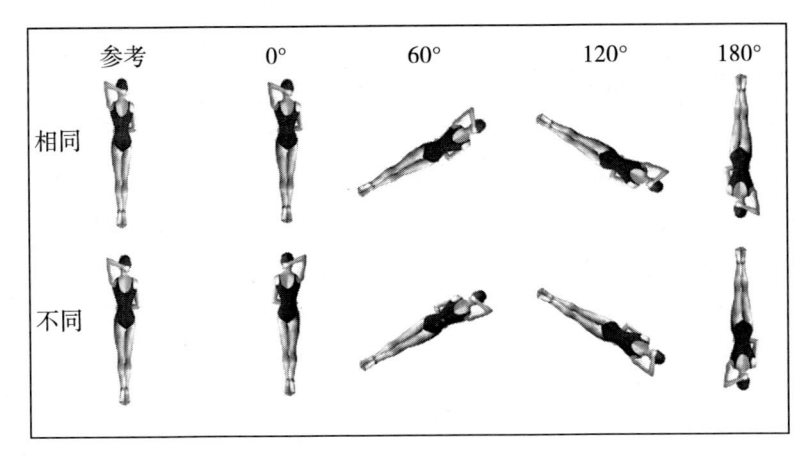

图3-13 实验任务刺激

（3）实验程序

实验由两名主试负责，在安静的会议室或实验室内逐个进行。被试在实验前清洗头发并吹干，随后填写个人信息表，待其坐于电脑前（眼睛与屏幕距离60cm）之后向被试介绍ERP实验要求和注意事项。之后佩戴电极帽，保证电极电的阻抗小于5kΩ。随后向被试讲解实验要求，在任务中，被试需要快速且准确地判断出现的两图是否相同，并双手按键反应，F键代表相同，J键代表不同。阅读实验指导后，被试需要先进行20个有反馈的练习试次，正确率高于80%（即超过16题的选择正确）方可开始正式实验，未达到要求需再次练习。实验按照表征方式的不同分为2个顺序随机的block，共4（旋转角度）×2（异同/左右）×60（重复）=480试次。在每个试次中，先出现1000~1500ms的注视点，随后呈现刺激图形，直到被试按键或超过4000ms后消失。在1000ms的空屏之后开始下一试次。实验时间在60分钟左右。

（4）EEG数据记录和分析

实验使用连接至BrainAmp MR Plus信号放大器（Brain Products GmbH, Munich, Germany）的64导脑电帽对EEG信号进行连续记录。使用1000Hz采样率以及100Hz在线滤波进行信号采集，同时记录水平和垂直眼电去监测眼动和眨眼。记录时保证电极电的阻抗小于5kΩ。原始EEG信号使用BrainVision Analyzer（v2.0, Brain Products GmbH, Munich, Germany）软件进行离线预处理。首先，重新设置参考电极为TP9和TP10（左侧乳突和右侧乳突）。使用半自动的方法去除EEG波幅超过±200或梯度变化超过50μV/ms的试次。随后，使用独立主成分分析（Independent Component Analysis）的方法矫正眼电。对数据进行总分段后，使用0.5~30Hz带通滤波器对数据进行滤波后进行基线校正（从刺激开始之前的-200ms到0ms）。而后，依据4个角度得到的60个试次的数据进行分段叠加和平均。分段时间为刺激出现前的200 ms到出现后的1500ms。通过以上分析，获得了N2和RRN成分。N2的峰波幅和潜伏期由210~290ms波峰处测量，RRN平均波幅值使用550~750 ms/400~600ms内的平均幅度计算。

（5）数据统计与分析

首先，根据反应时、旋转速度和波峰值或波平均值数据，剔除了超过均值3个标准差以及正确率低于0.85的被试（1名运动员和2名非运动员）。根据詹森和贾斯特（Just）对心理旋转阶段的测量方式[69, 70]，将刺激材料未旋转时（即旋转0°）的反应时作为感知阶段的评价指标，单位为毫秒（ms），将旋转速度作为旋转阶段的评价指标，旋转速度是每个角度下的角度与反应时的比值的平均数，计算公式为：旋转速度=$\left(\dfrac{60}{RT_{60°}}+\dfrac{120}{RT_{120°}}+\dfrac{180}{RT_{180°}}\right)\div 3$，单位为度每秒（°/s）。以上计算仅使用正确的试次进行。就行为数据而言，两组被试在两种条件下的反应时经过ln转换后符合正态分布（所有$z<1.296$，$p>0.069$），经反正弦转换后的正确率和各阶段绩效均符合正态分布（所有$z<1.111$，$p>0.169$）。使用R-M ANOVA对反应时和正确率的数据进行分析，组间因素为组别（运动员、非运动员），组内因素为角度（0°、60°、120°和180°）。使用ANOVA对感知阶段反应时和旋转速度进行分析，组间因素为组别（运动员、非运动员）。同样地，ERP数据使用R-M ANOVA分别以N2的峰波幅和潜伏期，以及RRN平均波幅为因变量，以组别（运动员、非运动员）为组间变量，角度（0°、60°、120°和180°）和电极点位置（F3、Fz和F4/P3、Pz和P4）为组内变量进行统计。主效应和交互作用的事后检验使用Bonferroni检验。

3. 结果

（1）反应时

对反应时进行ANOVA分析发现（图3-14），角度[$F(3, 111)=126.229$，$p<0.001$，$\eta_p^2=0.783$]的主效应显著，组别主效应不显著[$F(1, 37)=0.011$，$p=0.919$，$\eta_p^2=0.000$]，说明跳水运动员（1127±159ms）和非运动员（1197±339ms）的反应时没有差异。事后分析发现，各角度间反应时差异均显著（所有$p<0.001$）。交互作用不显著（$F=1.097$，$p=0.302$，$\eta_p^2=0.030$）。

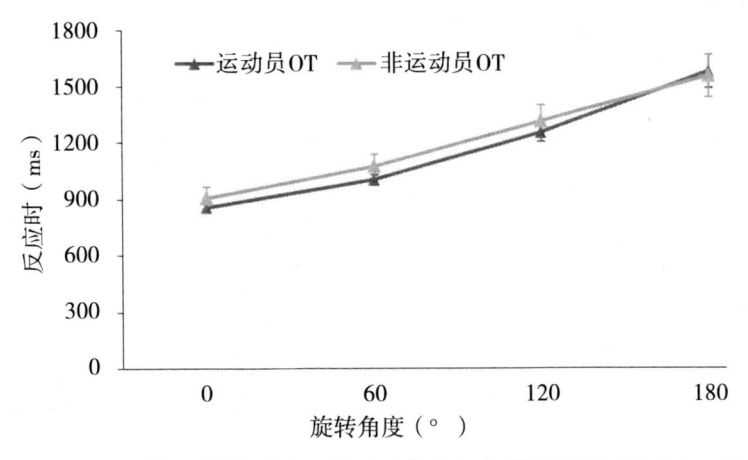

图3-14 跳水运动员与非运动员在客体表征方式下的反应时（$M \pm SE$）

（2）正确率

针对正确率的分析发现，组别［$F(1, 37)=14.746$，$p<0.001$，$\eta_p^2=0.296$］的主效应显著。此外，组别和角度交互作用显著［$F(3, 111)=5.634$，$p<0.01$，$\eta_p^2=0.139$］，事后分析发现，跳水运动员在120°（0.956 ± 0.038）和180°（0.906 ± 0.086）下的正确率显著高于非运动员（120°：0.924 ± 0.056，180°：0.805 ± 0.128，所有$p<0.05$，图3-15）。此外，非运动员组的120°下的正确率显著高于180°（所有$p<0.01$）。其他交互作用均不显著（所有$F<2.241$，$p>0.121$，$\eta_p^2<0.060$）。

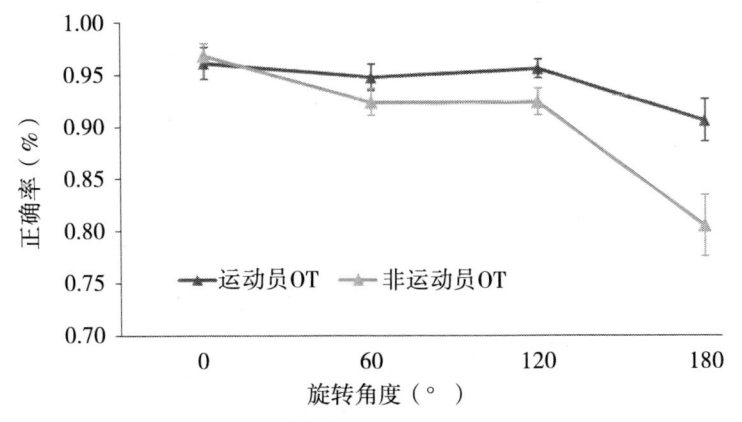

图3-15 跳水运动员与非运动员在客体表征方式下的正确率（$M \pm SE$）

（3）感知阶段

ANOVA分析发现，组别主效应［$F(1, 37)=0.006$，$p=0.940$，$\eta_p^2=0.000$］不显著。由此说明，跳水运动员（859±115 ms）的0°反应时与非运动员（906±258ms）没有显著差异。

（4）旋转阶段

分析发现，旋转速度的组别主效应［$F(1, 37)=0.411$，$p=0.526$，$\eta_p^2=0.012$］不显著，说明跳水运动员（93±18°/s）的旋转速度与非运动员（95±28°/s）没有显著差异。

（5）ERP结果

N2

对N2潜伏期进行分析发现，角度主效应显著［$F(1, 111)=3.350$，$p<0.05$，$\eta_p^2=0.095$］，角度和组别的交互作用显著［$F(1, 111)=6.248$，$p<0.01$，$\eta_p^2=0.163$］，事后分析发现，非运动员的0°（241±31 ms）和60°（254±30ms），以及0°和120°（263±29ms）的N2潜伏期存在差异（图3-16）。

针对N2波峰值的ANOVA分析发现，组别［$F(1, 37)=4.521$，$p<0.05$，$\eta_p^2=0.131$］和角度［$F(1, 111)=13.827$，$p<0.001$，$\eta_p^2=0.315$］的主效应显著，组别和角度的交互作用边缘显著［$F(1, 111)=2.936$，$p=0.051$，$\eta_p^2=0.089$］。事后分析发现，跳水运动员和非运动员的N2波峰值差异存在于0°（运动员各电极点均值：-4.27±2.91 μV，非运动员各电极点均值：-1.69±2.08 μV），表现为跳水运动员的波幅更大（图3-17）。

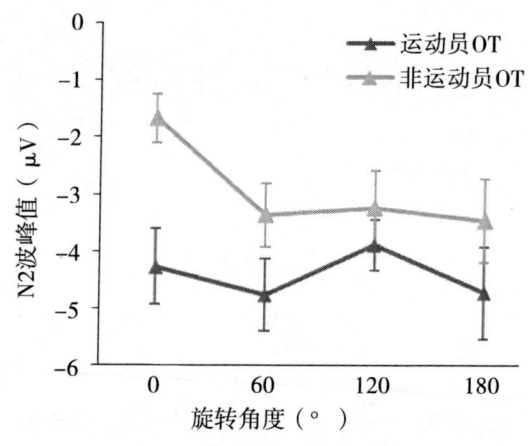

图3-16　跳水运动员和非运动员客体表征方式下各角度的Fz点N2波峰值（$M±SE$）

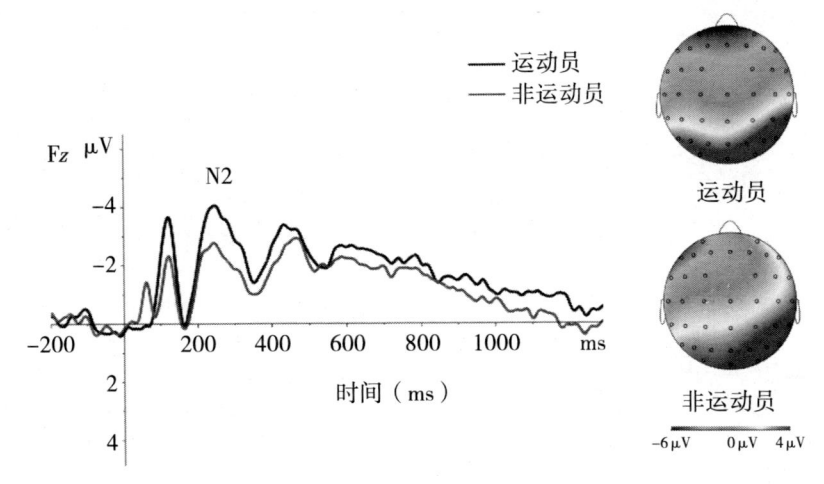

图3-17 跳水运动员与非运动员在客体表征方式下的N2波形图（Fz点）及脑地形图

RRN

针对RRN平均波幅的分析发现，组别、角度和电极点位置的主效应显著，角度和电极点位置的交互作用显著（表3-1）。事后分析发现，跳水运动员与非运动员的RRN平均波幅差异存在于0°、60°和120°（所有$p<0.094$）（图3-18至图3-21）。

表3-1 RRN平均波幅ANOVA结果

效应	F（df）	p	η_p^2
组别	7.062（1，37）	0.014	0.243
角度	9.822（1，111）	0.000	0.309
电极点位置	11.213（1，74）	0.001	0.338
组别×角度	0.978（1，111）	0.399	0.043
组别×电极点位置	0.690（1，74）	0.449	0.030
角度×电极点位置	22.128（1，222）	0.000	0.501
角度×电极点位置×组别	0.532（1，222）	0.689	0.024

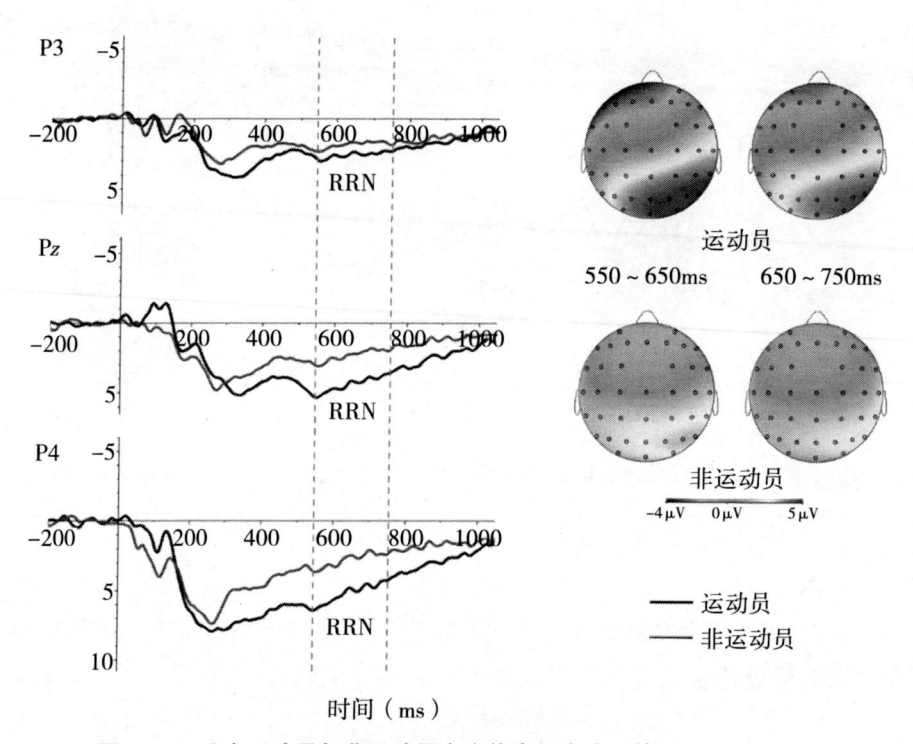

图3-18 跳水运动员与非运动员在客体表征方式下的P3、Pz和P4点的RRN平均波形图及脑地形图

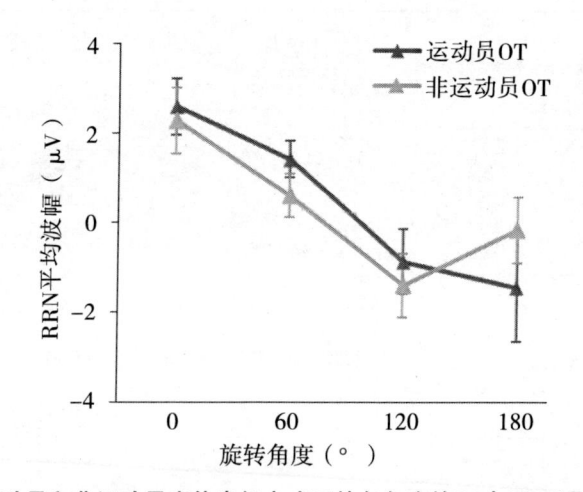

图3-19 跳水运动员和非运动员客体表征方式下的各角度的P3点RRN平均波幅（$M \pm SE$）

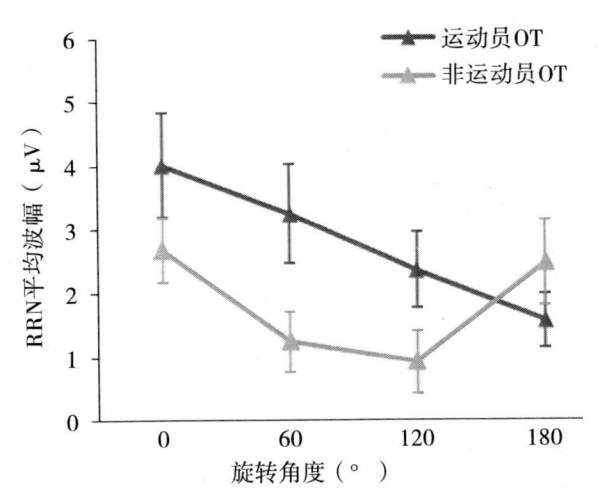

图3-20 跳水运动员和非运动员客体表征方式下各角度的Pz点RRN平均波幅（$M \pm SE$）

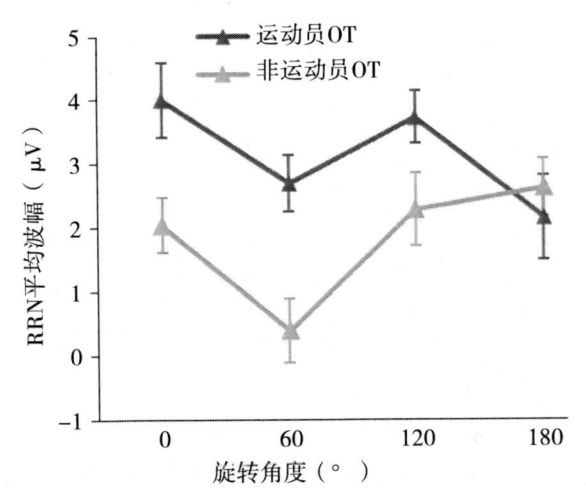

图3-21 跳水运动员和非运动员客体表征方式下各角度的P4点RRN平均波幅（$M \pm SE$）

（6）相关分析

前人研究发现，N2成分代表了对刺激的感知（与感知阶段有关），RRN代表了对刺激的操作（与旋转阶段有关）。因此，我们还将N2波峰值和RRN平均波幅与跳水运动员的专业运动年限分别做相关，发现客体表征方式下的3个电极点的RRN平均波幅与专业运动年限均存在显著正相关（所有$r>0.621$，$p<0.05$，图3-22）。

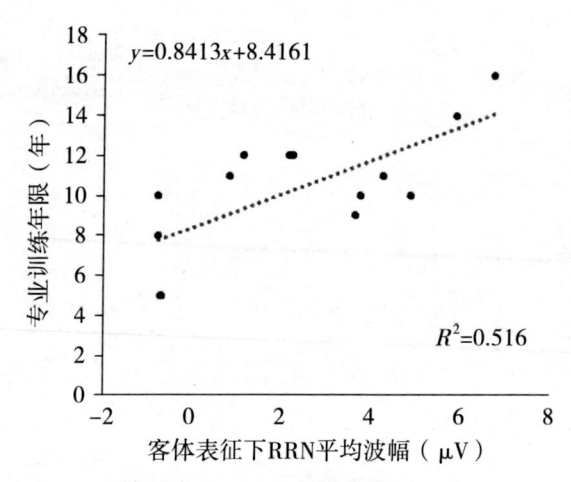

图3-22 客体表征方式下跳水运动员RRN平均波幅（Pz点）与专业训练年限相关图

4. 讨论

实验考察了跳水运动员和非运动员在客体表征下心理旋转的大脑加工的时程特征。在行为指标上，实验发现跳水运动员比非运动员有着更高的正确率，但反应时、感知阶段和旋转阶段的绩效不存在差异。在ERP指标上，结果显示跳水运动员0°的N2波峰值显著大于非运动员。此外，跳水运动员的RRN平均波幅显著大于非运动员，不仅如此，RRN平均波幅与专业训练年限显著相关。

实验结果显示，跳水运动员的正确率都显著高于非运动员。这一结果与詹森等和密罗一致，他们使用心理旋转测试对体操、足球和摔跤运动员和非运动员进行考察，发现体操和摔跤运动员的正确率显著高于非运动员[98,124]。此外，我们发现跳水运动员在大角度（120°和180°）下的正确率更高。这一结果证实了具身认知下功能等价假说，可以通过动作具身加工来阐释。作为具身性的空间转换的一种类型，动作具身指的是观察、想象等动作表征的加工过程与实际操作一致[148,149]，因此，跳水运动员在对熟悉的动作进行心理操作时能够获得促进，甚至表现出启动效应[14]。对于跳水运动员而言，经常观看头部向下的动作（客体表征），这种与运动训练相关的身体经验是促进"倒置优势"出现的原因。

对于本实验发现的跳水运动员优势体现在正确率而不是先前实验中发现的反应时，我们认为可能与实验被试的选择有关。先前实验的被试是13~14岁的青少年，跳水运动员和非运动员的反应时分别是1469±245ms和1995±862ms；

第三章　运动员心理旋转的空间具身效应的实证研究

而本实验中的被试是20~21岁的成年人，跳水运动员和非运动员的反应时分别是1127±159ms和1197±339ms。乌塔尔（Uttal）等在一项元分析中指出，13岁以下可能是空间能力发展的敏感期，因此，在此阶段的青少年跳水运动员可能从训练中获得了更多的空间能力提升，具体表现在更快的任务反应时[150]。随着年龄的增加，跳水运动员和非运动员的空间能力都得到发展而绩效愈加接近，使得成年跳水运动员的优势主要体现在保证心理旋转的速度的前提下提高准确性（正确率）。为证实这一观点，结合之前实验数据，将跳水运动员和非运动员的年龄与其行为绩效做相关，结果显示，在非运动员中，年龄与客体表征心理旋转任务的反应时存在显著负相关（$r=-0.459$，$p<0.01$），即非运动员进行判断所需要的时间随着年龄的增长而缩短。除此之外，洛曼（Lohman）认为，心理旋转的正确率反映的是个体心理旋转的水平高低，而反应时反映的则是个体进行心理旋转的加工速度[151]。据此，本研究结果显示跳水运动员在青少年时期的心理旋转优势可能在于加工速度，而成年跳水运动员则在心理旋转水平上有显著的优势。

从ERP结果而言，N2被认为是"认知的"或者"内因性"的ERP成分，最早报告N2成分的是视觉oddball任务，研究者发现复杂的新异刺激比简单的刺激能够引起一个更大的额区N2波，因此，N2成为检测刺激新异性的ERP成分[152, 153]。针对N2波峰值的分析显示，跳水运动员和非运动员的N2波峰值差异存在于0°刺激中，表现为跳水运动员的波幅更大。这一结果说明，跳水转体动作刺激的出现引起了运动员更显著的注意指向。此外，结果显示N2波峰值的角度效应不明显，可能说明客体表征下刺激的新异性并非随着旋转角度的增加而增加。但由于当前心理旋转的ERP研究常采用字母[81, 87]或手部[13, 83]刺激，缺少客体表征MBRT的早期ERP成分与旋转角度关系的研究支撑。

针对RRN这一特异于心理旋转的ERP成分而言，RRN出现在顶叶皮层，在心理旋转的550~750ms变化最为明显，这一结果与前人研究一致[77, 87, 89]。当前研究认为，RRN在300~800ms的时间窗内与P3叠加，形成了与旋转相关的负波[63, 71]。P3被认为是与心理表征相关的脑活动指标，并且可能与刺激的识别和确认有密切联系[154, 155]。因此，P3波幅的增大说明个体在刺激加工的过程中募集了更多的认知资源[156]。就RRN成分而言，它被认为是与心理旋转加工过程密切相关的ERP指标，代表了个体对视觉图像的旋转操作[157, 158]。埃尔（Heil）等发现RRN成分与刺激的分类无关[159]，且RRN出现的时间窗与心理旋转的加工的时间重叠。据此，研究者发现心理旋转过程的延后会使得RRN延迟出现[63]。

此外，前人研究发现，心理旋转任务的RRN波幅能够预测个体的任务反应时[87]。

本实验考察了跳水运动员和非运动员在人体图形的客体表征心理旋转中的RRN平均波幅，发现跳水运动员的RRN平均波幅显著大于非运动员。并且，这种优势与跳水运动员专业训练年限都存在相关。这一结果与现有研究基本一致[32, 93]。宋薇比较了武术专业大学生和普通大学生进行字母"R"心理旋转的ERP结果，发现武术专业大学生的P3潜伏期短，且波幅更大[32]。相反，尹丽琴采用专家新手范式考察了个体在不同参照系（即表征方式）下的心理旋转能力，发现在判断字母正镜像的客体参照系（客体表征）任务中，两组被试的P3值没有显著差异。虽然，本实验中也是客体心理旋转任务，并发现了跳水运动员在这一任务中有更大的RRN波幅，但实验中使用的材料依然是运动技能中的图像，证实了跳水运动员在这一任务类型中更优的行为绩效，因此运动员表现出了更大的RRN波幅与尹丽琴的研究结果并不冲突。研究者认为，心理旋转中的RRN或是P3成分代表了任务刺激与受试者之间的关联性[160]。一项最近的研究比较了截肢患者和健康人的心理旋转能力，发现患者的RRN波幅显著小于健康人[89]。因此，跳水运动员可能由于动作技能经验的掌握，使其在进行与专项相关的视觉图像的心理旋转操作程度更深，脑认知资源的利用更加广泛和高效，从而表现出了更大的RRN波幅。

5. 小结

本实验在跳水运动员人体图形客体心理旋转的行为绩效优势的基础上，发现跳水运动员在0°的N2波峰值更大，在客体表征方式下的的0°、60°和120°的RRN平均波幅更大，其中RRN波幅与运动员训练年限相关。

（四）总结

实验结果说明，与非运动员相比，跳水运动员丰富的身体旋转运动经验使心理旋转任务具身化。此外，实验证实了跳水运动员在客体表征存在优势，具体表现为运动员在任务中的反应时更短，这一结果为跳水运动员心理旋转的空间具身中的表征方式的争论提供了正面的证据。

证实了跳水运动员心理旋转的空间具身效应后，了解这种具身化的过程是如何产生作用的，即这一优势来自于哪个或哪些阶段，就显得尤为重要。前人研究仅证明了跳水运动员在感知阶段的速度更快，认为跳水运动员的优势在于

第三章 运动员心理旋转的空间具身效应的实证研究

空间感知对刺激的感知编码或是反应能力更强[69]。然而，从具身认知的观点出发，认为对于旋转动作的心理操作会受益于身体旋转的相关经验。以此为基础，以跳水运动员和非运动员为研究对象，分别以0°反应时和旋转速度作为感知阶段和旋转阶段的评价指标，以转体动作为心理旋转的刺激材料，旨在揭示跳水运动员不同表征方式的心理旋转优势的阶段特征。

首先，实验结果显示跳水运动员在客体表征心理旋转的感知阶段绩效更优异，证实了前人研究[69,118]。这种优势可能是由于跳水运动员在刺激的编码、任务准备程度或是动作速度上存在优势。与此一致，研究证实运动员经常需要将运动信息在神经中枢进行快速准确的编码，因而他们的简单反应时和选择反应时比非运动员更快[144-147]，可能促进了感知阶段效率的提高。实验结果从运动员心理旋转的测试指标中的阶段特征角度，针对前人研究旋转角度证据的缺失进行了补充。

从脑神经活动的角度出发，先前ERP研究发现运动员在进行心理旋转任务时的P3波幅更大[32,93]。以往研究认为心理旋转的加工阶段在时间上是次序发生的，那么运动经验是否会引起跳水运动员ERP早期成分的改变，而ERP时程特征与不同心理旋转加工阶段有何关联，是本实验的主要研究目的。此外，最近的一项研究指出，与RRN或P3这类晚期成分相比，N2这一早期成分代表了对刺激的感知，并受到身体活动经验的影响[89]。因此，首先通过比较两组被试的行为结果，发现跳水运动员在客体表征的大角度旋转时的绩效显著优于非运动员，与前人研究发现的运动专家在非常见的旋转角度下存在主体心理旋转优势的研究结果相似[57,119,161]。这一结果证实了具身认知下的功能等价假说，并可以通过动作具身加工来阐释。首先，通过本体感觉获得的表征也可以像视觉表征那样随着观察者的运动被自动更新[49,50]。其次，作为具身性空间转换的一种类型，动作具身指的是观察、想象等动作表征的加工过程与实际操作一致[148,149]，因此，跳水运动员在对熟悉的动作进行心理操作时能够获得促进，甚至表现出启动效应[14]。因而，对于观看还是执行头部向下的动作的经验积累，促进了跳水运动员心理旋转"倒置优势"的出现。

就ERP结果而言，实验比较了跳水运动员和非运动员在客体表征下心理旋转的早期成分N2和晚期成分RRN的波幅，结果发现与非运动员相比，跳水运动员的N2波峰值在0°更大。跳水运动员更大的N2说明了他们能够深度、高效地对刺激进行加工编码，研究发现的跳水运动员在执行控制中的抑制和转换功能中存在优势[118]。针对RRN而言，实验发现客体表征方式下跳水运动员的RRN

平均波幅显著大于非运动员,这一结果基本上得到了现有研究的支持[32, 93]。此外,这种优势与跳水运动员的专业训练年限存在相关。研究者认为,心理旋转中的RRN或是P3成分代表了任务刺激与受试者之间的关联性[160],跳水运动员可能由于动作技能经验的掌握使其在进行心理旋转加工时对认知资源的利用更加广泛和高效,从而表现出了更大的RRN波幅。

三、主体表征下运动员心理旋转的特征

(一)运动员主体心理旋转的整体特征

1. 前言

当前研究比较了不同空间表征下运动经验对心理旋转的作用,显现出研究结果的不一致。多数研究认为,运动员在主体表征[57, 118, 119]和客体表征[3-5, 53, 69, 100, 103, 105, 119-121]中都存在优势。前面综述发现,这种争论的原因可能与使用了不同的任务刺激以及刺激图像的专项性与否有关。据此,研究者认为,实验中所使用的任务刺激与运动员从专项中获得的身体特征的一致性决定了绩效[122],进而主张心理旋转任务刺激应当随着运动员的项目类型而更改,以便揭示身体旋转和心理旋转联系的内部机制。

因此,实验以高水平跳水运动员和非运动员为被试,使用跳水中的转体动作为刺激材料的主体心理旋转任务,旨在考察跳水运动员和非运动员在主体表征下的心理旋转能力,为专项运动背景下运动员心理旋转能力的表征方式特征提供证据。由于身体旋转经验能够影响心理旋转能力,而跳水运动员具有执行动作和有观察别人进行动作的两方面经验,因此实验假设,跳水运动员主体表征方式的心理旋转能力方面存在优势。

2. 方法

(1)实验被试

47名被试参与了实验,其中包括24名跳水运动员,11名男性和13名女性(年龄14.41±2.13岁);23名非运动员,11名男性和12名女性(年龄13.91±0.53岁)。两组被试年龄无显著差异[$F(1, 42)=1.142, p=0.291, \eta_p^2=0.026$]。运动

员组是来自上海跳水队的跳水运动员，训练年限为8~13年，每周训练时间为30小时左右，所有队员都在接受初中教育。非运动员是从河南省郑州市招募来的初中二年级学生，他们从未参加过专业体育运动训练。由于实验被试是未成年人，经被试本人及其家长同意后，知情同意书由被试家长授权给教练员和班主任签署，被试在实验后获得礼品。

（2）实验材料

实验使用修订后的人体图像主体表征（Egocentric transformations，ET）心理旋转任务进行。每次只呈现一幅人体图形，图形内容和旋转角度与客体征方式下相同，被试需要判断图中人屈肘于头部上方的哪一侧手臂（图3-23）。每幅图形大小为4cm×4cm，深灰色部分（图3-23中泳衣）明度为30cd/m^2，浅灰色部分（肢体）为80cd/m^2。实验任务由E-Prime 2.0（Psychology Software Tools，www.pstnet.com）进行设计，使用14寸屏幕笔记本电脑呈现。

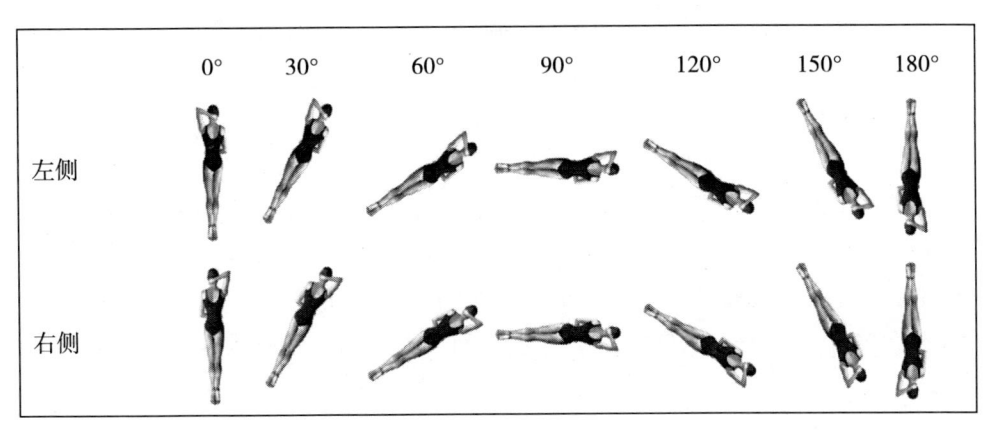

图3-23 ET（B）任务刺激
（© QA International，2017. All rights reserved.）

（3）实验程序

实验由一名主试负责，在安静的会议室或教室内一对一进行。被试在填写完成个人信息表后坐于电脑前，眼睛与屏幕距离60cm。阅读实验指导后，被试需要先进行20个有反馈的练习试次，正确率高于80%（即超过16题的选择正确）方可开始正式实验，未达到要求需再次练习。在任务中，被试需要判断图中人屈肘于头部上方的是哪一侧手臂，F键代表左侧，J键代表右侧。实验按照表征方式的不同分为2个顺序随机的block，共7（旋转角度）×2（左右）×8

（重复）=112试次。在每个试次中，先出现1000~1500ms的注视点，随后呈现刺激图形，直到被试按键或超过3000ms后消失（图3-24）。在1000ms的空屏之后，开始下一试次，实验时间在25分钟左右。

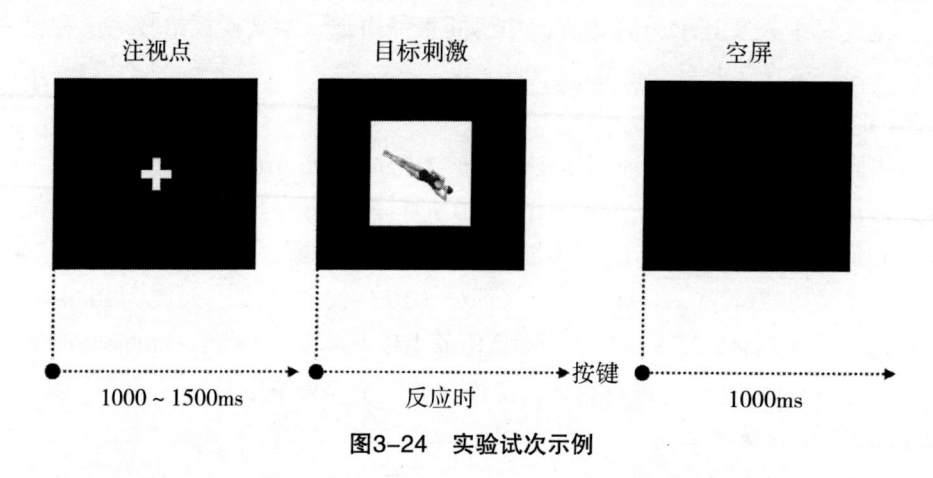

图3-24 实验试次示例

（4）数据统计与分析

进行数据分析之前，剔除反应时超过均值3个标准差或正确率低于75%的被试（2名运动员和1名非运动员），对反应时的统计分析只包括正确的试次。使用重复测量方差分析（R-M ANOVA）对反应时和正确率的数据进行分析，组间因素为组别（运动员、非运动员），组内因素为角度（0°、30°、60°、90°、120°、150°和180°）。主效应和交互作用的事后检验使用Bonferroni检验。

3. 结果

（1）反应时

ANOVA分析发现反应时的组别主效应显著 $[F(1, 42)=9.108, p<0.005, \eta_p^2=0.191]$（图3-25），即跳水运动员的反应时（827±175ms）快于非运动员（1136±614ms）。此外，角度 $[F(6, 252)=180.951, p<0.001, \eta_p^2=0.801]$ 主效应显著，事后检验发现除0°（711±256ms）与30°（747±356ms），以及30°与60°（772±321ms）的反应时无显著差异外（所有 $p>0.473$），其他角度间的反应时均存在显著差异（所有 $p<0.01$，图3-25）。交互作用不显著（$F=1.580, p=0.200, \eta_p^2=0.022$）。

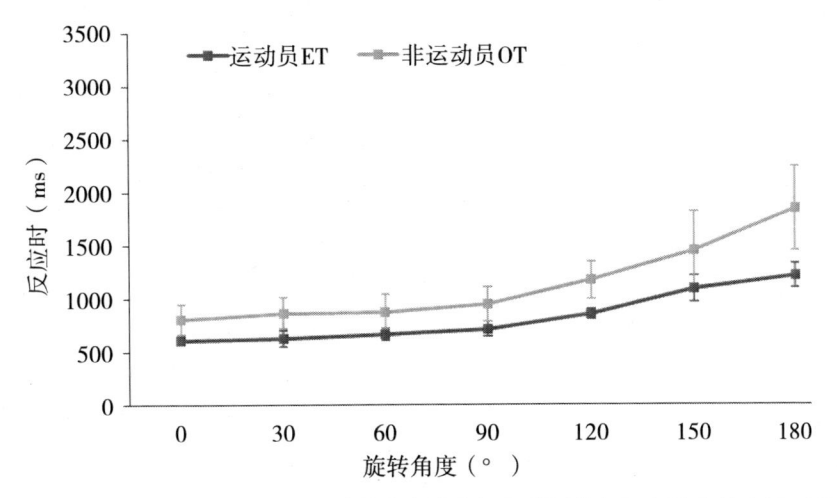

图3-25 跳水运动员与非运动员在主体表征方式下的各角度反应时（$M±SE$）

（2）正确率

对正确率进行分析发现，角度[$F(6, 252)=13.359$，$p<0.001$，$\eta_p^2=0.350$]主效应显著。然而，组别[$F(1, 42)=1.927$，$p=0.207$，$\eta_p^2=0.030$]的主效应不显著，说明跳水运动员（$0.981±0.013$）与非运动员（$0.981±0.022$）的正确率之间没有显著差异（图3-26）。变量间交互作用不显著（$F=1.887$，$p=0.177$，$\eta_p^2=0.090$）。

4. 讨论

图3-26 跳水运动员与非运动员在主体表征方式下的正确率（$M±SE$）

本实验的目的是考察运动经验对主体表征方式的心理旋转能力的影响。我们比较了身体旋转的专家（跳水运动员）和新手（非运动员）在ET条件的心理旋转任务中的反应时和正确率，发现跳水运动员在主体表征的身体心理旋转任务中表现出更快的反应时。

从心理旋转研究的开始，反应时的角度效应就被研究者反复证实[22, 54, 143]，即被试的反应时随着旋转角度的增加而延长,这一结果符合功能等价假说,即心理表征与物理环境的感知之间有着功能性相等的关系[128]。本实验发现,无论是跳水运动员还是非运动员,他们在主体表征条件下的反应时都随着角度的增加而增加,证实了前人研究的结果[22, 59, 60]。此外,事后检验发现跳水运动员组和非运动员组在先前的客体表征任务中的反应时都长于主体表征条件,且正确率更低。这一结果重复了前人研究[54, 61, 98, 119],且与具身认知中的表征异质性(Heterogeneity of transformations)观点相一致。具身认知认为,个体对环境的感知能够影响其认知能力,因而认知能力在身体与环境的互动之中得到发展[17]。那么,主体表征条件任务要求被试进行身体动作的判断,被试能够将来自主观的、与身体相关的生活经验运用到任务中去。为证实这一观点,凯尔特纳(Kaltner)等比较了不同身体意识的被试(高身体意识——运动员;低身体意识——厌食症患者)与健康被试的心理旋转能力,发现前两组被试的反应时都比健康被试更快,说明身体加工确实能够影响心理旋转的绩效[119]。

通过比较两组被试主体表征下的任务绩效,我们发现跳水运动员在主体表征条件心理旋转任务中反应时快于非运动员,证实了实验假设。斯特格曼等使用类似的心理旋转任务发现,跳水运动员的反应时更快,但是错误率更高[57],出现速度—准确率权衡的现象。与其相反,本实验在两组被试正确率上不存在显著差异的前提下证实了反应时优势的存在。此外,他们的研究发现运动员只在135°和180°时反应更快,据此,他们认为就生活中常见的动作,如身体竖直的动作如站立或行走,以及身体水平的动作如躺或倚,无论是运动员还是非运动员都能够完成高水平的空间表征[57]。但是本实验结果显示组别与角度没有交互作用,即跳水运动员在每个角度的反应时都显著快于非运动员,说明动作经验对心理旋转的影响作用不一定仅表现在某些特定角度。与我们的实验结果一致,凯尔特纳比较了运动员和非运动员在举起手臂动作的人体心理旋转任务中的绩效,发现运动员在对动作进行左右判断时有更快的反应时,他们的后期研究也发现了一致的结果[61, 119]。具身认知认为,主体表征的过程是个体对身体旋转的模仿,这种模仿只发生在个体能够完成的动作中[61]。与没有运动经验的被试相比,运动员有着丰富的旋转运动的经验,这种经验使心理旋转任务获得具身化效应进而提升了绩效。具体而言,运动员将刺激图像中的旋转动作与身体旋转的动作相结合,使得这一过程转化为动觉的表征[14]。

综上所述,从具身认知的角度出发,跳水运动员的优势可能是由于将心理旋转任务具身性地加工为与运动经验相关的知识,进而提升了绩效。那么,考察运动经验是否选择性地促进了某个或某些加工阶段，是后面实验的主要目的。

5. 小结

实验证明跳水运动员心理旋转的专家优势在人体刺激的主体表征任务中存在，跳水运动员的主体表征心理旋转能力显著优于非运动员。

（二）运动员主体心理旋转的阶段特征

1. 前言

研究者从心理旋转的信息加工阶段出发，认为心理旋转至少包括在时间上依次发生的感知阶段、旋转阶段和决定阶段[63-65]。具体而言，感知和决定阶段（后称感知阶段）的评价指标为刺激材料未旋转时（即旋转0°）的反应时，旋转阶段的评价指标是心理旋转速度。

先前实验发现，跳水运动员在主体表征（ET）心理旋转都存在优势，进而带来两个问题。第一，跳水运动员的心理旋转的感知阶段效率如何？首先，之前研究考察了运动员和非运动员在人体图像的客体心理旋转任务中的绩效，发现专家存在感知阶段的优势。其次，本实验中采用的任务刺激仍然是跳水转体图像，参考主体表征以第一人称两个不同视角进行心理旋转，由于跳水运动员在训练中掌握了通过自身感知动作的能力，继而可能会在感知和决定阶段快于非运动员。

第二个问题，在主体表征方式中，跳水运动员的心理旋转阶段优势能否表现？从运动实际出发，跳水运动员丰富的自我身体旋转的经验或许会更多地表现在以第一人称进行操作的主体表征心理旋转，我们认为跳水运动员可能在主体表征的旋转阶段存在优势。

综上，本研究以高水平跳水运动员和非运动员为研究对象，以转体动作为主体表征心理旋转的刺激材料，目的是在先前基础上揭示跳水运动员主体表征方式的心理旋转优势的阶段特征。实验假设1：在主体表征方式的心理旋转中，跳水运动员均都有更优的感知阶段绩效。实验假设2：跳水运动员在主体表征的旋转阶段存在优势。通过实验，我们得以细致窥探运动经验是如何影响空间表征的加工，特别是身体旋转经验如何具身化于心理旋转的不同阶段，我们还期望以此验证具身认知中的"身体模仿"观点。

2. 方法

（1）实验被试

47名被试参与了实验，其中包括24名跳水运动员，11名男性和13名女性（年龄14.41±2.13岁）；23名非运动员，11名男性和12名女性（年龄13.91±0.53岁）。两组被试年龄无显著差异[$F(1, 42)=1.142$, $p=0.291$, $\eta_p^2=0.026$]。运动员组是来自上海跳水队的跳水运动员，训练年限为8~13年，每周训练时间为30小时左右，所有队员都在接受初中教育。非运动员是从河南省郑州市招募来的初中二年级学生，他们从未参加过专业体育运动训练。由于实验被试是未成年人，经被试本人及其家长同意后，知情同意书由被试家长授权给教练员和班主任签署，被试在实验后获得礼品。

（2）实验材料

为了测量不同阶段心理旋转的绩效，本实验在之前实验的ET条件的基础上进行了内容的更改。实验包括2种刺激材料，分别是：①感知阶段：一幅旋转0°的跳水转体动作图。②旋转阶段：一幅旋转30°、60°、90°、120°、150°和180°的跳水转体动作图。每幅图形大小为4cm×4cm，深灰色部分（图3-27中泳衣）明度为$30cd/m^2$，浅灰色部分（肢体）为$80cd/m^2$。实验任务由E-Prime 2.0（Psychology Software Tools, www.pstnet.com）进行设计，使用14寸屏幕笔记本电脑呈现。

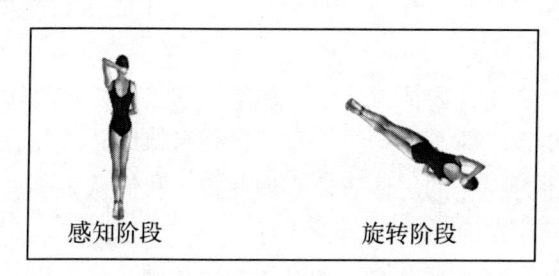

图3-27 感知阶段和旋转阶段在主体表征条件下任务刺激

（3）实验程序

实验由一名主试负责，在安静的会议室或教室内一对一进行。被试在填写完成个人信息表后坐于电脑前，眼睛与屏幕距离60cm。阅读实验指导后，被试需要先进行20个有反馈的练习试次，正确率高于80%（即超过16题的选择正确）方可开始正式实验，未达到要求需再次练习。在感知阶段和旋转阶段任务中，被试需要判断图中人屈肘于头部上方的是哪一侧手臂，并双手按键反应，F键代表左侧，J键代表右侧。实验按照表征方式和加工阶段的不同分为4个顺序随机的block，共2（加工阶段）×2（左右）×48（重复）=192试次。在每个试次中，先出现1000~1500ms的注视点，随后呈现刺激图形，直到被试按键或超过3000ms后消失。在1000ms的空屏之后开始下一试次（图3-28），实验时间40分钟左右。

注视点　　　　目标刺激　　　　空屏

1000~1500ms　　反应时　　按键　　1000ms

（A）感知阶段

注视点　　　　目标刺激　　　　空屏

1000~1500ms　　反应时　　按键　　1000ms

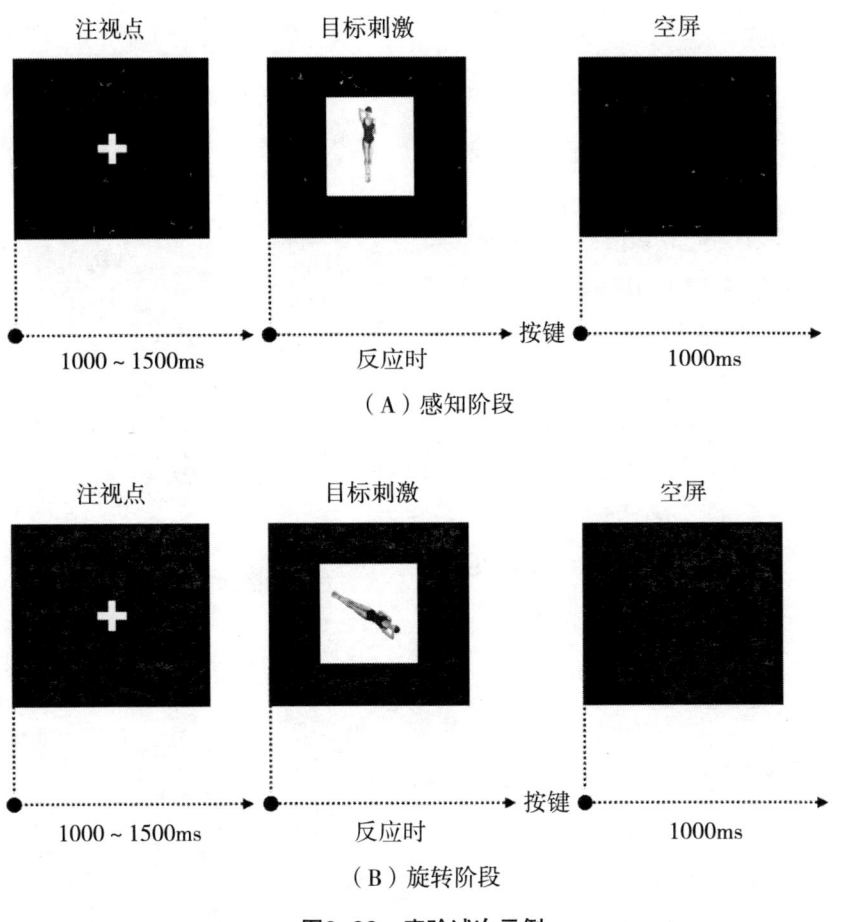

（B）旋转阶段

图3-28　实验试次示例

（4）数据统计与分析

根据詹森和贾斯特对心理旋转阶段的测量方式[69,70]，将刺激材料未旋转时（即旋转0°）的反应时作为感知阶段的评价指标，单位为毫秒（ms），将旋转速度作为旋转阶段的评价指标，旋转速度是每个角度下的角度与反应时的比值的平均数，计算公式为：旋转速度=$\left(\frac{30}{RT_{30°}}+\frac{60}{RT_{60°}}+\frac{90}{RT_{90°}}+\frac{120}{RT_{120°}}+\frac{150}{RT_{150°}}+\frac{180}{RT_{180°}}\right)\div 6$，单位为度每秒（°/s）。进行数据分析之前，剔除反应时超过均值3个标准差或正确率低于75%的被试（2名运动员和1名非运动员），以上计算仅使用正确的试次进行。使用t检验对感知阶段反应时和旋转速度进行分析，组间因素为组别（运动员、非运动员）。

3. 结果

（1）感知阶段

ANOVA分析发现，感知阶段反应时的组别主效应显著[t（42）=2.736，$p<0.05$，$d=0.82$]，说明跳水运动员（612±104ms）的感知阶段反应时快于非运动员（809±322 ms，图3-29）。

（2）旋转阶段

对旋转速度的分析显示，组别[t（42）=2.389，$p<0.05$，$d=0.72$]的主效应显著（图3-30）。跳水运动员的旋转速度显著快于非运动员（运动员：121.48±25.31°/s，非运动员：98.03±27.39°/s）。

4. 讨论

本实验在前面研究的基础上，分别以0°反应时和旋转速度作为感知阶段和旋转阶段的评价指标，目的是考察运动经验对两种表征方式心理旋转的各个阶段的影响。首先，实验发现跳水运动员在主体表征心理旋转的感知阶段绩效更优，

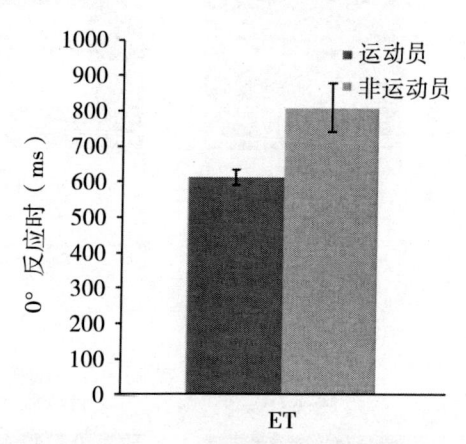

图3-29 跳水运动员与非运动员在主体表征方式下的感知阶段绩效（$M\pm SE$）

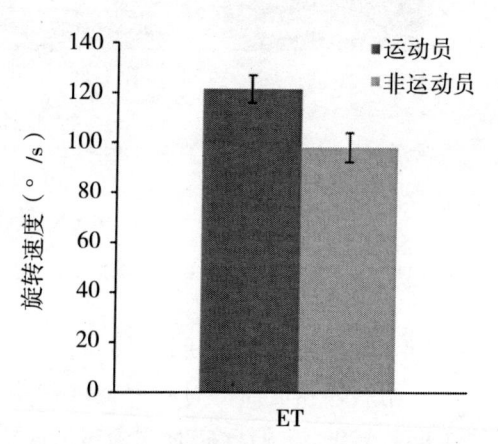

图3-30 跳水运动员与非运动员在主体表征方式下的旋转阶段绩效（$M\pm SE$）

证实了假设1。与本实验相似，赫珀（Heppe）等在其实验1中采用举起一侧手臂的主体表征MBRT比较高水平手球和足球运动员和业余运动员的心理旋转能力，发现两者的0°反应时没有差异，随后，他们在实验2采用了举起一侧手臂并持球的主体表征MBRT考察高水平手球和排球运动员与业余运动员的绩效，发现前者的0°反应时显著快于后者[118]。

从旋转阶段的结果来看，本实验以跳水转体动作为刺激材料，要求跳水运动员和非运动员进行主体表征的判断，发现了组间差异的存在，证实了假设2。现有研究仅塞尔维等发现了运动员在旋转阶段的优势，但该实验使用的是2D方块的客体表征MORT任务，即本研究可能是首次为运动员主体表征心理旋转的旋转阶段优势提供了证据。韦克斯勒等发现，心理旋转的旋转速度与实际旋转动作的速度之间存在显著相关[138]。从理论上来讲，具身性的空间转换遵循"身体模仿"的观点。动作具身（Motoric embodiment）作为其中一种具身的方式[14]，指的是观察、想象等动作表征的加工过程与实际操作一致[148, 149]。从这一观点出发，由于心理旋转包含了对动作的模仿过程[128, 138]，这种模仿可能通过动作具身促进了动作表征中空间信息的保持，进而提高了旋转速度[14]。

尽管如此，前人研究没有发现运动经验对旋转速度的影响作用[69, 118]，我们认为与表征方式、刺激材料的专项性以及被试的运动水平有关。在詹森的研究使用客体表征的日常动作（一个人弯曲单侧手肘或作出某个姿势）考察运动员的旋转阶段优势，在此任务中运动员难以利用自身动作经验相关的信息，且不得不以第三人称的外部表征方式进行判断[69]。上文提到，虽然赫珀等的研究在其实验2中将任务刺激替换为与运动项目相关的手持球图像，进而发现了感知阶段的优势，但对于两组被试在旋转速度上没有差异这一结果，我们认为是该研究选择业余运动员作为控制组所致，研究也提到，由于业余运动员也在进行一定的运动训练，可能使得身体经验对两组被试心理旋转能力的影响变得难以区分[118]。

综上所述，结合实验结果，研究发现跳水运动员在主体表征的优势是由于感知和旋转阶段的优势。然而，心理旋转中的大脑加工特征还不清晰，心理旋转的行为绩效和大脑活动之间有何联系，需要开展事件相关电位研究进行阐释。

5. 小结

实验发现，跳水运动员心理旋转能力在主体表征心理旋转中的感知阶段和旋转阶段的效率都高于非运动员，这种优势可能来自旋转相关的运动经验。

（三）运动员主体心理旋转的脑加工时程特征

1. 前言

之前实验发现在主体表征中，跳水运动员在感知阶段和旋转阶段的效率都高于非运动员。研究者认为，心理旋转的信息加工阶段是在时间序列上依次发生，相应地，ERP技术能够精确地揭示脑加工的时程特征，因此本实验试图通过ERP的手段来探索跳水运动员心理旋转的行为指标与脑加工特征间的联系。

然而，只有少数研究关注了不同运动经验个体在进行心理旋转时的脑加工特征[32, 93, 94]。尹丽琴采用手部图像作为主体表征心理旋转的材料，比较了运动员和非运动员在心理旋转时的脑活动特征，发现运动员在主体表征下的RRN波幅更大[93]。上述研究存在两个问题。首先，研究虽然涉及了主体表征的心理旋转任务，但选择的任务刺激多为身体某一部位（手部），忽略了埃南（Heinen）主张的对全身性、专项性任务刺激的采用[122]。其次，最近刘（Lyu）的研究发现早期成分N2可能反映个体对刺激的感知[89]，N2成分与心理旋转感知阶段的关系还需要更多研究进行阐释。之前客体表征心理旋转的研究发现运动员和非运动员在0°时N2波峰之间的差异，但主体表征的组间比较结果还需要更多证据。

因此，实验从主体表征方式下的跳水运动员心理旋转的阶段优势出发，旨在用ERP的手段探索跳水运动员心理旋转的脑加工时程特征及其与行为指标之间的联系。实验假设，跳水运动员主体表征心理旋转的大脑加工特征与非运动员存在差异。具体表现为，跳水运动员的N2潜伏期更短，N2波峰值和RRN平均波幅更大，且分别与他们的感知阶段和旋转阶段的绩效存在相关。

2. 方法

（1）实验被试

42名被试参与了实验，其中包括20名跳水运动员，10名男性和10名女性；22名非运动员，12名男性和10名女性。两组被试年龄无显著差异（运动员：20.00 ± 3.50岁，非运动员：21.11 ± 2.94岁，$t=-1.054$，$p=0.299$）。运动员组是来自北京跳水队的跳水运动员，他们的训练年限为5~13年，每周训练时间为36小时左右。非运动员是从上海体育学院招募来的从未参加过专业体育运动训练的非体育专业大学生。被试在实验前签署知情同意书，在实验后获得礼品或现金奖励。

（2）实验材料

实验包括主体条件的MBRT任务，每次只呈现一幅人体图形，图形内容和旋转角度与客体条件相同，被试需要判断图中人屈肘于头部上方的哪一侧手臂。每幅图形大小为4cm×4cm，深灰色部分（图中泳衣）明度为$30cd/m^2$，浅灰色部分（肢体）为$80cd/m^2$。实验任务由E-Prime 2.0（Psychology Software Tools，www.pstnet.com）进行设计，使用14寸屏幕笔记本电脑呈现。考虑到ERP实验的重复次数要求，以及前人相关研究对角度的设置[71]，将行为实验中的7个角度调整为0°、60°、120°和180°共4个角度（图3-31）。

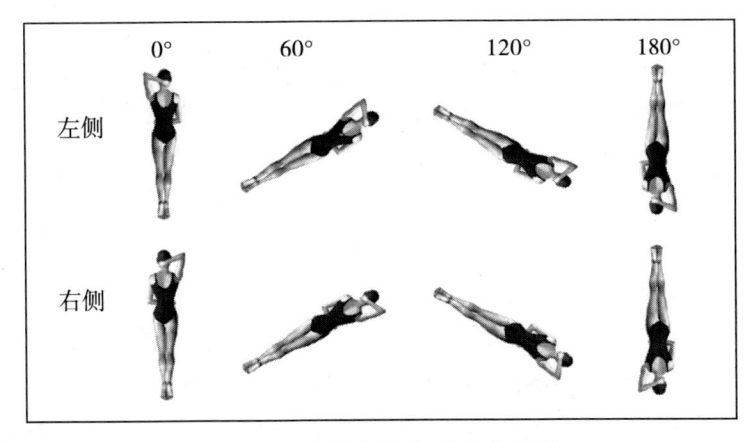

图3-31 主体条件（B）任务刺激

（3）实验程序

实验由两名主试负责，在安静的会议室或实验室内逐个进行。被试在实验前清洗头发并吹干，随后填写个人信息表，待其坐于电脑前（眼睛与屏幕距离60cm）之后向被试介绍ERP实验要求和注意事项。之后佩戴电极帽，保证电极电的阻抗小于$5k\Omega$。随后向被试讲解实验要求，在任务中被试需要判断图中人屈肘于头部上方的是哪一侧手臂，并双手按键反应，F键代表左侧，J键代表右侧。阅读实验指导后，被试需要先进行20个有反馈的练习试次，正确率高于80%（即超过16题的选择正确）方可开始正式实验，未达到要求需再次练习。实验按照表征方式的不同分为2个顺序随机的block，共4（旋转角度）×2（异同/左右）×60（重复）=480试次。在每个试次中，先出现1000~1500ms的注视点，随后呈现刺激图形，直到被试按键或超过4000ms后消失。在1000ms的空屏

75

之后开始下一试次。实验时间80分钟左右。

(4) EEG数据记录和分析

实验使用连接至BrainAmp MR Plus信号放大器（Brain Products GmbH, Munich, Germany）的64导脑电帽对EEG信号进行连续记录。使用1000Hz采样率以及100Hz在线滤波进行信号采集，同时记录水平和垂直眼电去监测眼动和眨眼。记录时保证电极电的阻抗小于5kΩ。原始EEG信号使用BrainVision Analyzer（v2.0, Brain Products GmbH, Munich, Germany）软件进行离线预处理。首先，重新设置参考电极为TP9和TP10（左侧乳突和右侧乳突）。使用半自动的方法去除EEG波幅超过±200或梯度变化超过50μV/ms的试次。随后，使用独立主成分分析（Independent Component Analysis）的方法矫正眼电。对数据进行总分段后，使用0.5~30Hz带通滤波器对数据进行滤波后进行基线校正（从刺激开始之前的-200ms到0ms）。而后，依据两种表征方式以及各自4个角度得到的60个试次的数据进行分段叠加和平均。分段时间为刺激出现前的200ms到出现后的800ms。通过以上分析，获得了N2和RRN成分。N2的峰波幅和潜伏期由210~290ms波峰处测量，OT和ET条件的RRN平均波幅值使用550~750ms/400~600ms内的平均幅度计算。

(5) 数据统计与分析

首先，根据反应时、旋转速度和波峰值或波平均值数据，剔除了超过均值3个标准差以及正确率低于0.85的被试（1名运动员和2名非运动员）。根据詹森和贾斯特对心理旋转阶段的测量方式[69, 70]，将刺激材料未旋转时（即旋转0°）的反应时作为感知阶段的评价指标，单位为毫秒（ms），将旋转速度作为旋转阶段的评价指标，旋转速度是每个角度下的角度与反应时的比值的平均数，计算公式为：旋转速度 = $\left(\dfrac{60}{RT_{60°}} + \dfrac{120}{RT_{120°}} + \dfrac{180}{RT_{180°}} \right) \div 3$，单位为度每秒（°/s）。以上计算仅使用正确的试次进行。使用R-M ANOVA对反应时和正确率的数据进行分析，组间因素为组别（运动员、非运动员），组内因素为角度（0°、60°、120°和180°）。使用ANOVA对感知阶段反应时和旋转速度进行分析，组间因素为组别（运动员、非运动员）。同样地，ERP数据使用R-M ANOVA分别以N2的峰波幅和潜伏期，以及RRN平均波幅为因变量，以组别（运动员、非运动员）为组间变量，角度（0°、60°、120°和180°）和电极点位置（F3、Fz和F4/P3、Pz和P4）为组内变量进行统计。主效应和交互作用的事后检验使用Bonferroni检验。

3. 结果

（1）反应时

对反应时进行ANOVA分析发现，角度 $[F(3, 111)=126.229, p<0.001, \eta_p^2=0.783]$ 的主效应显著，组别主效应不显著 $[F(1, 37)=0.011, p=0.919, \eta_p^2=0.000]$，说明跳水运动员（643 ± 108 ms）和非运动员（643 ± 208ms）的反应时没有差异。针对角度主效应的事后分析发现，除0°（552 ± 115ms）与60°（561 ± 126ms）之间不显著外（$p=0.595$），其他角度存在显著差异（所有$p<0.001$，图3-32）。其他交互作用均不显著（所有$F<1.097$，$p>0.302$，$\eta_p^2<0.030$）。

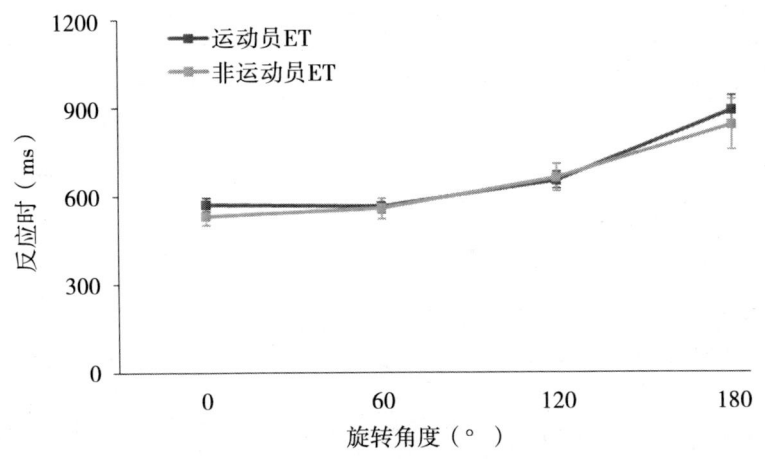

图3-32 跳水运动员与非运动员在主体表征方式下的反应时（$M±SE$）

（2）正确率

针对正确率的分析发现，组别 $[F(1, 37)=14.746, p<0.001, \eta_p^2=0.296]$ 的主效应显著。此外，组别和角度交互作用显著 $[F(3, 111)=5.634, p<0.01, \eta_p^2=0.139]$，事后分析发现，跳水运动员在120°（0.989 ± 0.021）和180°（0.961 ± 0.044）下的正确率显著高于非运动员（120°：0.982 ± 0.030，180°：0.903 ± 0.114，所有$p<0.05$，图3-33）。此外，非运动员组的120°下的正确率显著高于180°（$p<0.01$）。

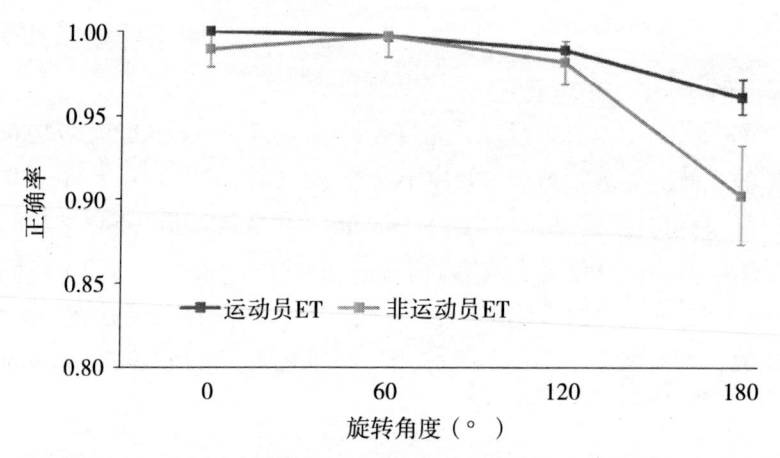

图3-33 跳水运动员与非运动员在主体表征方式下的正确率（$M±SE$）

（3）感知阶段

ANOVA分析发现，0°反应时的组别主效应［$F(1,37)=0.006$，$p=0.940$，$\eta_p^2=0.000$］不显著。由此说明，跳水运动员（572±100ms）的0°反应时与非运动员（532±128ms）没有显著差异。

（4）旋转阶段

分析发现，旋转速度的组别主效应［$F(1,37)=0.411$，$p=0.526$，$\eta_p^2=0.012$］不显著，说明跳水运动员（171±32°/s）的旋转速度与非运动员（180±37°/s）没有显著差异。

（5）ERP结果

N2

对N2潜伏期进行分析发现，角度主效应显著［$F(1,111)=3.350$，$p<0.05$，$\eta_p^2=0.095$］，角度和组别的交互作用显著［$F(1,111)=6.248$，$p<0.01$，$\eta_p^2=0.163$］，事后分析发现，跳水运动员的0°（238±31ms）和60°（246±22ms），以及60°（246±22ms）和120°（269±23ms）的N2潜伏期存在差异。

针对N2波峰值的ANOVA分析发现，组别［$F(1,37)=4.521$，$p<0.05$，$\eta_p^2=0.131$］和角度［$F(1,111)=13.827$，$p<0.001$，$\eta_p^2=0.315$］的主效应显著，组别和角度的交互作用边缘显著［$F(1,111)=2.936$，$p=0.051$，$\eta_p^2=0.089$］。事后分析发现，跳水运动员和非运动员的N2波峰值差异存在于0°（运动员各电极点均值：-4.27±2.91μV，非运动员各电极点均值：-1.69±

2.08μV）、60°（运动员各电极点均值：-4.73±3.54μV，非运动员各电极点均值：-2.39±4.09μV）和120°（运动员各电极点均值：-6.20±3.52μV，非运动员各电极点均值：-4.50±4.65μV，所有$p<0.065$，表现为跳水运动员的波幅更大（图3-34、图3-35）。

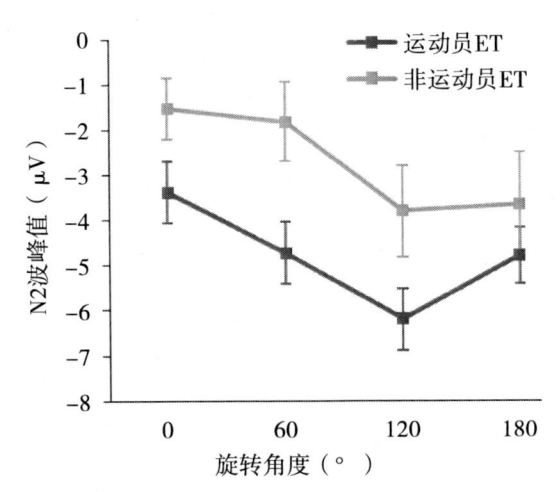

图3-34 跳水运动员和非运动员主体表征方式下各角度的Fz点N2波峰值（$M\pm SE$）

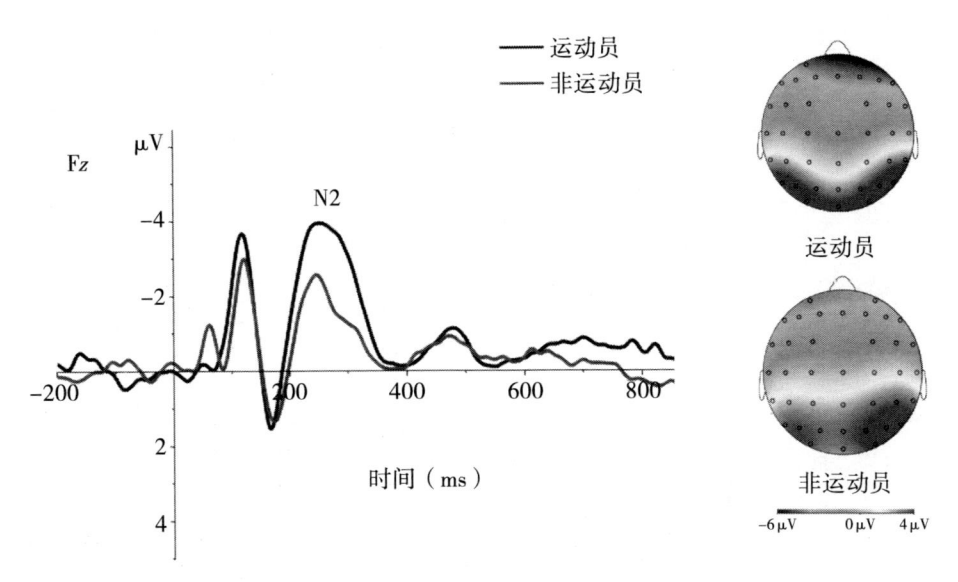

图3-35 跳水运动员与非运动员在主体表征方式下的N2波形图（Fz点）及脑地形图

RRN

针对RRN平均波幅的分析发现，组别、角度和电极点位置的主效应显著，角度和电极点位置的交互作用显著。事后分析发现，跳水运动员在各角度的RRN平均波幅都显著高于非运动员（所有$p<0.083$，图3-36至图3-39）。

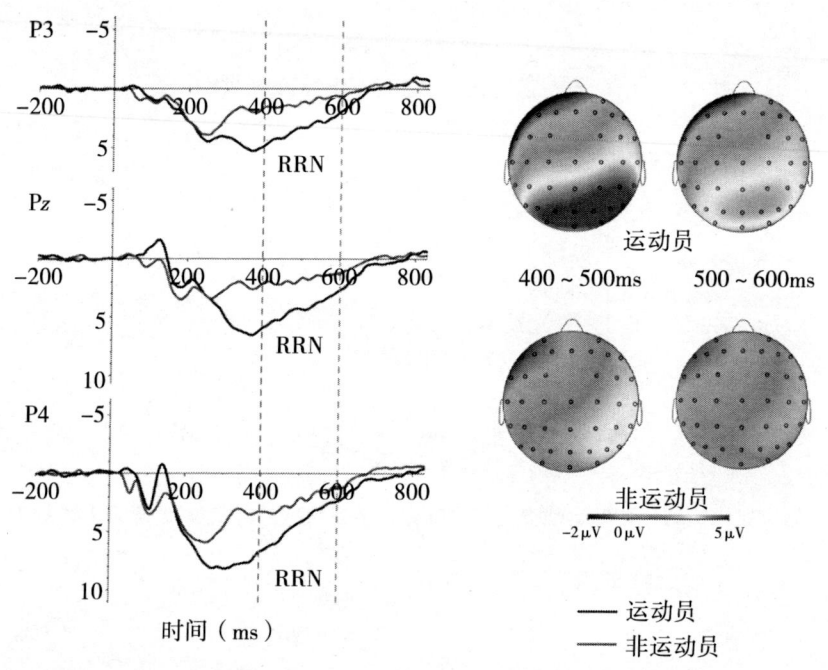

图3-36 跳水运动员与非运动员在主体表征方式下的P3、Pz和P4点的RRN平均波形图及脑地形图

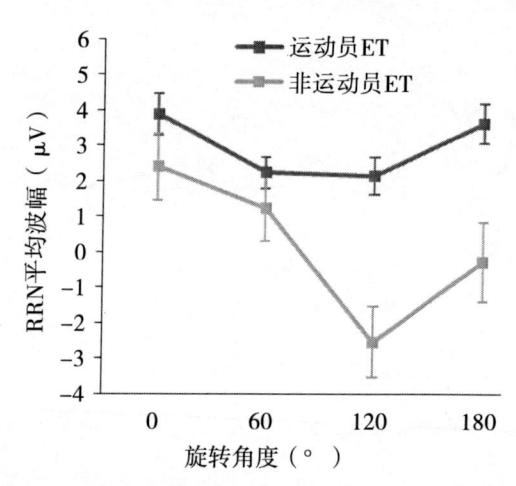

图3-37 跳水运动员和非运动员主体表征方式下的各角度的P3点RRN平均波幅（$M \pm SE$）

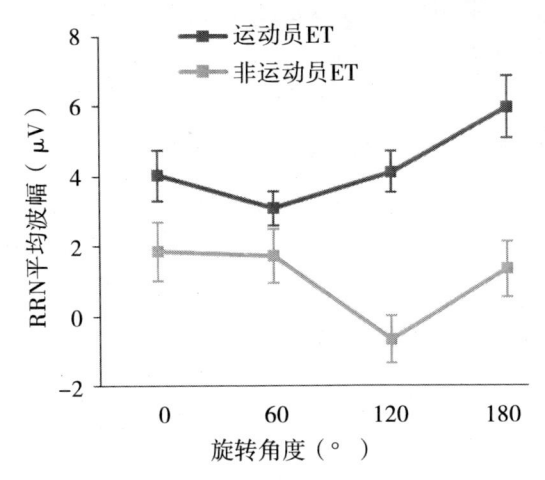

图3-38 跳水运动员和非运动员主体表征方式下各角度的Pz点RRN平均波幅（$M \pm SE$）

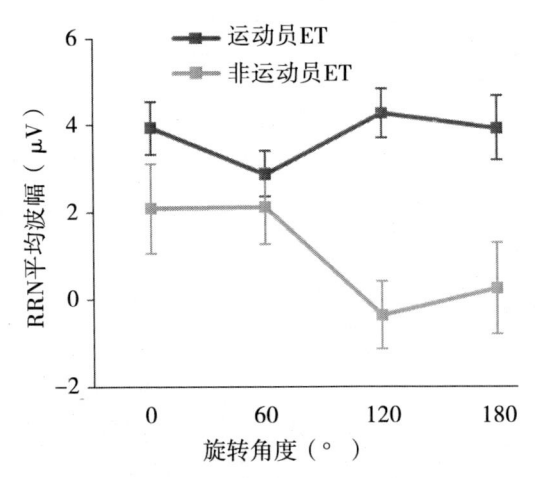

图3-39 跳水运动员和非运动员主体表征方式下各角度的P4点RRN平均波幅（$M \pm SE$）

（6）相关分析

前人研究发现，N2成分代表了对刺激的感知（与感知阶段有关），RRN代表了对刺激的操作（与旋转阶段有关）。因此，我们将N2波峰值和RRN平均波幅分别与感知阶段绩效（0°反应时）和旋转阶段绩效（旋转速度）做相关。结果发现，跳水运动员在0°的各电极点的N2波峰值与0°反应时存在显著正相关（所有$r > 0.523$，$p < 0.05$，图3-40），且跳水运动员在180°下P3点的RRN平均

波幅与旋转速度呈显著正相关（$r=0.506$，$p<0.05$，图3-41）。此外，为考察运动经验与ERP成分之间的关系，我们还将N2波峰值和RRN平均波幅与跳水运动员的专业运动年限分别做相关，发现三个电极点的RRN平均波幅与专业运动年限均存在显著正相关（所有$r>0.621$，$p<0.05$，图3-42）。

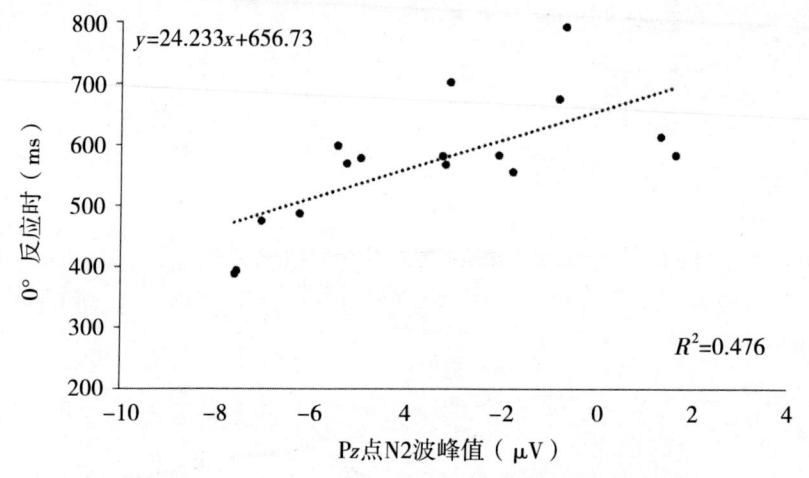

图3-40　跳水运动员N2波峰值与感知阶段绩效相关图

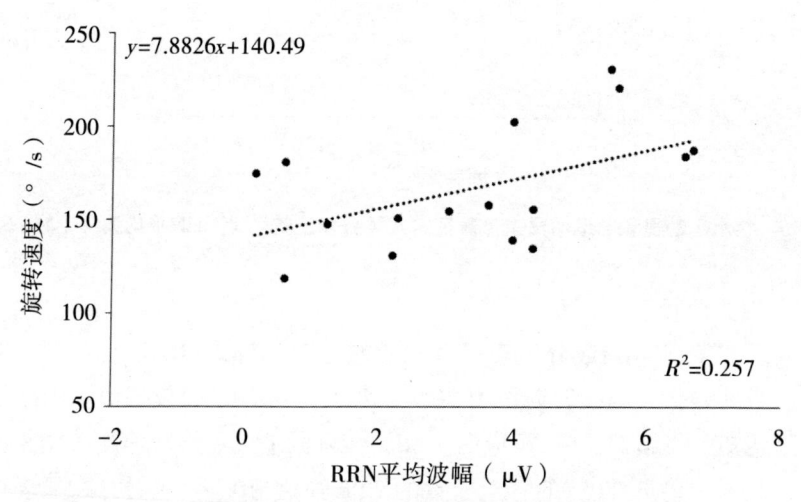

图3-41　跳水运动员RRN平均波幅与旋转阶段绩效相关图

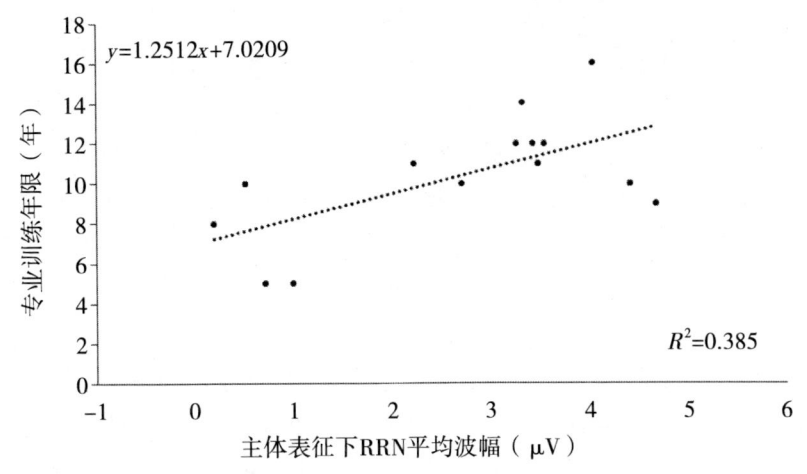

图3-42 主体表征方式下跳水运动员RRN平均波幅（Pz点）与专业训练年限相关图

4. 讨论

实验考察了跳水运动员和非运动员在客体和主体表征下心理旋转的大脑加工的时程特征。在行为指标上，实验发现跳水运动员比非运动员有着更高的正确率，但反应时、感知阶段和旋转阶段的绩效不存在差异。在ERP指标上，结果显示跳水运动员在0°、60°和120°的N2波峰值显著大于非运动员，且跳水运动员的N2波峰值与感知阶段绩效（0°反应时）存在相关。此外，跳水运动员的RRN平均波幅显著大于非运动员，不仅如此，RRN平均波幅与旋转角度绩效（旋转速度）和专业训练年限显著相关。

实验结果显示，跳水运动员的正确率都显著高于非运动员。这一结果与詹森等和密罗一致，他们使用心理旋转测试对体操、足球和摔跤运动员和非运动员进行考察，发现体操和摔跤运动员的正确率显著高于非运动员[98, 124]。此外，我们发现跳水运动员在大角度（120°和180°）下的正确率更高。与本实验一致，斯特格曼和凯尔特纳等的研究发现运动专家在非常见的旋转角度下存在主体心理旋转优势[57, 119, 161]。这一结果证实了具身认知下功能等价假说，可以通过动作具身加工来阐释。作为具身性的空间转换的一种类型，动作具身指的是观察、想象等动作表征的加工过程与实际操作一致[148, 149]，因此跳水运动员在对熟悉的动作进行心理操作时能够获得促进，甚至表现出启动效应[14]。从实践来说，对于将自己身体倒置这一动作（主体表征），普通人在日常生活中几乎没有这样的经历，甚至很少看到别人做这类动作（客体表征）。然而，所有跳水动作都要求以头部向下的姿势入水，一些动作甚至需要以倒立开始，因而对于跳水运动员而言，不论是观看还是执行头部向下的动作，他们都非常熟悉，这种与运动训练相关的身体经验是促进"倒置优势"出现的原因。

对于本实验发现的跳水运动员优势体现在正确率而不是之前实验发现的反应时，我们认为可能与实验被试的选择有关。之前实验的被试是13~14岁的青少年，跳水运动员和非运动员的反应时分别是827±175ms和1136±614ms，而本实验中的被试是20~21岁的成年人，跳水运动员和非运动员的反应时分别是643±108ms和643±208ms。尤塔（Uttal）等在一项元分析中指出，13岁以下可能是空间能力发展的敏感期，因此，在此阶段的青少年跳水运动员可能从训练中获得了更多的空间能力提升，具体表现在更快的任务反应时[150]。随着年龄的增加，跳水运动员和非运动员的空间能力都得到发展而绩效愈加接近，使得成年跳水运动员的优势主要体现在保证心理旋转的速度的前提下提高准确性（正确率）。

从ERP结果而言，N2被认为是"认知的"或者"内因性"的ERP成分。实验发现，两组被试额区N2波幅在0°到120°之间随着角度的增加而增加，揭示了N2波峰值的角度效应。研究认为，N2的角度效应可能与不同角度刺激图像的感知新异性有关[96]，随着旋转角度的增加，刺激图像的形态与被试熟悉的直立图像的匹配程度越发降低，进而使得N2波幅随之增加。刘（Lyu）等的研究结果也支持这一结论[89]。与此同时，我们发现180°的N2波幅并没有继续增加，而是表现出在非运动员组与120°接近，在跳水运动员组比120°波幅有所减小。究其原因，可能是由于被试在刺激旋转180°时进行判断的策略与其他角度不同所致。询问发现，在刺激完全倒置的情况下，一些被试会主动形成"右即是左，左即是右"的判断，这种判断在一定程度上减少了刺激的新异性，使得该角度下N2波峰值出现接近120°或有所减少的情况。

其次，实验发现与非运动员相比，跳水运动员的N2波峰值更大，且这一指标与跳水运动员的感知阶段绩效显著相关，但N2潜伏期没有差异。换言之，0°反应时更快的跳水运动员的N2波幅更大，为之前行为实验结果进行了补充。实验中的感知阶段实际上包括了感知和决定两个阶段，在上文中，我们认为跳水运动员感知阶段优势可能是由于运动员在刺激的编码（感知阶段）或是动作速度（反应阶段）上存在优势，一系列证实了跳水运动员的简单反应时和选择反应优势的研究也为此提供了一致性证据[144-147]。那么，结合本实验的结果来看，跳水运动员更大的N2说明了运动员的优势不仅在于感知和反应简单任务，或是只在反应阶段更快，而是他们在高级认知任务（如心理旋转）的感知阶段能够深度、高效地对刺激进行加工编码。刘（Lyu）等比较了截肢患者和健康人在手部心理旋转任务中的N2波幅，发现患者的N2波幅显著大于健康人，且与截肢时间相关，因此研究者认为心理旋转中的N2成分代表了个体对刺激的感知[89]。此外，还有研究发现跳水运动员在执行控制中的抑制和转换功能中存在优势，也支持了上述解释[118]。不仅如此，ERP研究发现与普通人相比，注意调适（Attentional Modulation）能力弱的个体，其额区N2波幅更小[162]，因此跳水运动员可能由于更优的注意调适能力而表现出感知效率提升。有研究使用UFOV（Useful Field of View）测试考察运动员和非运动员的视空间注意加工能力，发现运动员的视觉注意广度更优，并能够从环境中提取更多的有效信息[163]，不仅如此，他们也有更好的持续注意（Sustained Attention）能力[118]。

针对RRN而言，RRN出现在顶叶皮层，在400~600ms变化最为明显，这一结果与前人研究一致[77,87,89]。就RRN成分而言，它被认为是与心理旋转加工过程密切相关的ERP指标，代表了个体对视觉图像的旋转操作[157,158]。埃尔（Heil）等发现RRN成分与刺激的分类无关[159]，且RRN出现的时间窗与心理旋转的加工的时间重叠。据此，研究者发现心理旋转过程的延后会使得RRN延迟出现[63]。此外，前人研究发现，心理旋转任务的RRN波幅能够预测个体的任务反应时[87]。在本实验中，RRN的角度效应出现在大角度时下降的趋势，我们认为这种现象可能与N2波峰180°未继续增加的原因一致，都是由于个体在进行接近倒置角度的判断时使用了不同的策略所致。

本实验考察了跳水运动员和非运动员主体心理旋转中的RRN平均波幅，发现跳水运动员的RRN平均波幅显著大于非运动员。并且，这种优势与跳水运动员旋转阶段的绩效和专业训练年限都存在相关。这一结果与现有研究基本一致[32,93]。宋薇比较了武术专业大学生和普通大学生进行字母"R"心理旋转的ERP结果，此外，通过观察我们发现RRN的组间差异在120°和180°更加显著，回顾行为绩效发现的跳水运动员反应时在120°和180°显著高于非运动员，我们将两个角度下跳水运动员的RRN平均波幅与正确率做相关分析，发现120°时P4点RRN波幅，以及180°时P3点的RRN波幅与正确率成显著正相关（所有$r>0.526$，$p<0.05$），说明跳水运动员在行为绩效上的"倒置效应"也体现在脑活动强度方面。

5. 小结

本实验在跳水运动员心理旋转的行为绩效优势的基础上，发现跳水运动员的0°、60°和120°的N2波峰值更大，RRN平均波幅更大，这两种优势分别与运动员阶段绩效和训练年限相关。

（四）总结

空间具身效应，即心理旋转任务的空间与身体动作经验相匹配时，任务绩效得到促进而表现出专家优势。前人研究发现心理旋转任务刺激会影响运动员的任务绩效，表现出刺激与运动经验的相关度越高，运动员绩效越好的"选择性效应"[57]。

本研究针对主体表征心理旋转，比较了跳水运动员和非运动员的任务反应时和正确率，发现两组被试在正确率上不存在显著差异，但跳水运动员在主体心理旋转任务中的反应时都快于非运动员。实验结果说明，与非运动员相比，跳水运动员丰富的身体旋转运动经验使心理旋转任务具身化。

证实了跳水运动员心理旋转的空间具身效应后，了解这种具身化的过程是如何产生作用的，从具身认知的观点出发，认为对于旋转动作的心理操作会受益于身体旋转的相关经验。以此为基础，以跳水运动员和非运动员为研究对象，分别以0°反应时和旋转速度作为感知阶段和旋转阶段的评价指标，以转体动作为心理旋转的刺激材料，旨在揭示跳水运动员主体表征方式的心理旋转优势的阶段特征。首先，实验结果显示跳水运动员在主体表征心理旋转的感知阶段绩效更优异，证实了前人研究[69,118]。这种优势可能是由于跳水运动员在刺激的编码、任务准备程度或是动作速度上存在优势。其次，跳水运动员在主体表征的旋转速度显著快于非运动员。由于跳水运动员的心理旋转包含了对动作的模仿过程[128,138]，这种模仿可能通过动作具身促进了动作表征中空间信息的保持，进而提高了旋转速度[14]。实验2的结果从图4-44测试指标中的阶段特征角度，针对前人研究旋转角度证据的缺失进行了补充。

就ERP结果而言，实验比较了跳水运动员和非运动员在主体表征下心理旋转的早期成分N2和晚期成分RRN的波幅，结果发现与非运动员相比，跳水运动员的N2波峰值在0°、60°以及120°更大。相关分析发现，0°反应时更快的跳水运动员的N2波幅更大，为实验2的结果进行了补充，并针对ERPs测试指标中对N2成分的跳水运动员专家优势的疑问，提供了相应的证据。跳水运动员更大的N2说明了他们能够深度、高效地对刺激进行加工编码，研究发现跳水运动员在执行控制中的抑制和转换功能中存在优势[118]。相关研究发现N2波幅与注意调适能力相关,波幅大的个体注意调适能力更强[162],因此跳水运动员可能由于更优的注意能力而表现出感知效率提升[118,163]。针对RRN而言,实验发现主体表征方式下跳水运动员的RRN平均波幅显著大于非运动员,这一结果基本上得到了现有研究的支持[32,93]。此外,这种优势与跳水运动员旋转阶段的绩效和专业训练年限都存在相关。研究者认为,心理旋转中的RRN或是P3成分代表了任务刺激与受试者之间的关联性[160],跳水运动员可能由于动作技能经验的掌握使其在进行心理旋转加工时对认知资源的利用更加广泛和高效,从而表现出了更大的RRN波幅。

四、运动员心理旋转空间具身效应的影响因素

相关研究发现,运动水平、运动项目差异、性别和年龄等因素都会影响运动员心理旋转能力,使专家表现出与新手和非运动员不同的优势。这一部分以运动员主客体表征的空间具身效应的整体特征、阶段特征和脑加工时程特征为基础,旨在通过剥离与个体相关的性别、年龄、运动等级、训练年限和最佳运动成绩因素,以及与任务相关的旋转方向、优势侧和练习效应等因素,探讨组间(个体相关)和组内(任务相关)因素对运动员主客体心理旋转的各行为绩效的影响,补充前人研究的缺乏或不一致情况。

(一)个体因素

1. 性别

(1)前言

从运动空间具身的优势特征出发,这一部分旨在探讨性别对跳水运动员与非运动员的心理旋转能力的影响。性别差异作为空间认知领域被广泛关注的议题之一,大量研究证明男性的空间认知能力优于女性。虽然如此,研究发现后天学习能够缩小这种性别差异。那么,运动训练经验能否弥补运动员心理旋转的性别差异?对此,研究者的观点并不一致。有研究者认为男性和女性运动者在参与运动之前的性别差异已经存在,在积累运动经验的过程中,两者的心理旋转能力得到了同等程度提升,因而差异依然存在。相反,还有研究者认为女性在活动参与中,其心理旋转能力获得了更显著的提升效益,因而可能弥补性

别差异。本研究试图通过对比不同年龄组（青少年组和成年组）的跳水运动员和非运动员，观察在专项训练的不同时期，运动经验对心理旋转的性别差异的影响过程。

（2）方法

实验被试

44名被试参与了实验，其中包括22名跳水运动员，14名男性和8名女性（年龄14.81±2.50岁）；22名非运动员，14名男性和8名女性（年龄13.18±0.39岁）。两组被试年龄无显著差异$[F(1, 42)=1.105, p=0.371, \eta_p^2=0.019]$。运动员组是来自上海跳水队的跳水运动员，训练年限为7~10年，每周训练时间为30小时左右，所有队员都在接受初中教育。非运动员是从河南省郑州市招募来的初中二年级学生，他们从未参加过专业体育运动训练。由于实验被试是未成年人，经被试本人及其家长同意后，知情同意书由被试家长授权给教练员和班主任签署，被试在实验后获得礼品。

实验材料

为考察性别对不同运动经验个体在主体和客体心理表征的人体和方块图形任务中的绩效，本实验综合前面研究设计，包括了3个独立部分的实验材料：

1）客体表征（方块图形）心理旋转实验任务材料

整体绩效：实验使用修订后的二维方块图像客体心理旋转（Objected-based Cube，OC）任务进行，每次向被试呈现两幅二维黑白方块图形，左图为参考图，右图为参考图经过旋转后的图形（即两图相同）或其镜像（即两图不同），被试需要判断两图是否相同。图形在水平面内顺时针旋转，旋转角度为0°、30°、60°、90°、120°、150°或180°（图3-43）。每幅图形大小为4cm×4cm，深灰色部分（图中泳衣）明度为30cd/m²，浅灰色部分（肢体）为80cd/m²。

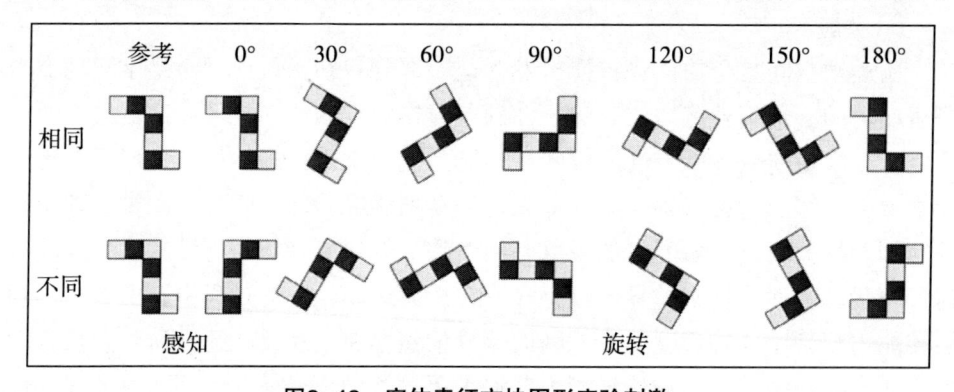

图3-43 客体表征方块图形实验刺激

阶段绩效：实验包括2种刺激材料，分别是：①感知阶段：两幅旋转0°的二维方块图。②旋转阶段：两幅旋转30°、60°、90°、120°、150°和180°的二维方块图。

2）客体表征（人体图形）心理旋转实验任务材料

整体绩效：实验使用修订后的人体图像客体表征（Objected-based transformations，OT）心理旋转任务进行。在实验中，每次向被试呈现两幅人体图形（图3-44），左图为参考图，右图为参考图经过旋转后的图形（即两图相同）或其镜像（即两图不同），被试需要判断两图是否相同。人体图形内容为背面的跳水转体动作，即左侧或右侧手臂屈肘于头部上方，另一只屈肘于腹部。图形在水平面内顺时针旋转，旋转角度为0°、30°、60°、90°、120°、150°或180°。每幅图形大小为4cm×4cm，深灰色部分（图中泳衣）明度为$30cd/m^2$，浅灰色部分（肢体）为$80cd/m^2$。

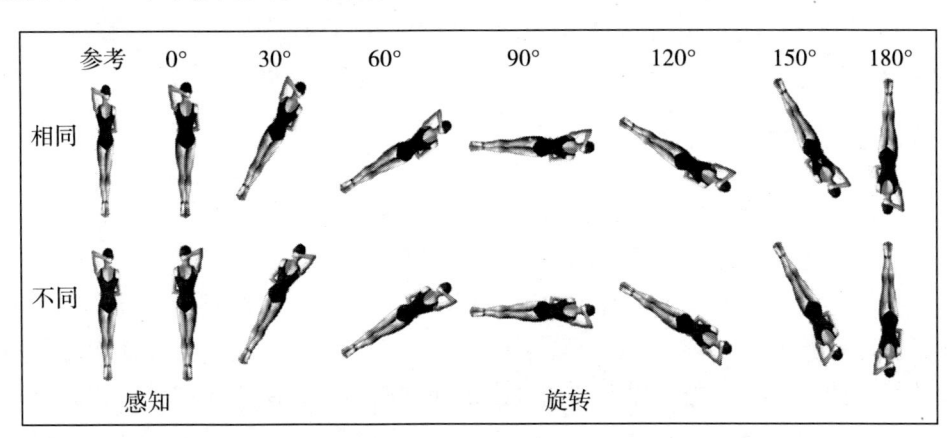

图3-44 客体表征人体图形实验刺激（© QA International，2017. All rights reserved.）

阶段绩效：实验包括2种刺激材料，分别是：①感知阶段：两幅旋转0°的跳水转体动作图。②旋转阶段：两幅旋转30°、60°、90°、120°、150°和180°的跳水转体动作图。

3）主体表征心理旋转实验任务材料

整体绩效：实验使用修订后的人体图像主体表征（Egocentric transformations，ET）心理旋转任务进行。每次只呈现一幅人体图形，图形内容和旋转角度与OT条件相同，被试是需要判断图中人屈肘于头部上方的是哪一侧手臂（图3-45）。每幅图形大小为4cm×4cm，深灰色部分（图中泳衣）明度为$30cd/m^2$，浅灰色部分（肢体）为$80cd/m^2$。

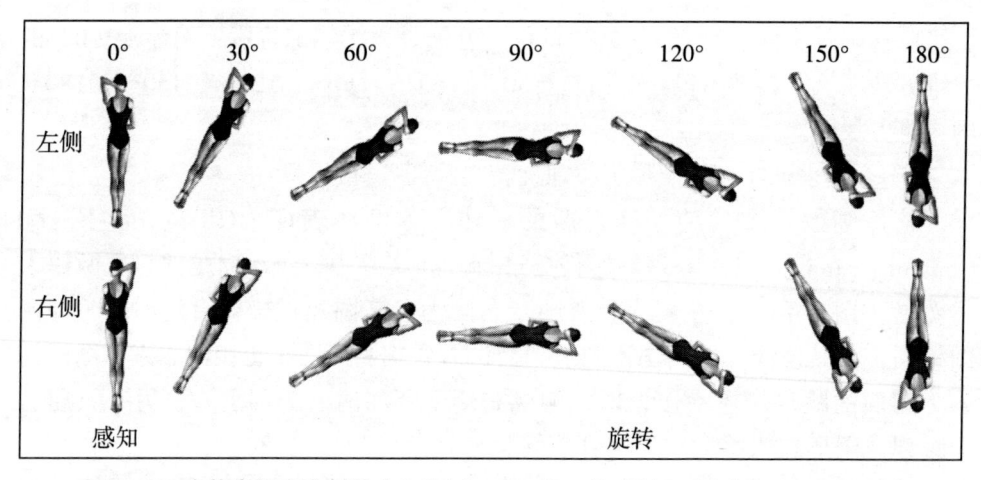

图3-45 主体表征实验刺激（© QA International，2017. All rights reserved.）

阶段绩效：实验包括2种刺激材料，分别是：①感知阶段：一幅旋转0°的跳水转体动作图。②旋转阶段：一幅旋转30°、60°、90°、120°、150°和180°的跳水转体动作图。

实验程序

实验由一名主试负责，在安静的会议室或教室内一对一进行。被试在填写完成个人信息表后坐于电脑前，眼睛与屏幕距离60cm。阅读实验指导后，被试需要先进行20个有反馈的练习试次，正确率高于80%（即超过16题的选择正确）方可开始正式实验，未达到要求需再次练习。实验包括3部分：①在客体心理旋转方块任务中，被试需要快速且准确地判断出现的两方块图是否相同，并双手按键反应，F键代表相同，J键代表不同。实验按照表征方式的不同分为2个顺序随机的block，共7（旋转角度）×2（异同）×8（重复）=112试次。在每个试次中，先出现1000~1500ms的注视点，随后呈现刺激图形，直到被试按键或超过3000ms后消失。在1000ms的空屏之后，开始下一试次。②在客体心理旋转人体任务中，被试需要快速且准确地判断出现的两人体图是否相同，并双手按键反应，F键代表相同，J键代表不同。实验按照表征方式的不同分为2个顺序随机的block，共7（旋转角度）×2（异同）×8（重复）=112试次。在每个试次中，先出现1000~1500ms的注视点，随后呈现刺激图形，直到被试按键或超过3000ms后消失。在1000ms的空屏之后，开始下一试次。③在主体心理旋转任务中，被试需要判断图中人屈肘于头部上方的是哪一侧手臂，F键代表左侧，J键代表右侧。实验按照表征方式的不同分为2个顺序随机的block，共7（旋转角度）×2（左右）×8（重复）=112试次。在每个试次中，先出现1000~1500ms的注视点，随后呈现刺激图形，直到被试按键或超过3000ms后消失。在1000ms的空屏之后，开始下一试次。实验时间在45分钟左右。

数据统计与分析

根据数据，剔除了超过均值3个标准差以及正确率低于0.85的被试（2名运动员）。为避免多因素交互作用对实验效应的覆盖，3个实验条件独立完成分析。在每种实验条件下，统计分别两部分：①反应时和正确率分析。使用多因素方差分析（ANOVA）分别对反应时和正确率的数据进行分析，组间因素为组别（运动员、非运动员）和性别（男性、女性）。主效应和交互作用的事后检验使用Bonferroni检验。②阶段绩效分析。根据詹森和贾斯特对心理旋转阶段的测量方式[69,70]，将刺激材料未旋转时（即旋转0°）的反应时作为感知阶段的评价指标，单位为毫秒（ms），将旋转速度作为旋转阶段的评价指标，旋转速度是每个角度下的角度与反应时的比值的平均数，计算公式为：旋转速度=$(\frac{30}{RT_{30°}}+\frac{60}{RT_{60°}}+\frac{90}{RT_{90°}}+\frac{120}{RT_{120°}}+\frac{150}{RT_{150°}}+\frac{180}{RT_{180°}})÷6$，单位为度每秒（°/s）。以上计算仅使用正确的试次进行。使用多因素方差分析（ANOVA）分别对反应时、正确率、感知阶段反应时和旋转速度进行分析，组间因素为组别（运动员、非运动员）和性别（男性、女性）。

（3）结果

1）客体表征抽象图形结果

反应时

针对客体方块图形进行客体心理旋转测试后，发现组别主效应显著，但性别的主效应以及两者的交互效应不显著（表3-2），说明男性（总：2268.44±1152.23ms，运动员：1770.08±499.63ms，非运动员：2695.61±1384.26ms）和女性（总：2497.28±960.57ms，运动员：2335.56±882.60ms，非运动员：2659.01±1066.97ms）在客体抽象图形的心理旋转任务中的反应时没有差异，但从图3-46中可以看出，男性运动员的反应时相对更快。

表3-2 ANOVA结果

效应	F（df）	p	η_p^2
组别	6.477（1,40）	0.017	0.193
性别	0.375（1,40）	0.545	0.014
组别×性别	0.578（1,40）	0.454	0.021

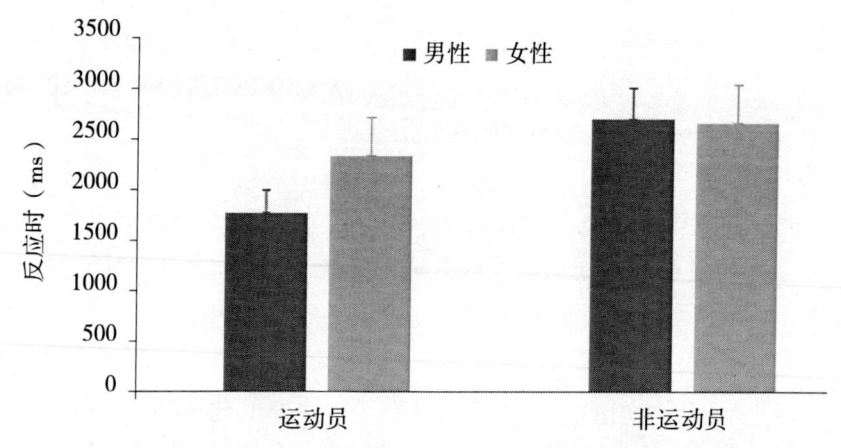

图3-46 不同性别的跳水运动员与非运动员在客体方块表征方式下的反应时（$M \pm SE$）

正确率

针对客体方块图形进行客体心理旋转测试后，通过分析正确率，发现组别和性别的主效应以及两者的交互效应均不显著（表3-3），说明男性（总：0.88±0.11，运动员：0.89±0.07，非运动员：0.88±0.14）和女性（总：0.90±0.09，运动员：0.89±0.11，非运动员：0.91±0.07）在客体抽象图形的心理旋转任务中的反应时没有差异。（图3-47）

表3-3 ANOVA结果

效应	F（df）	p	η_p^2
组别	0.089（1，40）	0.768	0.003
性别	0.089（1，40）	0.768	0.003
组别×性别	0.223（1，40）	0.641	0.008

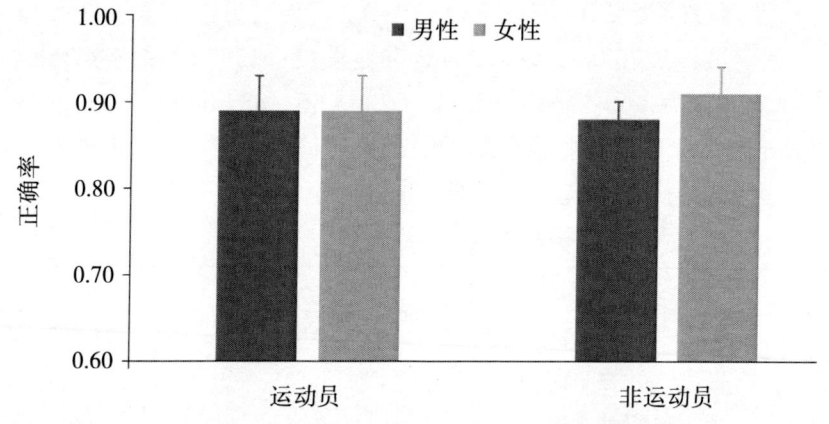

图3-47 不同性别的跳水运动员与非运动员在客体方块表征方式下的正确率（$M \pm SE$）

阶段绩效

感知阶段

如表3-4和图3-48所示,针对感知阶段的分析发现,不论是运动员和非运动员组,还是男性和女性,组间差异都不显著。说明男性(总:1658.62±702.44ms,运动员:1622.34±527.19ms,非运动员:1694.89±887.73ms)和女性(总:2103.19±1269.80ms,运动员:1933.12±1175.50 ms,非运动员:2273.25±1517.67ms)在客体抽象图形的心理旋转任务中的感知阶段绩效没有显著差异。

表3-4 ANOVA结果

效应	F(df)	p	η_p^2
组别	0.597(1,40)	0.446	0.022
性别	2.275(1,40)	0.110	0.092
组别×性别	0.009(1,40)	0.924	0.000

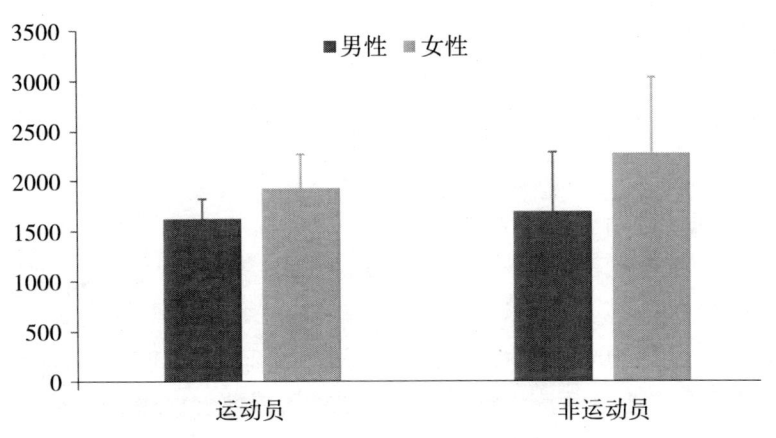

图3-48 不同性别的跳水运动员与非运动员在客体方块表征方式下的感知阶段绩效($M±SE$)

旋转阶段

通过对旋转阶段的分析发现,组别(运动员和非运动员组)差异显著,但性别(男性和女性)不显著,两者交互作用显著(表3-5),说明男性运动员(60.85±18.09°/s)在客体抽象图形的心理旋转任务中的感知阶段绩效比女性运动员(44.42±10.99°/s)更优,但在非运动员之中没有体现(男性:43.33±17.43°/s;女性:43.72±13.15°/s)。

表3-5　ANOVA结果

效应	F（df）	p	η_p^2
组别	3.430（1，40）	0.075	0.113
性别	2.229（1，40）	0.147	0.076
组别×性别	2.862（1，40）	0.099	0.070

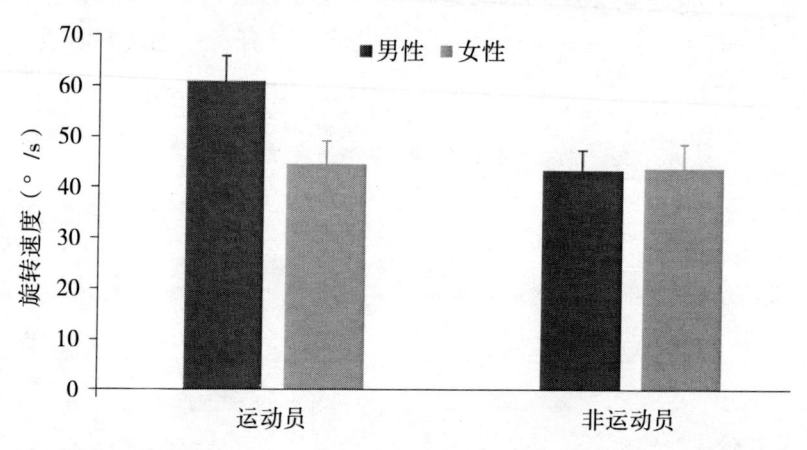

图3-49　不同性别的跳水运动员与非运动员在客体方块表征方式下的旋转速度（$M \pm SE$）

2）客体表征人体图形结果

反应时

反应时的分析结果显示，组别主效应边缘显著，性别主效应及其与组别的交互作用不显著（表3-6）。说明运动员（总：1509.00±471.86ms，男性：1478.66±323.07ms，女性：1555.86±688.47ms）比非运动员（总：1999.76±1113.80ms，男性：1963.64±1096.47ms，女性：2062.97±1217.27ms）在客体表征人体图形的任务中反应更快，但性别之间（男性：1739.15±818.26ms，女性：1809.41±990.58ms）没有差异。

表3-6　ANOVA结果

效应	F（df）	p	η_p^2
组别	3.082（1，40）	0.087	0.075
性别	0.098（1，40）	0.756	0.003
组别×性别	0.042（1，40）	0.839	0.001

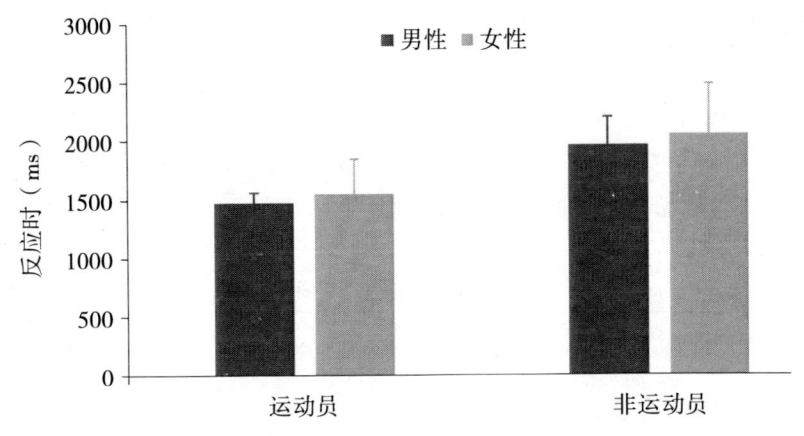

图3-50 不同性别的跳水运动员与非运动员在客体人体表征方式下的反应时（$M \pm SE$）

正确率

如表3-7所示，针对正确率分析发现，性别的组间差异存在，女性（总：0.95±0.04，运动员：0.94±0.04，非运动员：0.97±0.02）的客体表征人体图形任务的正确率显著高于男性（总：0.92±0.07，运动员：0.91±0.08，非运动员：0.91±0.06），这一结果与客体表征抽象图形的结果不一致。运动员（0.92±0.07）和非运动员组（0.93±0.06）没有差异（图3-51）。

表3-7 ANOVA结果

效应	F（df）	p	η_p^2
组别	0.655（1，40）	0.423	0.016
性别	5.937（1，40）	0.019	0.129
组别×性别	0.919（1，40）	0.343	0.022

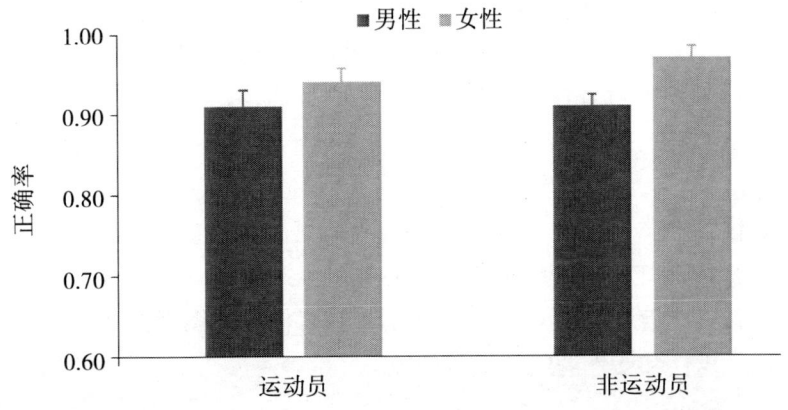

图3-51 不同性别的跳水运动员与非运动员在客体方块表征方式下的正确率（$M \pm SE$）

阶段绩效

感知阶段

如表3-8和表3-9所示，针对感知阶段的分析发现，不论是运动员和非运动员组，还是男性和女性，组间差异都不显著。说明男性和女性在客体人体图形的心理旋转任务中的感知阶段绩效没有差异。

表3-8　描述统计结果

组别	性别	均值（ms）	标准差（ms）
运动员	男	994.75	210.74
	女	1120.69	718.73
	总计	1045.63	417.99
非运动员	男	1458.14	719.11
	女	1548.06	636.02
	总计	1491.75	673.73
总计	男	1244.72	522.63
	女	1334.38	674.18
	总计	1278.69	575.72

表3-9　ANOVA结果

效应	F（df）	p	η_p^2
组别	2.118（1，40）	0.163	0.105
性别	0.682（1，40）	0.420	0.036
组别×性别	0.108（1，40）	0.746	0.006

旋转阶段

随后进行的对旋转阶段的分析（表3-10、表3-11），同样显示出组别或性别的主效应以及交互作用。这一结果说明，在客体人体图形的心理旋转任务中的旋转阶段，男性和女性的绩效没有差异。

表3-10 描述统计结果

组别	性别	均值（°/s）	标准差（°/s）
运动员	男	58.11	18.57
	女	64.99	14.73
	总计	60.86	16.80
非运动员	男	54.94	18.46
	女	58.31	15.81
	总计	56.17	16.80
总计	男	56.40	17.80
	女	61.65	14.18
	总计	58.40	16.40

表3-11 ANOVA结果

效应	F (df)	p	η_p^2
组别	0.909（1，40）	0.326	0.023
性别	0.388（1，40）	0.541	0.021
组别×性别	0.116（1，40）	0.736	0.003

3）主体表征结果

反应时

针对不同组别和性别被试的主体表征的反应时进行分析（表3-12），发现运动员组（总：796.48±275.64，男性：784.64±327.74，女性：814.24±157.63）的反应时比非运动员组（总：1100.71±631.01，男性：1167.28±785.01，女性：984.21±160.38）更短，达统计显著。性别主效应及其和组别的交互作用均不显著。说明不同性别（男性：990.00±607.55，女性：899.22±176.92）的反应时不存在显著差异（图3-52）。

表3-12 ANOVA结果

效应	F (df)	p	η_p^2
组别	3.238（1，40）	0.080	0.079
性别	0.250（1，40）	0.620	0.007
组别×性别	0.480（1，40）	0.493	0.012

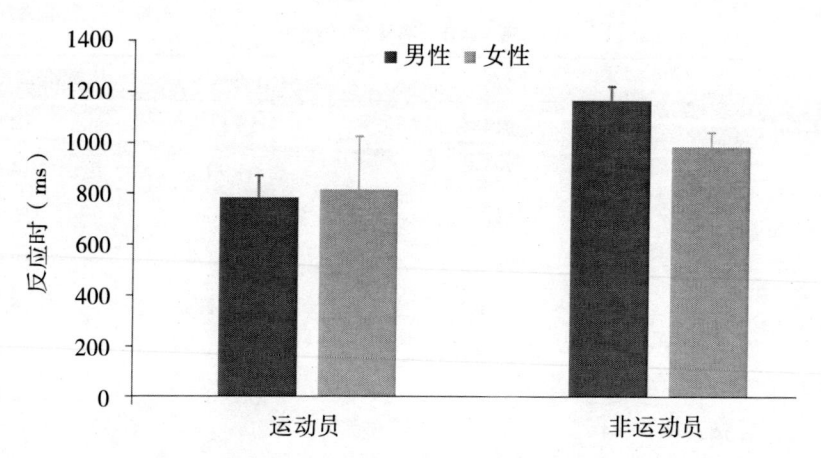

图3-52　不同性别的跳水运动员与非运动员在主体表征方式下的反应时（$M±SE$）

正确率

如表3-13所示，针对正确率分析发现，性别的组间差异不显著，男性（总：0.98±0.02，运动员：0.98±0.02，非运动员：0.98±0.02）的主体表征任务的正确率与女性（总：0.99±0.01，运动员：0.99±0.01，非运动员：0.98±0.01）接近。运动员（0.98±0.02）和非运动员组（0.99±0.02）没有差异（图3-53）。

表3-13　ANOVA结果

效应	F（df）	p	η_p^2
组别	0.172（1, 40）	0.681	0.004
性别	0.979（1, 40）	0.329	0.025
组别×性别	0.120（1, 40）	0.731	0.003

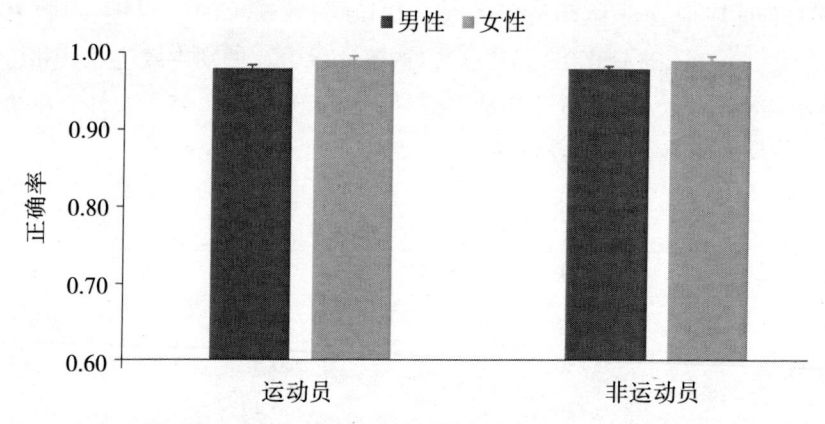

图3-53　不同性别的跳水运动员与非运动员在主体表征方式下的正确率（$M±SE$）

阶段绩效
感知阶段

通过比较运动员和非运动员、男性和女性在主体表征心理旋转中的感知阶段绩效，发现组别差异显著，运动员组比非运动员组感知阶段绩效更优（表3-14、表3-15）。但性别的主效应以及两者交互作用不显著，说明男性和女性的感知速度不存在显著差异。

表3-14　描述统计结果

组别	性别	均值（ms）	标准差（ms）
运动员	男	629.84	143.72
	女	608.16	75.20
	总计	620.94	120.64
非运动员	男	816.97	398.72
	女	796.94	208.03
	总计	809.68	329.35
总计	男	730.90	300.56
	女	702.55	176.50
	总计	719.50	257.97

表3-15　ANOVA结果

效应	F（df）	p	η_p^2
组别	4.719（1，40）	0.036	0.110
性别	0.074（1，40）	0.789	0.004
组别×性别	0.010（1，40）	0.923	0.001

旋转阶段

相似地，研究结果显示不同运动经验的个体在主体心理旋转的速度方面存在显著差异，即运动员的旋转速度更快（表3-16、表3-17）。但不同性别的个体说明在进行以自我为中心的主观旋转表象时的操作速度接近。

表3-16 描述统计结果

组别	性别	均值（°/s）	标准差（°/s）
运动员	男	128.16	37.08
	女	118.42	17.43
	总计	124.91	31.64
非运动员	男	99.20	33.81
	女	97.80	14.10
	总计	98.69	27.83
总计	男	112.49	35.12
	女	108.13	17.95
	总计	110.83	30.03

表3-17 ANOVA结果

效应	F（df）	p	η_p^2
组别	7.863（1, 40）	0.008	0.171
性别	0.384（1, 40）	0.539	0.010
组别×性别	0.247（1, 40）	0.622	0.006

（4）讨论

本研究通过进行不同表征方式下的心理旋转任务，考察性别和运动水平对青少年个体的空间表征能力的影响。尽管大量研究证明，男性的空间认知能力优于女性（成年样本），但本研究结果与前人结果不完全一致。

首先，就客体表征的抽象图形而言，组间差异依然存在，但来自阶段绩效的交互作用提示男性运动员在客体抽象图形的心理旋转任务中的感知阶段绩效比女性运动员更优，说明男性运动员从长期专业运动经验中获取了更快的刺激感知速度。其次，客体表征人体图形任务结果发现，女性的正确率显著高于男性，说明女性个体在进行外部表征的心理旋转操作时的准确性更高。客体表征需要个体想象自己以观察者视角操作物体旋转，因此反应时和正确率分别代表了空间物体操作的速度以及准确性。有研究发现在不限时的情况下，女性与男性之间的心理旋转成绩差异消失，可能说明了不同性别个体在进行空间操作时的速度准确性权衡不同，即女性更加倾向于保证准确性。就客体表征的抽象图形而言，研究未能发现性别之间的差异可能有两个原因：①研究被试为年龄在12~15岁的青少年，其心理旋转能力可能正在迅速发展，因此横断性的测试可能很难概括这个年龄阶段的心理旋转的性别差异。②该年龄段的青少年正在进行初中教育，他们的日常学习中涉及较多关于图形转换的几何方面的知识，因而男生和女生具有较为相似的抽象图像的空间学习经验，使得组别差异并不显著。最后，针对主体表征心理旋转，研究也未能发现性别之间的差异。就正确率而言，由于主体表征任务相对更加简单，因此出现了组别和性别间的天花板效应，所有被试的正确率都在98%以上。观察反应时、感知和旋转阶段绩效发现，运动员的成绩显著优于非运动员。

综上，随着年龄的增长，个体的空间认知能力可能在不同年龄段内出现不同速度的发展，而本研究只提供了青少年被试的样本。因此，未来研究可以更多地从纵向角度去发掘多种训练方式，特别是体育运动干预对不同性别个体在连续化的年龄发展过程中的心理旋转能力变化。

（5）小结

结果发现在客体表征抽象图形任务中，男性运动员的刺激感知速度更快。在人体图形任务中，女性的正确率显著高于男性，说明女性个体在进行外部表征的心理旋转操作时的准确性更高，但是在主体表征方面未发现性别差异。

2. 年龄

（1）前言

研究表明，青少年的认知能力的发展存在一个或多个敏感期，而在成年之后，认知能力也会随着年龄的增加而出现下降的趋势。虽然研究发现，具有特定项目的运动经验的成年人的心理旋转能力显著优于无运动经验者。但是针对运动经验影响心理旋转能力的研究发现，现有研究被试的年龄从17岁到59岁不等，但这些研究不仅没有对这些被试进行年龄分组，也缺少17岁以下的青少年被试[117]。因此，本土研究可以通过对这些从很小年龄（早至3岁）就开始从事专业体育运动，并在十几岁就获得世界级名次的运动员进行心理旋转能力考察。综上所述，本研究试图通过对比不同年龄组（青少年组和成年组）的跳水运动员和非运动员，观察在专项训练的不同时期，年龄对心理旋转的性别差异的影响过程。

（2）方法

实验被试

20名被试参与了实验，所有被试均为跳水运动员，12名男性和8名女性（年龄17.82±5.50岁），来自上海跳水队，训练年限为7~10年，每周训练时间为30小时左右，所有队员都在接受初中至大学教育。实验被试在实验前签署知情同意书，在实验后获得礼品。

实验材料和程序都与上文性别对跳水运动员与非运动员的心理旋转能力影响的实验相同。

数据统计与分析

为避免多因素交互作用对实验效应的覆盖，3个实验条件独立完成分析。在每种实验条件下，统计分有两部分：①反应时和正确率分析。②阶段绩效分析。根据Jansen和Just对心理旋转阶段的测量方式[69, 70]，将刺激材料未旋转时（即旋转0°）的反应时作为感知阶段的评价指标，单位为毫秒（ms），将旋转速度作为旋转阶段的评价指标，旋转速度是每个角度下的角度与反应时的比值的平均数，计算公式为：旋转速度=$(\frac{30}{RT_{30°}}+\frac{60}{RT_{60°}}+\frac{90}{RT_{90°}}+\frac{120}{RT_{120°}}+\frac{150}{RT_{150°}}+\frac{180}{RT_{180°}})\div6$，单位为度每秒（°/s）。以上计算仅使用正确的试次进行。本实验中的年龄是连续变量，因此使用Pearson相关分析分别进行年龄与反应时、正确率、感知阶段反应时和旋转速度进行分析，试图考察丰富运动经验者随着年龄的增长，其心理旋转能力的改变。

（3）结果

1）客体表征抽象图形

反应时

针对反应时的研究结果显示，年龄与反应时之间的相关关系不显著（$r=-0.188$，$p=0.427$），说明随着年龄的增长运动员对于抽象图形的客体表征速度没有明显改变（图3-54）。

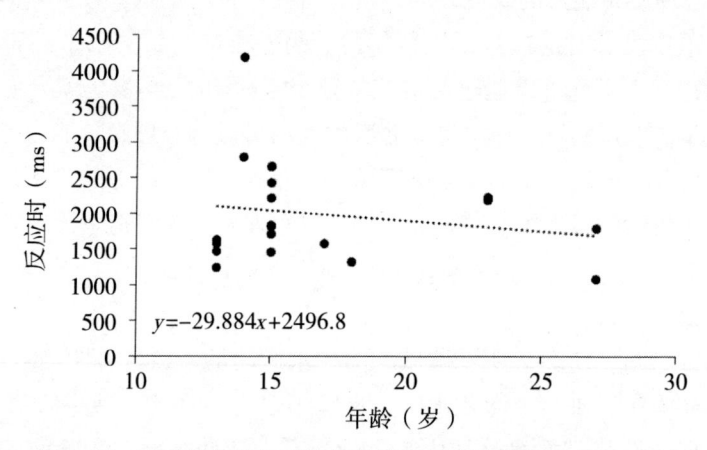

图3-54 运动员年龄与客体抽象表征反应时的关系（$M\pm SE$）

正确率

通过分析正确率指标发现，年龄与正确率之间的相关关系不显著（$r=-0.147$，$p=0.538$），说明随着年龄的增长运动员对于抽象图形的客体表征准确性没有明显改变（图3-55）。

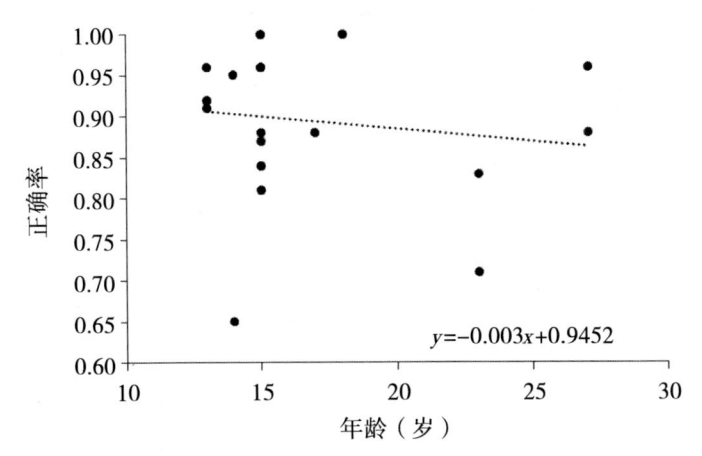

图3-55　运动员年龄与客体抽象表征正确率的关系（$M \pm SE$）

感知阶段

通过分析个体在刺激未旋转时的反应时，发现年龄与感知阶段绩效之间的相关系数$r=-0.072$，显著性$p=0.764$，说明个体在客体抽象图形的表征感知速度没有受到年龄的影响（图3-56）。

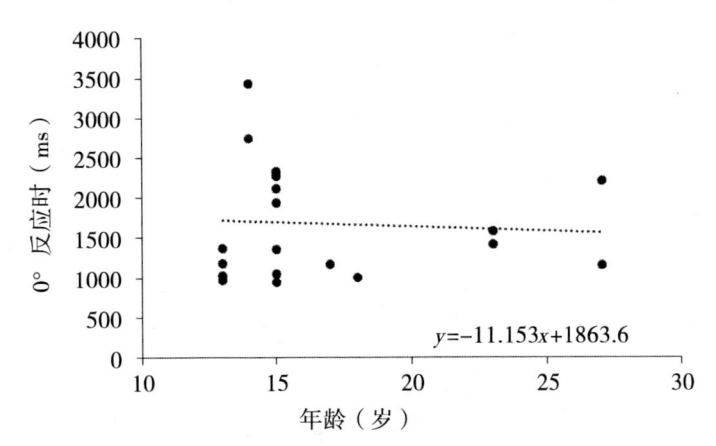

图3-56　运动员年龄与客体抽象表征感知阶段绩效的关系（$M \pm SE$）

旋转阶段

通过分析个体在客体抽象表征的旋转速度，发现年龄与感知阶段绩效之间的相关系数$r=0.229$，显著性$p=0.332$，说明个体在客体抽象图形的表征旋转速度受年龄影响不显著（图3-57）。

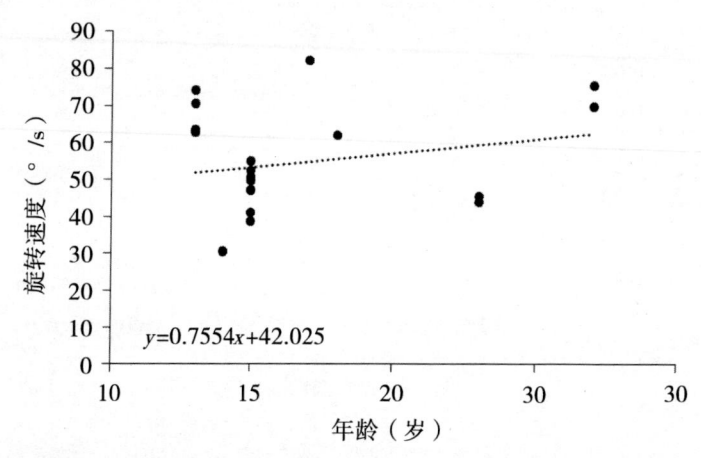

图3-57 运动员年龄与客体抽象表征旋转速度的关系（$M±SE$）

2）客体表征人体图形

反应时

针对反应时的研究结果显示，年龄与反应时之间的相关关系不显著（$r=-0.075$，$p=0.752$），说明随着年龄的增长运动员对于人体图形的客体表征速度没有明显改变（图3-58）。

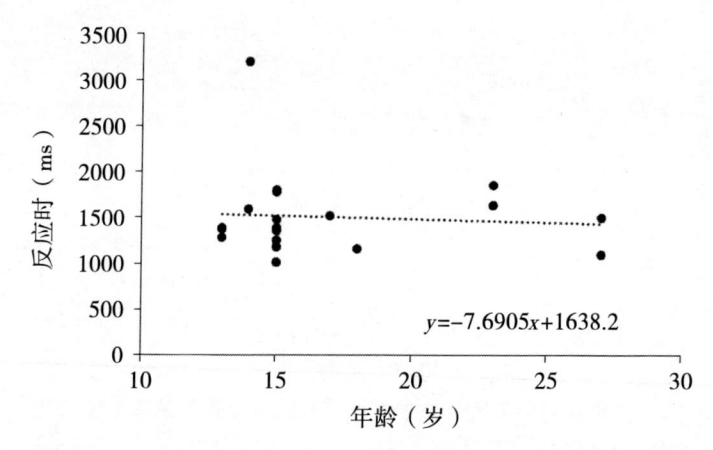

图3-58 运动员年龄与客体人体表征反应时的关系（$M±SE$）

正确率

通过分析正确率指标发现，年龄与正确率之间的相关关系不显著（$r=0.321$，$p=0.168$），说明随着年龄的增长运动员对于人体图形的客体表征准确性没有明显改变（图3-59）。

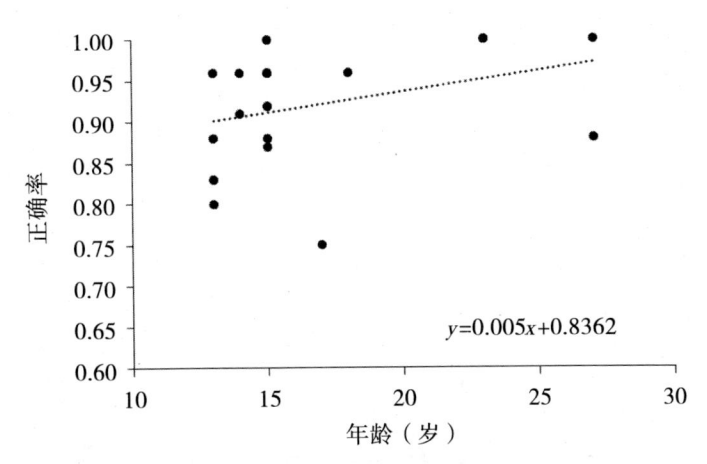

图3-59　运动员年龄与客体人体表征正确率的关系（$M \pm SE$）

感知阶段

通过分析个体在刺激未旋转时的反应时，发现年龄与感知阶段绩效之间的相关系数$r=-0.129$，显著性$p=0.589$，说明个体在客体人体图形的表征感知速度没有受到年龄的影响（图3-60）。

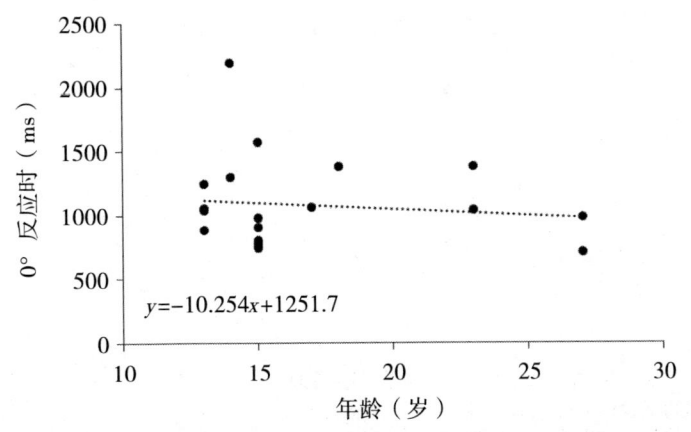

图3-60　运动员年龄与客体人体表征感知阶段绩效的关系（$M \pm SE$）

旋转阶段

通过分析个体在客体人体表征的旋转速度，发现年龄与感知阶段绩效之间的相关系数$r=-0.057$，显著性$p=0.813$，说明个体在客体人体图形的表征旋转速度受年龄影响不显著（图3-61）。

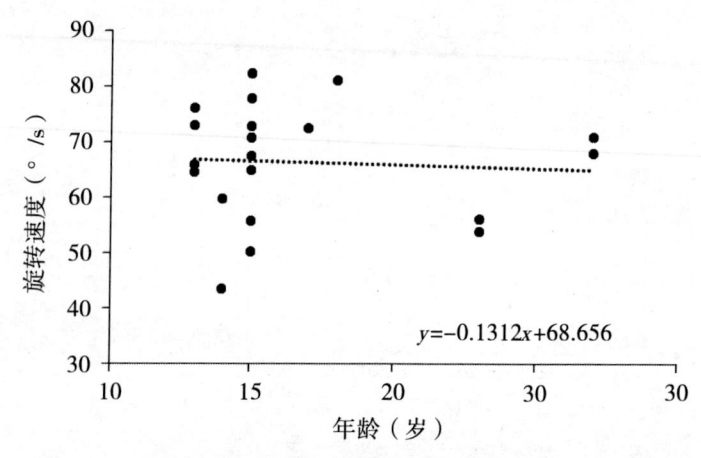

图3-61 运动员年龄与客体人体表征旋转速度的关系（$M±SE$）

3）主体表征

反应时

针对反应时的研究结果显示，年龄与反应时之间的相关关系不显著（$r=-0.352$，$p=0.128$）。然而，根据散点图可见，运动员个体表现出随着年龄增加，其主体表征心理旋转任务的反应时缩短的趋势（图3-62）。

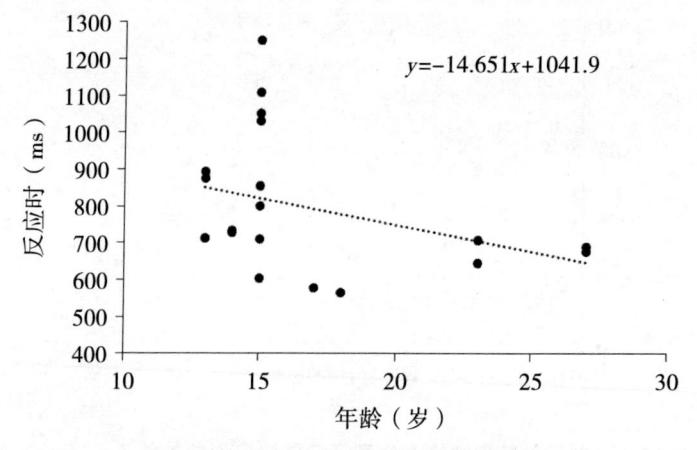

图3-62 运动员年龄与主体表征反应时的关系（$M±SE$）

正确率

根据对主体表征的个体正确率进行分析,发现年龄与正确率之间的边缘显著相关关系($r=0.397$,$p=0.083$)。具体趋势表现为,运动员以第一视角操作心理旋转的准确程度随着年龄的增加而逐渐增加(图3-63)。

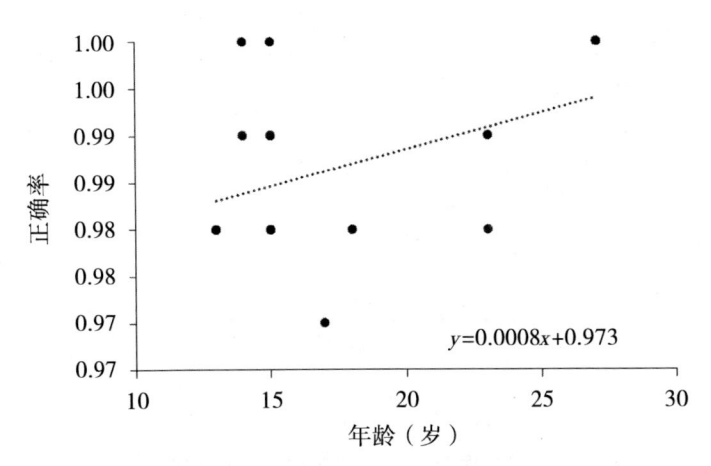

图3-63　运动员年龄与主体表征正确率的关系($M±SE$)

感知阶段

通过分析个体在刺激未旋转时的反应时,发现年龄与感知阶段绩效之间的相关系数$r=-0.214$,显著性$p=0.366$,说明个体在主体表征感知速度没有受到年龄的影响(图3-64)。

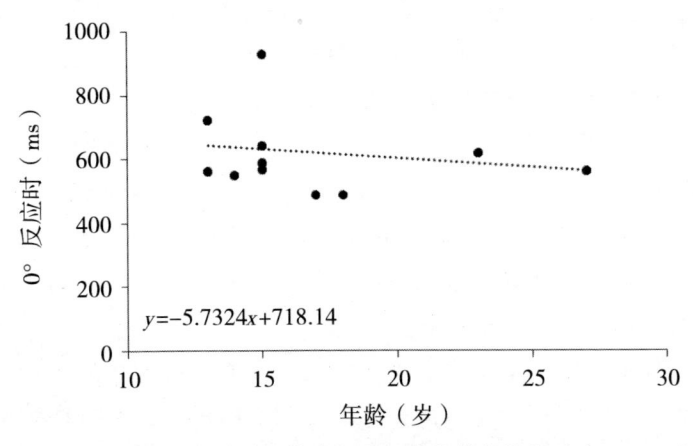

图3-64　运动员年龄与主体表征感知阶段绩效的关系($M±SE$)

旋转阶段

根据对主体表征的个体旋转阶段绩效进行分析，发现年龄与旋转速度之间的边缘显著相关关系（$r=0.386$，$p=0.093$）。具体表现为，随着年龄的增加，运动员进行主体心理表征旋转操作的速度逐渐增加（图3-65）。

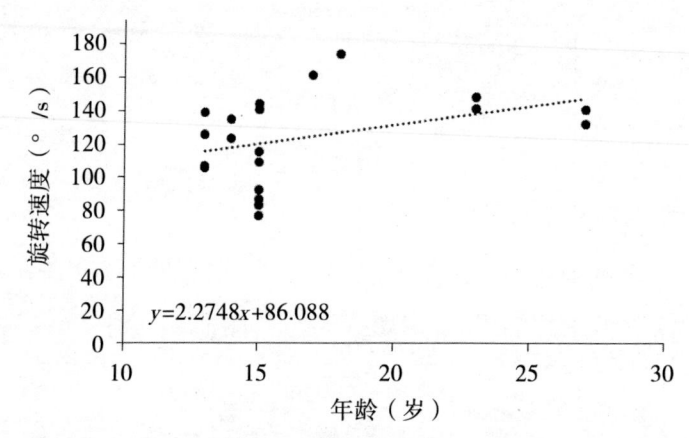

图3-65　运动员年龄与主体表征旋转速度的关系（$M±SE$）

（4）讨论

一项元分析梳理了针对运动经验影响心理旋转能力的研究，发现当前研究缺少17岁以下的青少年被试，研究认为，原因在于高水平运动员的成长、成材需要经年累月地积累经验，因此儿童或青少年成为运动专家的可能较小。在这一前提下，这一部分研究通过调查20名13～27岁优秀的跳水运动员在不同表征方式下的心理旋转能力，试图揭示年龄与空间能力发展的关系。结果证实了随着年龄的增长，运动员心理旋转能力也逐渐增加，但主要表现在主体表征（即想象自己在空间中进行身体旋转）方面。

首先，主体表征心理旋转能力随着运动员年龄的增长而增加，是可以通过前人研究进行推测的。研究发现，随着包含空间操作的运动经验的积累，运动员的心理旋转能力，尤其是主体心理旋转能力较新手、非运动员或是其他非空间性项目专家更强。一般意义上而言，年龄的增长势必引起运动经验的逐步积累，因而使得运动员主体心理旋转能力随之提升。在本研究中，年龄为运动员心理旋转能力带来的优势主要表现为正确率的提升，说明年龄较长的运动员能够在保持反应时的基础上增加心理表征操作的准确程度。阶段绩效提示，随着年龄增长，运动员还能够提升心理旋转操作的内部表征速度。究其原因，可能是由于高年龄运动员的工作记忆储备能力增强，以及认知加工速度提升所致。

（5）小结

结果发现在主体表征中，随着年龄的增长，运动员心理旋转能力也逐渐增加，具体表现为其在想象自己在空间中进行身体旋转的速度和准确性得到提升。在这一年龄优势未出现在客体表征心理旋转过程中。

3. 运动成绩

（1）前言

前人研究发现，同一运动项目中的专家运动员比新手运动员的空间能力更佳，并常用"专家—新手"范式去阐述这种差异。对于运动水平的区分，最常用的做法是根据运动员的运动等级进行评定。然而，受到等级评定时间较长、办理较为滞后等因素的影响，运动等级通常不能及时反映运动员的最高水平。因此，本研究选取运动成绩变量进行心理旋转能力考察。运动成绩通常能够代表运动员个人短期最高水平，本研究根据运动成绩将运动员分为3组：①国际级组：个人最好成绩为国际比赛前八名；②国家级组：个人最好成绩为国家级比赛前八名；③省级组：个人最好成绩为省级比赛前八名。

（2）方法

实验被试

20名被试参与了实验，所有被试均为跳水运动员，12名男性和8名女性（年龄17.82 ± 5.50岁），来自上海跳水队，训练年限为7～10年，每周训练时间为30小时左右，所有队员都在接受初中至大学教育。实验被试在实验前签署知情同意书，在实验后获得礼品。

实验材料和程序都与第三章第四节的实验相同。

数据统计与分析

为避免多因素交互作用对实验效应的覆盖，3个实验条件独立完成分析。在每种实验条件下，统计分有两部分：①反应时和正确率分析。②阶段绩效分析。根据Jansen和Just对心理旋转阶段的测量方式[69, 70]。使用单因素方差分析（ANOVA），分别对反应时、正确率、感知阶段反应时和旋转速度进行分析，因素为运动水平（省级组、国家级组、国际级组）。

（3）结果

1）客体表征抽象图形

反应时

针对客体表征抽象图形的反应时分析发现，最好运动成绩的主效应不显著[$F(2,17)=1.150$，$p=0.340$，$\eta_p^2=0.119$]，个人最好成绩的运动员组在表征方块图形的任务中反应时较为接近（省级组：1595.12±285.54ms，国家级组：2211.97±862.26ms，国际级组：1904.21±572.34ms）（图3-66）。

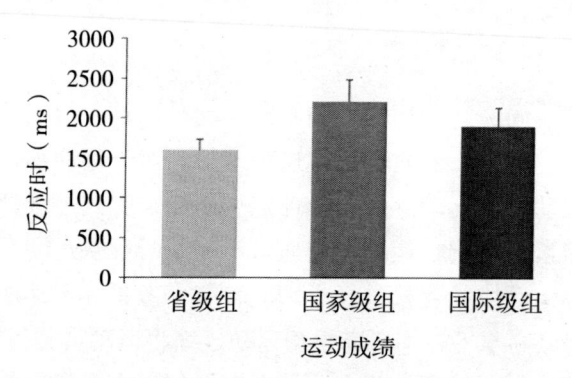

图3-66 不同运动最好成绩的跳水运动员在客体抽象表征心理旋转反应时（$M±SE$）

正确率

通过分析三组被试的正确率，未发现组别的主效应差异[$F(2,17)=0.657$，$p=0.531$，$\eta_p^2=0.072$]，但是针对图3-67中趋势而言，表现出一种随着最好成绩提升，正确率逐渐下降的趋势（省级组：0.93±0.05，国家级组：0.89±0.09，国际级组：0.86±0.10）。结合反应时指标来看，省级组的反应时较短，且正确率较高；国际级组在反应时—正确率的权衡上较为均衡。

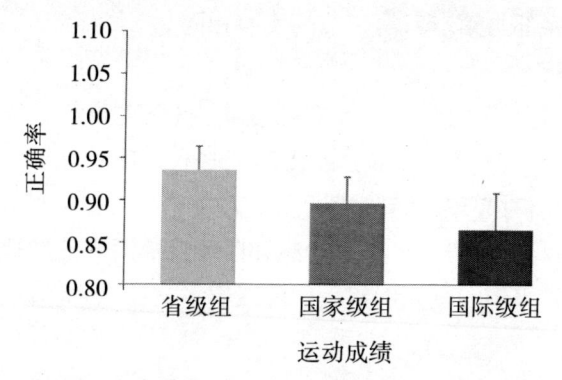

图3-67 不同运动最好成绩的跳水运动员在客体抽象表征心理旋转正确率（$M±SE$）

感知阶段

通过分析感知阶段绩效，发现组别主效应不显著[$F(2, 17)=1.780$, $p=0.199$, $\eta_p^2=0.173$]。但从图3-68中可以明显看出，省级组（省级组：1109.25±193.26ms）被试的0°反应时短于另外两组（国家级组：1831.62±846.17ms，国际级组：1797.08±480.59ms），这一结果也与整体反应时趋势较为一致。

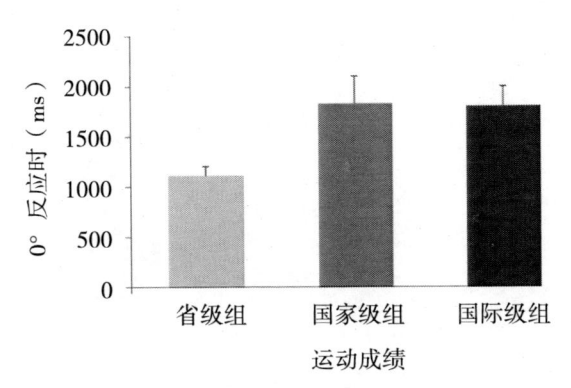

图3-68 不同运动最好成绩的跳水运动员在客体抽象表征心理旋转感知阶段绩效（$M±SE$）

旋转阶段

研究进一步比较了不同运动成绩的被试在客体抽象图形的旋转阶段的绩效，发现组间差异不显著[$F(2, 17)=0.969$, $p=0.399$, $\eta_p^2=0.102$]，相对趋势而言，省级组的旋转速度最快（62.65±11.57°/s），国际级组次之（50.62±16.68°/s），国家级组最慢（56.12±13.23°/s）（图3-69）。

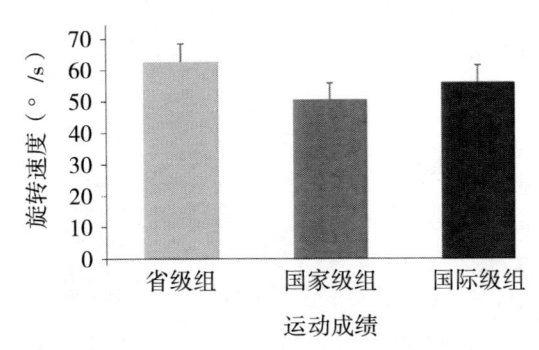

图3-69 不同运动最好成绩的跳水运动员在客体抽象表征心理旋转速度（$M±SE$）

2）客体表征人体图形

反应时

针对以跳水转体动作为人体图形刺激的客体心理旋转任务绩效的分析发现，反应时的组间差异不显著 [$F(2, 17)=0.654$, $p=0.553$, $\eta_p^2=0.071$]，说明不同运动成绩的个体在客体表征人体图形的心理旋转的反应速度上没有差异（省级组：1318.14±96.15ms，国家级组：1619.69±609.50ms，国际级组：1453.07±268.83ms）（图3-70）。

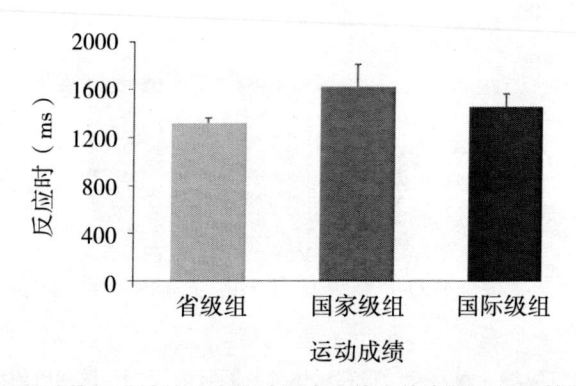

图3-70 不同运动最好成绩的跳水运动员在客体人体表征心理旋转反应时（$M±SE$）

正确率

针对正确率的分析得到与前面抽象图形相反的结果，统计发现组间差异边缘显著 [$F(2, 17)=3.169$, $p=0.068$, $\eta_p^2=0.272$]。事后分析发现，国际级组（0.97±0.05）被试在人体图形心理旋转的正确率显著高于省级组（0.86±0.06，$p=0.071$），国家级组（0.91±0.06）与其余两组差异不显著（图3-71）。

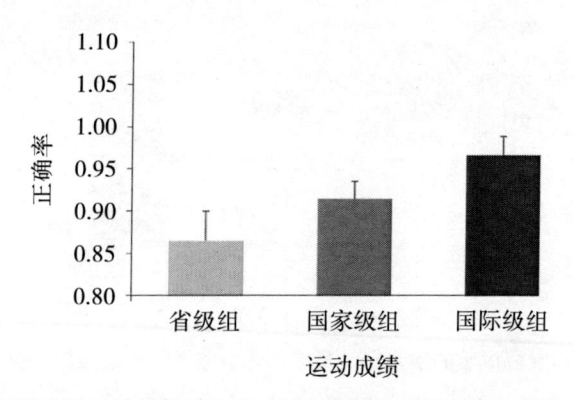

图3-71 不同运动最好成绩的跳水运动员在客体人体表征心理旋转正确率（$M±SE$）

感知阶段

通过分析感知阶段绩效，发现组别主效应不显著［$F(2，17)=1.579$，$p=0.235$，$\eta_p^2=0.157$］。但从图3-72中可以明显看出，省级组（省级组：947.25±128.99ms）被试的0°反应时相对较短，另外两组则较为接近（国家级组：1218.42±434.01ms，国际级组：937.62±253.28ms）。

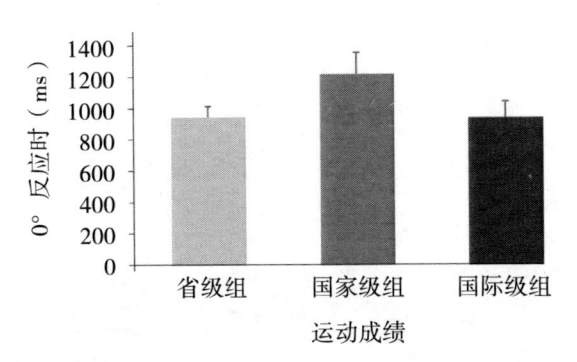

图3-72 不同运动最好成绩的跳水运动员在客体人体表征心理旋转感知阶段绩效（$M±SE$）

旋转阶段

研究进一步比较了不同运动成绩的被试在旋转阶段的绩效，发现组间差异不显著［$F(2，17)=0.598$，$p=0.561$，$\eta_p^2=0.066$］，相对趋势而言，省级组的旋转速度最快（71.59±5.50°/s），国家级组（65.56±13.06°/s）和国际级组（64.52±7.84°/s）较为接近（图3-73）。

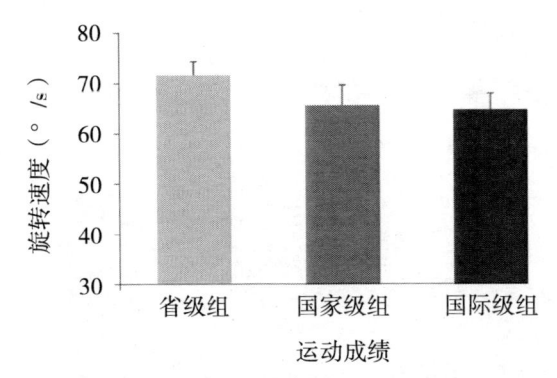

图3-73 不同运动最好成绩的跳水运动员在客体人体表征心理旋转速度（$M±SE$）

3）主体表征

反应时

针对主体心理旋转任务绩效的分析发现，反应时的组间差异不显著 [$F(2, 17)=0.654$, $p=0.553$, $\eta_p^2=0.071$]，说明不同运动成绩的个体在反应速度上没有差异（省级组：700.53±138.47ms，国家级组：804.61±218.54ms，国际级组：800.21±1870.55ms）（图3-74）。

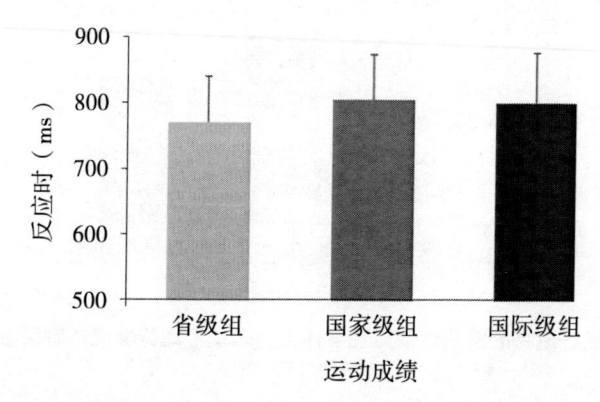

图3-74 不同运动最好成绩的跳水运动员主体心理旋转反应时（$M±SE$）

正确率

针对正确率的分析发现组别主效应不显著 [$F(2, 17)=0.994$, $p=0.390$, $\eta_p^2=0.105$]，三组在心理旋转的判断准确性上较为接近（省级组：0.98±0.005，国家级组：0.99±0.009，国际级组：0.99±0.008）（图3-75）。

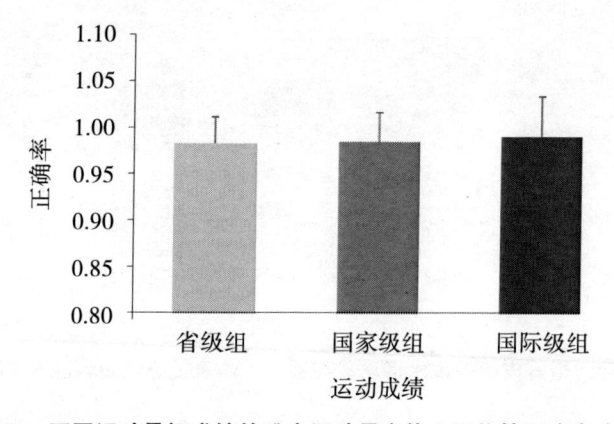

图3-75 不同运动最好成绩的跳水运动员主体心理旋转正确率（$M±SE$）

感知阶段

通过分析感知阶段绩效，发现组别主效应不显著 [$F(2, 17)=0.102$，$p=0.904$，$\eta_p^2=0.012$]。但从图3-76中可以看出，反应时从高到低依次为省级组（643.81±88.12ms）、国家级组（622.65±164.84ms）和国际级组（606.79±37.16 ms）。

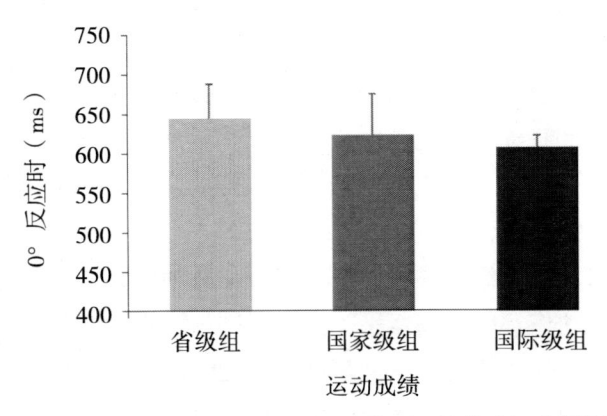

图3-76 不同运动最好成绩的跳水运动员主体心理旋转感知阶段绩效（$M \pm SE$）

旋转阶段

研究进一步比较了不同运动成绩的被试在主体心理旋转的旋转阶段绩效，发现组间差异不显著 [$F(2, 17)=0.002$，$p=0.998$，$\eta_p^2=0.000$]，三组被试的旋转速度非常接近（省级组：124.24±21.04°/s，国家级组：124.49±30.68°/s，国际级组：123.64±26.83°/s）（图3-77）。

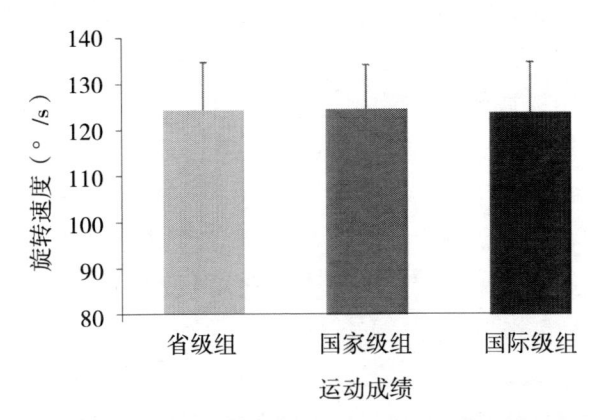

图3-77 不同运动最好成绩的跳水运动员主体心理旋转速度（$M \pm SE$）

（4）讨论

本研究通过最好成绩设置了省级组、国家级组和国际级组，以比较不同运动成绩的跳水运动员在两种表征方式的心理旋转任务中的表现。结果显示，运动成绩不同的个体在客体抽象和人体图形，以及主体表征中的表现差异均不相同。首先，针对抽象图形客体任务的分析发现，不论是正确率、反应时或阶段绩效，都不存在显著组间差异，只是在正确率的表现方面，显示出随着最好成绩提升，正确率逐渐下降的趋势。究其原因可能与熟悉程度相关，随着运动成绩的提升，运动员的专业化程度逐渐增加，在他们的身体旋转执行过程中更多的是动作自动化效应，因而与主动执行和操作那些抽象图形的关系不大密切。其次，在人体图形心理旋转的任务中，结果发现组间差异边缘显著，表现为国际级组在人体图形心理旋转的正确率显著高于省级组，但国家级组与其余两组差异不显著。由于任务中的人体图形是与跳水运动专项相关的转体动作，因此高水平（国际级别）跳水运动员对动作更加熟悉，对动作的转换和操作能力更强。最后，在主体表征方面，虽然组间差异均不显著，但就感知阶段的绩效而言，表现出随着运动成绩的运动成绩的增长，反应时逐渐缩短的趋势，说明运动成绩的提升对个体主体心理旋转的刺激感知效率有积极影响。

整体而言，结果显示运动成绩与心理旋转能力之间的关系并非特别密切，这与前人研究并不一致。原因可能有二：第一，研究选取的运动员数量较少，从效应量来看，可以在未来研究中进一步扩大。第二，运动成绩是反应运动员个体最高水平短期评价指标，但从运动经验的积累角度来说，并非成绩好的运动员经验积累就一定会比成绩普通的运动员多，也存在先天因素的影响，例如，有天赋的运动员通过积累相对较少的运动经验和训练时间，就能够在国际比赛中取得名次。因此，与训练相关的另一指标——训练年限可能会成为评价运动员专家水平与心理旋转能力之间的关键因素。运动干预训练常用训练时间来考察个体活动经验积累的量。在运动领域中，针对运动等级或最好成绩进行运动员分类或许不能较好地对应训练积累的量的概念。因此，通过比较训练年限来考察运动员认知能力的改变，可能能够为心理旋转的专家优势研究提供新的分组方式参考。

（5）小结

人体图形客体心理旋转的结果发现，组间差异边缘显著，国际级组在人体图形心理旋转的正确率显著高于省级组，但国家级组与其余两组差异不显著。说明运动成绩的提升对个体心理旋转的操作准确性有积极影响。

（二）任务因素

一项元分析研究显示，任务类型是影响个体心理旋转成绩的重要因素。具身认知主张，认知能力是在身体与环境的互动之中得到发展的，因此，在空间能力测试中，任务特征是否与运动员在实际训练情境的经验相一致，可能直接影响到他们的心理旋转成绩，进而左右研究者对于运动专长和心理旋转关系的研究结论。前人研究显示，运动经验"选择性地影响"个体的心理旋转能力，因此，我们希望对心理旋转任务中刺激的旋转方向、刺激的自身方向，以及认知测试中常见的练习效应做以下分析，以剖析不同的心理旋转任务因素对不同运动成绩个体的影响。

1. 旋转方向

（1）前言

心理旋转的方向通常被认为与身体运动方向密切相关，一致的方向能够促进心理旋转加工效率，反之则不会促进，甚至是阻碍加工过程。Wohlschläger等的实验发现，与任务要求方向一致的手部运动能够提高心理旋转成绩[38]，而运动障碍者的手部心理旋转任务绩效显著低于健康人[8,30]。运动领域的研究发现，体操运动员在惯用旋转方向上的心理旋转绩效更好。针对跳水运动员而言，他们也具备转体动作的惯用旋转方向，因此我们假设，跳水运动员在其惯用旋转方向上的成绩比非惯用方向更好，且显著优于非运动员。

（2）方法

实验被试

44名被试参与了实验，其中包括22名跳水运动员，14名男性和8名女性（年龄14.81±2.50岁）；22名非运动员，14名男性和8名女性（年龄13.18±0.39岁）。两组被试年龄无显著差异[$F(1, 42)=1.105$, $p=0.371$, $\eta_p^2=0.019$]。运动员组是来自上海跳水队的跳水运动员，训练年限为7~10年，每周训练时间为30小时左右，所有队员都在接受初中教育。非运动员是从河南省郑州市招募来的初中二年级学生，他们从未参加过专业体育运动训练。由于实验被试是未成年人，经被试本人及其家长同意后，知情同意书由被试家长授权给教练员和班主任签署，被试在实验后获得礼品。

实验材料

为考察旋转方向对不同运动经验个体在主体和客体心理表征的人体和方块图形任务中的绩效，本实验综合前面研究设计，包括了3个独立部分的实验材料：

1）客体表征（方块图形）心理旋转实验任务材料

实验使用二维方块图像客体心理旋转（Objected-based Cube，OC）任务进行，每次向被试呈现两幅二维黑白方块图形，左图为参考图，右图为参考图经过旋转后的图形（即两图相同）或其镜像（即两图不同），被试需要判断两图是否相同。图形在水平面内分别进行顺时针或逆时针旋转，旋转角度为0°、30°、60°、90°、120°、150°或180°（图3-78）。

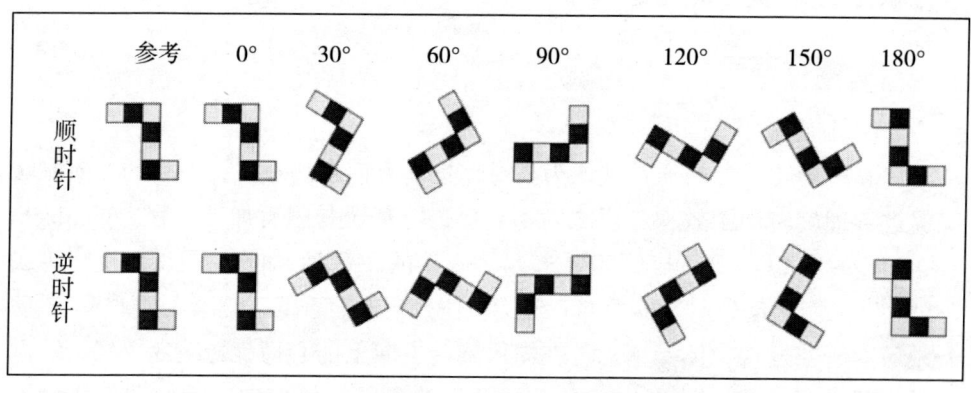

图3-78 客体表征（方块图形）实验任务刺激

2）客体表征（人体图形）心理旋转实验任务材料

实验使用人体图像客体表征（Objected-based transformations，OT）心理旋转任务进行。在实验中，每次向被试呈现两幅人体图形，左图为参考图，右图为参考图经过旋转后的图形（即两图相同）或其镜像（即两图不同），被试需要判断两图是否相同。人体图形内容为背面的跳水转体动作，即左侧或右侧手臂屈肘于头部上方，另一只手臂屈肘于腹部。图形在水平面内分别进行顺时针或逆时针旋转，旋转角度为0°、30°、60°、90°、120°、150°或180°（图3-79）。

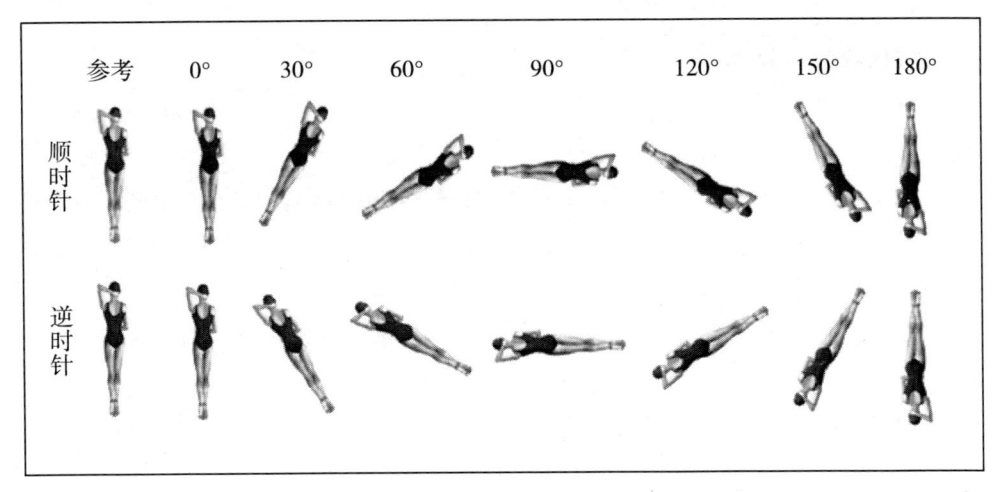

图3-79 客体表征（人体图形）任务刺激（© QA International，2017. All rights reserved.）

3）主体表征心理旋转实验任务材料

实验使用修订后的人体图像主体表征（Egocentric transformations，ET）心理旋转任务进行。每次只呈现一幅人体图形，图形内容和旋转角度与OT条件相同，被试需要判断图中人屈肘于头部上方的哪一侧手臂（图3-80）。图形在水平面内分别进行顺时针或逆时针旋转，旋转角度为0°、30°、60°、90°、120°、150°或180°。

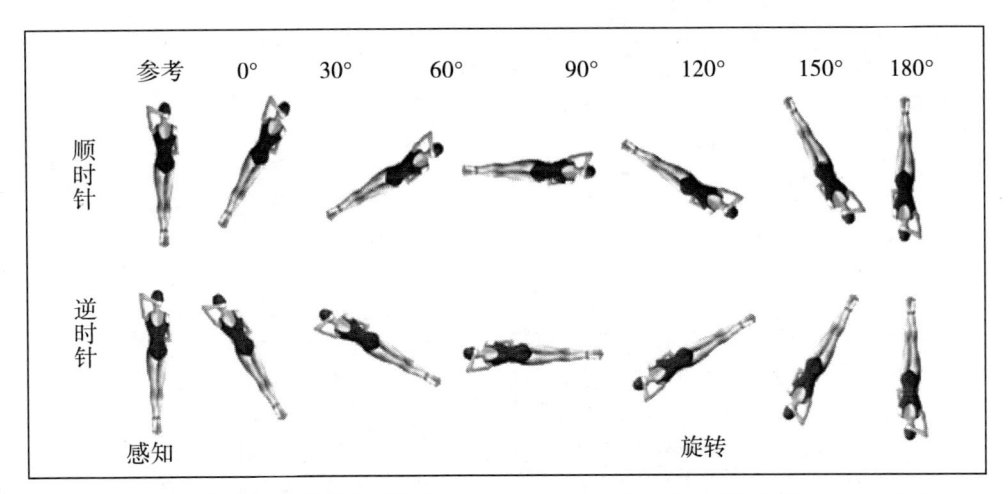

图3-80 主体表征实验任务刺激（© QA International，2017. All rights reserved.）

实验程序与之前实验相同。

数据统计与分析

根据数据，剔除了超过均值3个标准差以及正确率低于0.85的被试（2名运动员）。为避免多因素交互作用对实验效应的覆盖，3个实验条件独立完成分析。在每种实验条件下，分别对反应时和正确率进行统计分析。反应时的计算仅使用正确的试次进行。使用多因素方差分析（ANOVA）分别对反应时、正确率进行分析，组间因素为组别（运动员、非运动员），组内因素为刺激的旋转方向（顺时针、逆时针）。主效应和交互作用的事后检验使用Bonferroni检验。

（3）结果

1）客体表征抽象图形结果

反应时

从反应时的结果分析，研究发现组别主效应显著，但旋转方向及其与组别的交互作用不显著（表3-18），结合图3-81的结果可见，相对而言运动员（顺时针：1988.69 ± 714.88ms，逆时针：2024.89 ± 754.80ms）和非运动员（顺时针：2638.30 ± 1217.93ms，逆时针：2625.61 ± 1169.80ms）在顺时针向上的反应时间比逆时针更短。

表3-18 ANOVA结果

效应	F（df）	p	η_p^2
组别	4.238（1，40）	0.046	0.096
旋转方向	0.037（1，40）	0.848	0.001
组别×旋转方向	0.160（1，40）	0.691	0.004

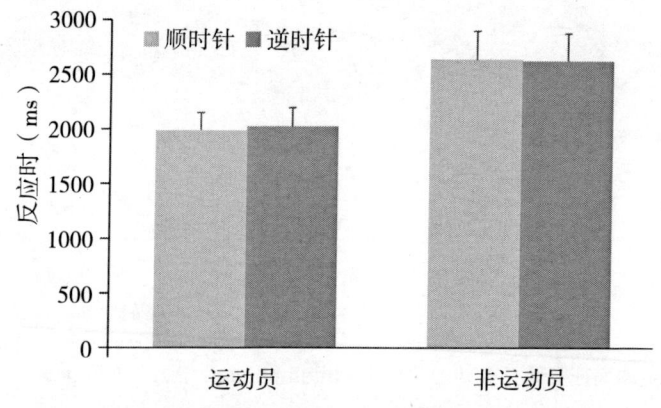

图3-81 跳水运动员和非运动员在不同旋转方向的客体抽象表征心理旋转反应时（$M \pm SE$）

正确率

针对客体表征抽象图形的正确率分析发现，组别和旋转方向的主效应未达显著，但两者的交互作用显著（表3-19）。然而，事后分析发现不同方向上的组间正确率差异都不显著（所有p>0.203）。但通过观察比较图3-82发现，运动员组在两种旋转方向上的正确率较为接近（顺时针：0.89±0.02，逆时针：0.87±0.02），但非运动员的逆时针旋转（0.90±0.03）的正确率明显长于顺时针旋转（0.88±0.03）。

表3-19　ANOVA结果

效应	F（df）	p	η_p^2
组别	0.133（1，40）	0.717	0.003
旋转方向	0.029（1，40）	0.866	0.001
组别×旋转方向	2.898（1，40）	0.096	0.068

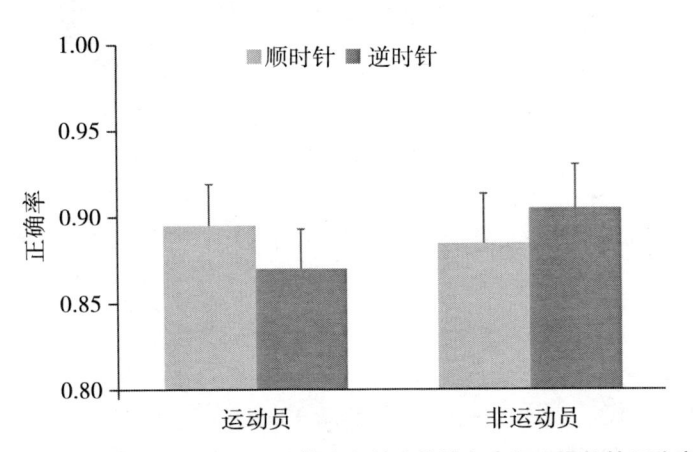

图3-82　跳水运动员和非运动员在不同旋转方向的客体抽象表征心理旋转正确率（$M±SE$）

2）客体表征人体图形结果

反应时

通过分析客体表征人体图形任务的反应时，发现组间差异临界显著，表现为运动员组（1526.36±468.68）比非运动员组的反应时（2007.69±1112.59）更短（表3-20）。但旋转方向及其与组别的交互作用均不显著，说明两组被试在观看逆时针（总：1759.43±944.32ms，运动员：1521.53±510.75ms，非运动员：1975.70±1184.11ms）和顺时针（总：1797.54±839.96ms，运动员：

1531.18 ± 426.60ms，非运动员：2039.67 ± 1041.08ms）旋转的人体图形时的反应时较为接近（图3-83）。

表3-20 ANOVA结果

效应	F（df）	p	η_p^2
组别	3.482（1，40）	0.069	0.080
旋转方向	0.234（1，40）	0.631	0.006
组别×旋转方向	0.128（1，40）	0.723	0.003

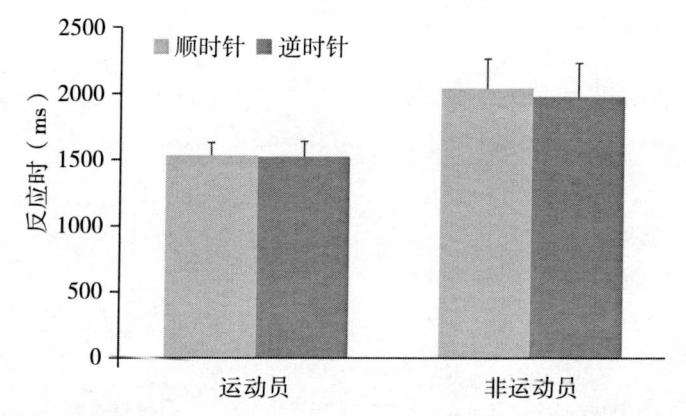

图3-83 跳水运动员和非运动员在不同旋转方向的客体人体表征心理旋转反应时（M±SE）

正确率

通过对正确率的分析，发现组间差异和旋转方向上的差异都显著，量因素交互也不显著（表3-21），说明两组被试在面对客体表征人体图形的旋转准确性方面未表现出顺时针（总：0.92 ± 0.07，运动员：0.90 ± 0.09，非运动员：0.93 ± 0.05）和逆时针（总：0.93 ± 0.07，运动员：0.93 ± 0.06，非运动员：0.93 ± 0.07）方向上的差异（图3-84）。

表3-21 ANOVA结果

效应	F（df）	p	η_p^2
组别	0.695（1，40）	0.409	0.017
旋转方向	1.390（1，40）	0.245	0.034
组别×旋转方向	1.115（1，40）	0.297	0.027

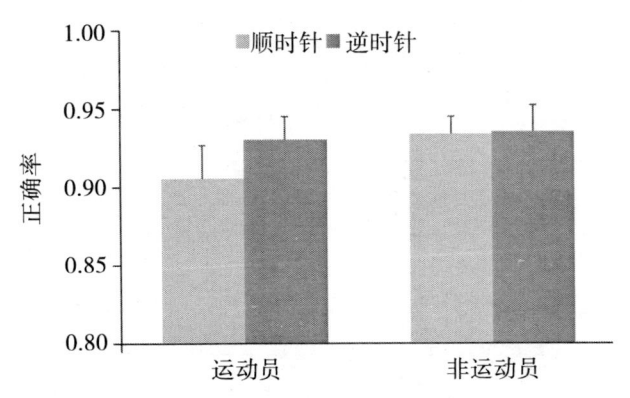

图3-84 跳水运动员和非运动员在不同旋转方向的客体人体表征心理旋转正确率（$M \pm SE$）

3）主体表征结果

反应时

针对主体表征反应时的分析，发现显著的组别主效应（表3-22），表现为运动员（顺时针：768.68 ± 139.37ms，逆时针：767.64 ± 144.52ms）比非运动员（顺时针：1123.08 ± 711.51ms，逆时针：1137.53 ± 603.87ms）的反应时更短。但未见旋转方向及其与组别交互的显著效应，说明在不同方向上两组被试的反应时较为接近（图3-85）。

表3-22 ANOVA结果

效应	F（df）	p	η_p^2
组别	5.848（1，40）	0.020	0.128
旋转方向	0.145（1，40）	0.706	0.004
组别×旋转方向	0.193（1，40）	0.663	0.005

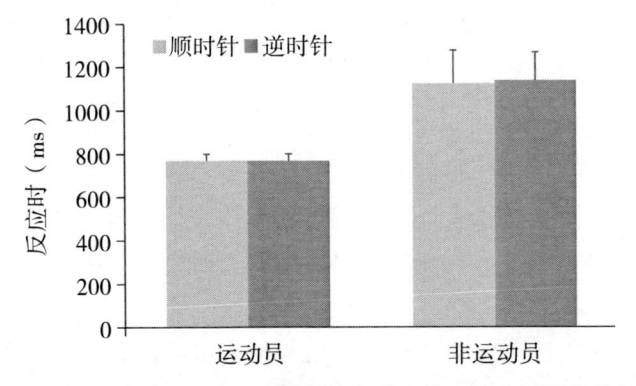

图3-85 跳水运动员和非运动员在不同旋转方向的主体表征心理旋转反应时（$M \pm SE$）

正确率

以组别和旋转方向为因素，进行的主体表征正确率分析发现，组别和旋转方向的主效应，以及两者的交互作用均不显著（表3-23）。但通过观察图3-86发现，相对而言两组被试都有在顺时针方向上（运动员：0.98 ± 0.02，非运动员：0.98 ± 0.02）的正确率比逆时针方向（运动员：0.98 ± 0.02，非运动员：0.97 ± 0.03）更高的趋势。

表3-23　ANOVA结果

效应	F（df）	p	η_p^2
组别	0.693（1，40）	0.410	0.017
旋转方向	1.791（1，40）	0.188	0.043
组别×旋转方向	0.535（1，40）	0.469	0.013

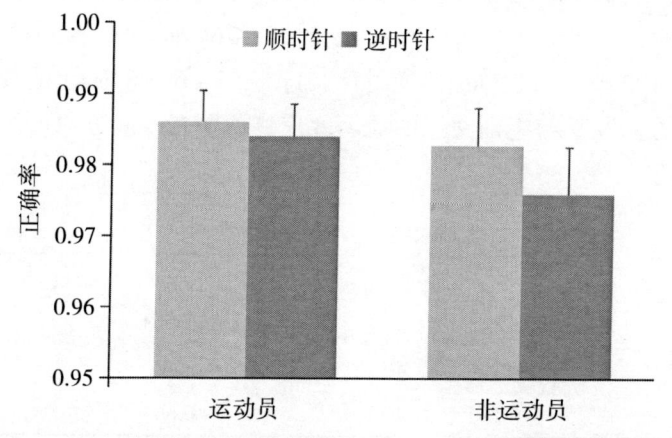

图3-86　跳水运动员和非运动员在不同旋转方向的主体表征心理旋转正确率（$M \pm SE$）

（4）讨论

研究通过设置不同旋转方向的主客体心理旋转刺激特征，比较了运动员组和非运动员组分别在进行顺时针和逆时针旋转的心理表征时的任务绩效。整体而言，结果只发现了在客体表征人体图形和主体表征中运动员的反应时更快，这一结果在前面研究已经得到证实。尽管如此，研究结果表现出一些趋势性的差异，与研究假设不完全一致。

首先，就客体表征心理旋转而言，研究发现运动员和非运动员在顺时针方向上的反应时间比逆时针方向更短，而且非运动员的逆时针旋转的反应时明显长于顺时针旋转。其次，就主体表征而言，两组被试也出现了在顺时针方向上的正确率比逆时针方向更高的略微趋势。这一结果提示，顺时针旋转可能是个体进行心理旋转的优势方向。不仅如此，运动经验似乎能够弥补逆时针旋转的抽象图形在准确率上的劣势，但需要更多研究证据的支持。

针对研究预期的跳水运动员存在某一经验一致性方向上的优势，在研究中未得到验证。从跳水专项的特征而言，运动员在执行技术动作时包含了人体前后轴、上下纵轴和左右横轴三个旋转轴的动作。在训练和比赛中，翻腾动作是只涉及左右横轴的旋转动作，而转体动作通常是在翻腾动作之后连接的以人体前后轴和上下纵轴的旋转为主的动作。运动实践中不同旋转轴是同时作用于跳水动作的执行过程之后，想要单独剥离某一旋转轴的难度较高。因此，虽然本研究使用的是跳水的转体动作考察人体前后轴的旋转，但却与专业跳水运动员的运动经验存在一定差异，可能因此使研究未能发现运动员在不同旋转方向上的差异（图3-87）。

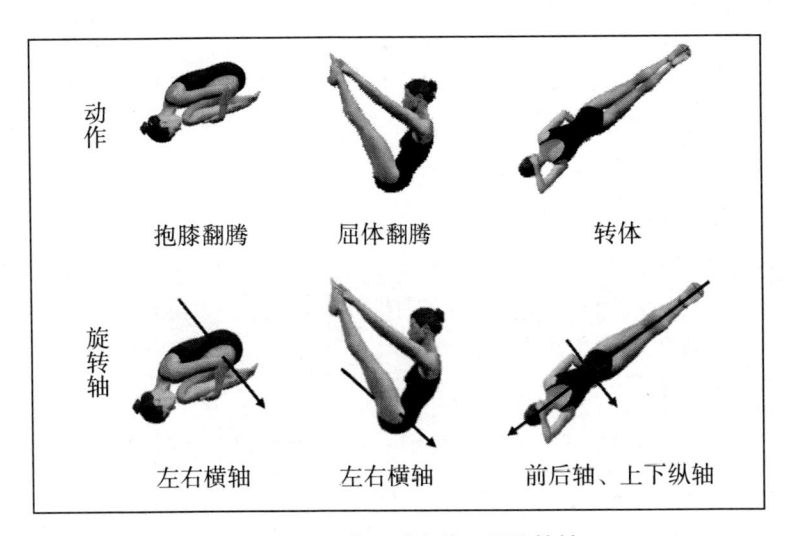

图3-87　跳水运动中的不同旋转轴

在未来的研究中，可以采用空间遮蔽和时间遮蔽的方式，使用一段时间的跳水比赛或训练中的动作视频，或者遮盖视频中的关键动作环节，让运动员和非运动去进行心理旋转的表征，或许能够更详细的考察动作旋转方向对心理旋转成绩的影响。

（5）小结

研究发现，运动员在客体表征人体图形和主体表征中的反应时较非运动员更快，但在进行不同旋转方向的心理表征时的绩效没有显著差异，可能与任务刺激旋转方式与运动员旋转训练经验存在差异所致。

2. 突出旋转部分

（1）前言

通过区分实验任务中使用的不同刺激特征，与运动员训练中的动作特征相比较，能够细致地考察运动经验对心理旋转的空间具身效益。有研究证实，在手部心理旋转任务中乒乓球运动员对自身惯用手的反应时更快，即左手持拍的运动员对左手旋转反应更快，反之亦然。还有研究将手球运动员和足球运动员进行比较，测试他们在手部持球和脚步带球的动作中的心理旋转绩效，结果发现足球运动员对脚步带球动作的反应时显著短于手部持球动作。上述结果提示我们优势侧/肢的运动经验在心理旋转任务中也产生影响。据此，本实验想要验证不同朝向的手柄状图形（客体抽象表征），和跳水转体动作中人体刺激的不同肢侧（左侧和右侧，客体人体图形和主体表征）对运动员和非运动员心理旋转成绩的影响。研究发现，跳水运动员在不同肢侧的绩效存在差异，但非运动员没有这种差异。

（2）方法

实验被试

44名被试参与了实验，其中包括22名跳水运动员，14名男性和8名女性（年龄14.81±2.50岁）；22名非运动员，14名男性和8名女性（年龄13.18±0.39岁）。两组被试年龄无显著差异［$F(1,42)=1.105$，$p=0.371$，$\eta_p^2=0.019$］。运动员组是来自上海跳水队的跳水运动员，训练年限为7~10年，每周训练时间为30小时左右，所有队员都在接受初中教育。非运动员是从河南省郑州市招募来的初中二年级学生，他们从未参加过专业体育运动训练。由于实验被试是未成年人，经被试本人及其家长同意后，知情同意书由被试家长授权给教练员和班主任签署，被试在实验后获得礼品。

实验材料

为考察旋转方向对不同运动经验个体在主体和客体心理表征的人体和方块图形任务中的绩效，本实验综合前面研究设计，包括了3个独立部分的实验材料。

1）客体表征（方块图形）心理旋转实验任务材料

实验使用二维方块图像客体心理旋转（Objected-based Cube，OC）任务进行，每次向被试呈现两幅二维黑白方块图形（图3-88），左图为参考图，右图为参考图经过旋转后的图形（即两图相同）或其镜像（即两图不同），被试需要判断两图是否相同。较长手柄向左和向右的抽象方块图形分别在水平面内进行顺时针旋转，旋转角度为0°、30°、60°、90°、120°、150°或180°。由于抽象图形不存在肢侧的问题，因此实验分析两个因素：一是右侧手柄状方块旋转图形（非参考图形）中较长手柄的朝向，包括手柄向左和手柄向右两个条件；二是以右侧旋转图形为准，将其与左侧参考图形比较，包括一致和不一致两种条件。因此，实验刺激包括四种条件：手柄向左一致；手柄向右一致；手柄向左不一致；手柄向右不一致。

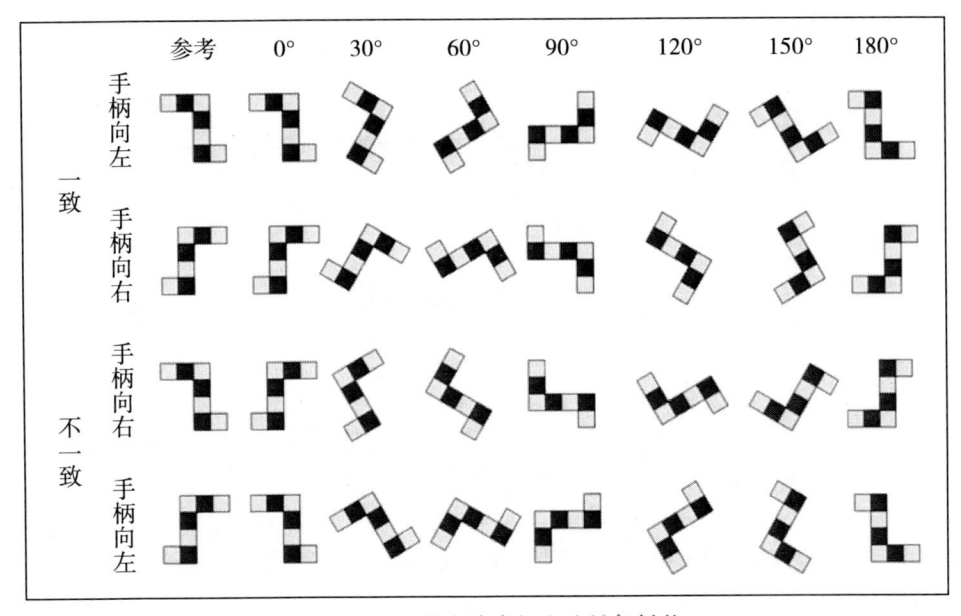

图3-88 客体方块表征实验任务刺激

2）客体表征（人体图形）心理旋转实验任务材料

实验使用人体图像客体表征（Objected-based transformations，OT）心理旋转任务进行。在实验中，每次向被试呈现两幅人体图形（图3-89），左图为参考图，右图为参考图经过旋转后的图形（即两图相同）或其镜像（即两图不同），被试需要判断两图是否相同。人体图形内容为背面的跳水转体动作，即左侧或右侧手臂屈肘于头部上方，另一只手臂屈肘于腹部。图形在水平面内进行顺时针旋转，旋转角度为0°、30°、60°、90°、120°、150°或180°。客体表征人体图形的选择肢侧的确定以右侧的旋转图形中举起的是左臂还是右臂为准。因此，实验分析两个因素：一是人体图形中的右侧旋转图形（非参考图形）中举起手柄的肢侧，包括左臂和右臂两个条件；二是以右侧旋转图形为准，将其与左侧参考图形比较，包括一致和不一致两种条件。因此，实验刺激包括四种条件：左臂一致；右臂一致；左臂不一致；右臂不一致。

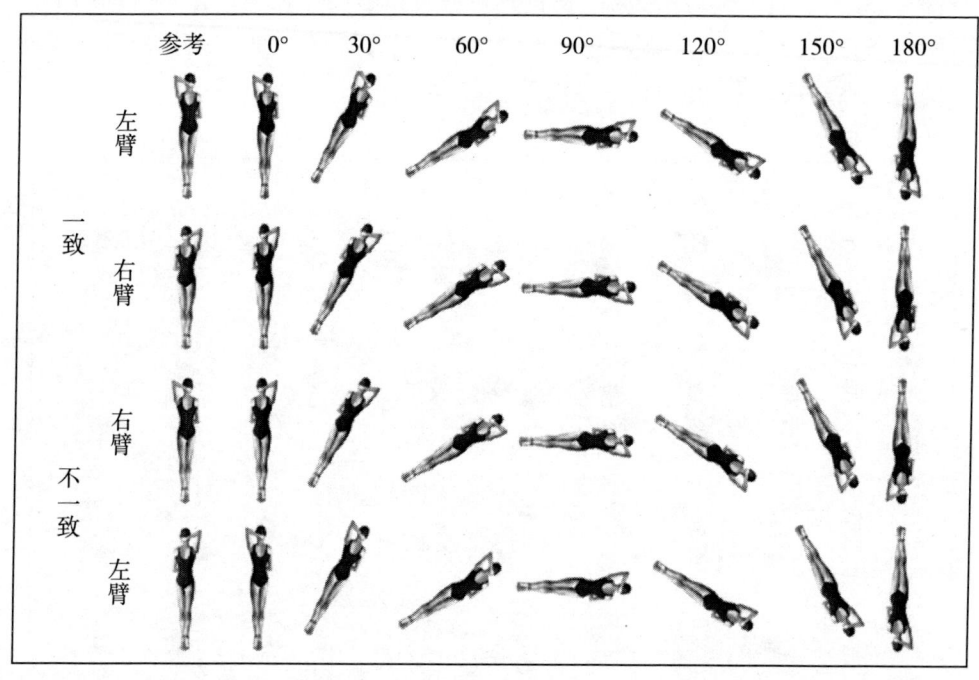

图3-89 客体人体表征实验任务刺激（© QA International，2017. All rights reserved.）

3）主体表征心理旋转实验任务材料

实验使用修订后的人体图像主体表征（Egocentric transformations，ET）心理旋转任务进行。每次只呈现一幅人体图形，图形内容和旋转角度与OT条件相同，被试需要判断图中人屈肘于头部上方的哪一侧手臂（图3-90）。图形在水平面内进行顺时针旋转，旋转角度为0°、30°、60°、90°、120°、150°或180°。实验比较人体图形中的右侧旋转图形（非参考图形）中举起手柄的肢侧，包括左臂和右臂两个条件。

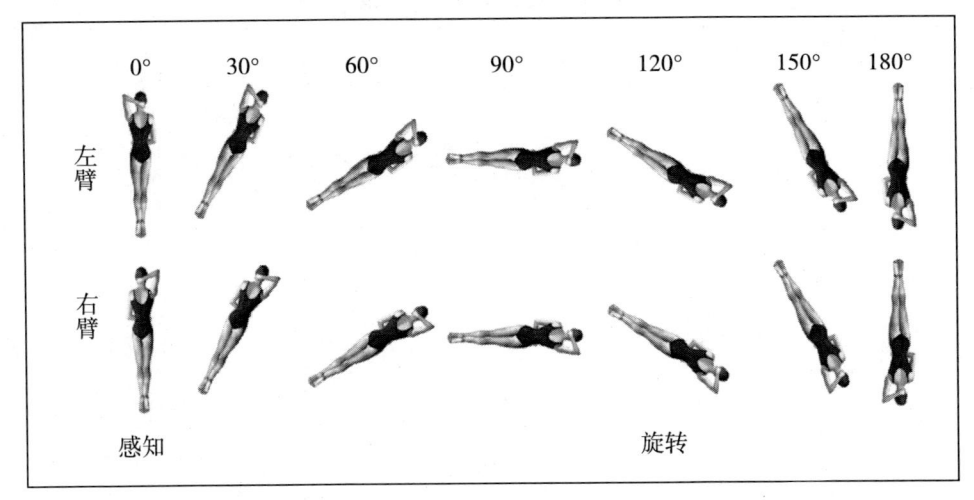

第三章 运动员心理旋转的空间具身效应的实证研究

图3-90 主体表征实验任务刺激（© QA International，2017. All rights reserved.）

实验程序与前面实验相似。

数据统计与分析

根据数据，剔除了超过均值3个标准差以及正确率低于0.85的被试（2名运动员）。为避免多因素交互作用对实验效应的覆盖，3个实验条件独立完成分析。使用多因素方差分析（ANOVA）分别对反应时和正确率的数据进行分析，客体表征的分析中，组间因素为组别（运动员、非运动员），组内因素为刺激图中人举起手臂的肢侧或方块图形中长手柄的朝向（左侧、右侧）和两图形的一致性（一致、不一致）。主体表征的分析中，组间因素为组别（运动员、非运动员），组内因素为刺激图中人举起手臂的肢侧或方块图形中长手柄的朝向（左侧、右侧）。主效应和交互作用的事后检验使用Bonferroni检验。

（3）结果

1）客体表征抽象图形结果

反应时

针对客体表征心理旋转的反应时结果分析得出，两组被试之间的组间差异显著，表现为运动员的反应时较非运动员更短（表3-24、表3-25）。此外，一致性的主效应及其与旋转侧的交互作用均显著，事后分析发现，两组被试在观察手柄向左图形的时候，手柄一致向左的反应时（2102.97 ± 127.56ms）比旋转图向左、参考图向右（2571.63 ± 193.40ms）的反应时更短（$p<0.01$）（图3-91）。

表3-24 描述统计结果

一致性	旋转侧	组别	均值（ms）	标准差（ms）
一致	手柄向左	运动员	1763.36	780.29
		非运动员	2442.60	864.91
		总计	2119.15	884.98
	手柄向右	运动员	1837.34	749.85
		非运动员	2590.24	1067.17
		总计	2231.72	994.34
不一致	手柄向左	运动员	2268.24	824.93
		非运动员	2875.03	1539.50
		总计	2586.08	1274.12
	手柄向右	运动员	2052.87	830.97
		非运动员	2874.68	1954.89
		总计	2483.34	1565.23

表3-25 ANOVA结果

	效应	F（df）	p	η_p^2
组内	旋转侧	0.000（1，40）	0.983	0.000
	一致性	6.730（1，40）	0.013	0.144
	旋转侧×一致性	3.861（1，40）	0.056	0.088
组间	组别	4.968（1，40）	0.031	0.110
	组别×旋转侧	1.085（1，40）	0.304	0.026
	组别×一致性	0.000（1，40）	0.995	0.000
	组别×旋转侧×一致性	0.403（1，40）	0.529	0.010

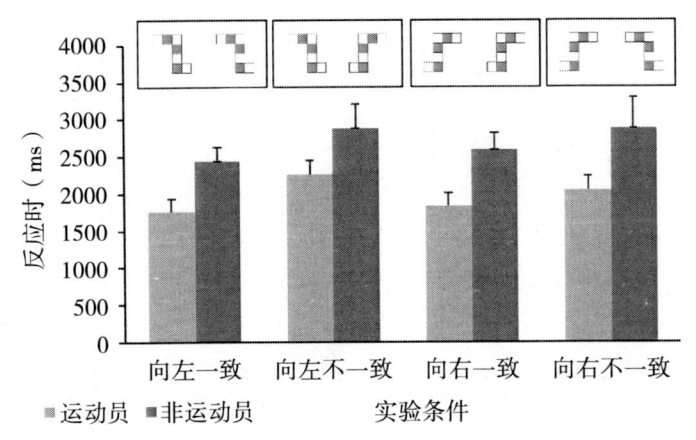

图3-91 跳水运动员和非运动员在不同突出旋转部分的客体抽象表征心理旋转反应时（$M \pm SE$）

正确率

分析正确率的结果发现，虽然组别、旋转侧和一致性的主效应不显著，但旋转侧和一致性的交互作用显著，事后分析发现两组被试在观察一致图形的时候，手柄向左一致的正确率显著高于手柄向右一致的正确率（$p<0.05$）（表3-26、表3-27）。

表3-26 描述统计结果

一致性	旋转侧	组别	均值（ms）	标准差（ms）
一致	手柄向左	运动员	0.93	0.11
		非运动员	0.89	0.17
		总计	0.91	0.15
	手柄向右	运动员	0.84	0.21
		非运动员	0.83	0.25
		总计	0.84	0.23
不一致	手柄向左	运动员	0.90	0.17
		非运动员	0.91	0.24
		总计	0.91	0.21
	手柄向右	运动员	0.91	0.17
		非运动员	0.92	0.18
		总计	0.92	0.17

表3-27 ANOVA结果

	效应	F (df)	p	η_p^2
组内	旋转侧	2.733（1, 40）	0.106	0.064
	一致性	0.904（1, 40）	0.347	0.022
	旋转侧×一致性	4.188（1, 40）	0.047	0.095
组间	组别	0.083（1, 40）	0.775	0.002
	组别×旋转侧	0.203（1, 40）	0.655	0.005
	组别×一致性	0.203（1, 40）	0.654	0.005
	组别×旋转侧×一致性	0.199（1, 40）	0.658	0.005

2）客体表征人体图形结果

反应时

通过对客体表征人体图形的分析（表3-28、表3-29），发现了三个研究结果：第一，与前面研究一致，反应时的组间差异仍然存在，表现为运动员较非运动员有更短的反应时；第二，旋转侧的显著主效应说明，两组被试在判断右臂在上的人体图形的反应时（1653.58±116.76ms）均短于左臂在上的图形反应时（1852.21±153.96ms）；第三，一致性的主效应说明两组被试均在判断一致

表3-28 描述统计结果

一致性	旋转侧	组别	均值（ms）	标准差（ms）
一致	左臂	运动员	1510.94	533.86
		非运动员	1915.88	1276.16
		总计	1723.05	1004.06
	右臂	运动员	1313.24	359.39
		非运动员	1697.65	662.03
		总计	1514.60	567.54
不一致	左臂	运动员	1651.78	598.28
		非运动员	2330.26	1663.85
		总计	2007.17	1304.40
	右臂	运动员	1550.81	526.52
		非运动员	2052.62	1436.85
		总计	1813.66	1118.15

第三章 运动员心理旋转的空间具身效应的实证研究

表3-29 ANOVA结果

	效应	F(df)	p	η_p^2
组内	旋转侧	12.167（1, 40）	0.001	0.233
	一致性	5.308（1, 40）	0.027	0.117
	旋转侧 × 一致性	0.011（1, 40）	0.918	0.000
组间	组别	4.734（1, 40）	0.036	0.845
	组别 × 旋转侧	0.750（1, 40）	0.392	0.018
	组别 × 一致性	0.616（1, 40）	0.437	0.015
	组别 × 旋转侧 × 一致性	0.187（1, 40）	0.668	0.005

性图像（1609.43 ± 106.34ms）时的反应时比不一致图像（1896.36 ± 179.34ms）更快（图3-92）。

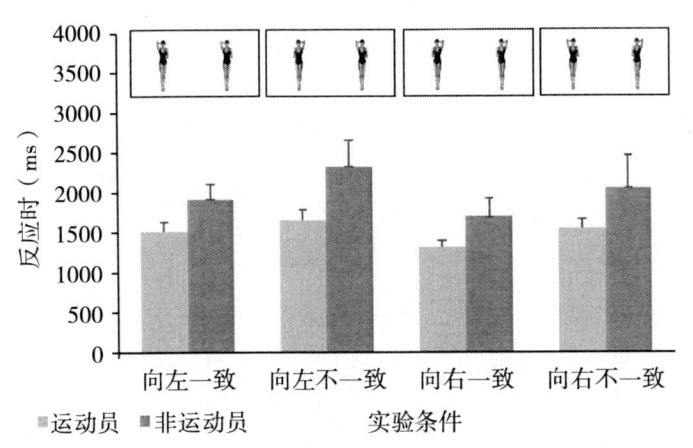

图3-92 跳水运动员和非运动员在不同突出旋转部分的客体人体表征心理旋转反应时（$M \pm SE$）

正确率

针对客体表征人体图形的正确率分析，同样显示了显著的旋转侧的主效应。此外，旋转侧和一致性的交互作用的进一步分析发现，两组被试在进行一致图像判断时，对右臂在上的人体图形的反应准确率更高（0.94 ± 0.01），而左臂在上图形的正确率则相对较低（0.84 ± 0.03）（表3-30、表3-31）。

133

表3-30 描述统计结果

一致性	旋转侧	组别	均值（ms）	标准差（ms）
一致	左臂	运动员	0.85	0.15
		非运动员	0.82	0.20
		总计	0.84	0.17
	右臂	运动员	0.98	0.05
		非运动员	0.98	0.08
		总计	0.98	0.06
不一致	左臂	运动员	0.91	0.13
		非运动员	0.97	0.07
		总计	0.94	0.11
	右臂	运动员	0.93	0.12
		非运动员	0.94	0.08
		总计	0.93	0.10

表3-31 ANOVA结果

	效应	F（df）	p	η_p^2
组内	旋转侧	18.376（1, 40）	0.000	0.315
	一致性	1.972（1, 40）	0.168	0.047
	旋转侧×一致性	15.959（1, 40）	0.000	0.285
组间	组别	0.148（1, 40）	0.702	0.004
	组别×旋转侧	0.036（1, 40）	0.851	0.001
	组别×一致性	1.824（1, 40）	0.184	0.044
	组别×旋转侧×一致性	0.751（1, 40）	0.391	0.018

3）主体表征结果

反应时

为揭示不同旋转突出部位对心理旋转的影响，研究比较了运动员和非运动员在主体表征心理旋转中不同旋转侧的绩效，在反应时方面，结果显示组别效应显著，表现为运动员的反应时更短（运动员：796.48±106.23ms，非运动员：1100.71±895.99ms）。虽然旋转侧的主效应不显著，但组别与旋转侧的两因素交互作用显著，事后分析发现两组被试在不同旋转侧上的反应时存在差

第三章　运动员心理旋转的空间具身效应的实证研究

异。运动员组表现为在右臂在上动作的反应快于左臂在上（$p=0.084$），但非运动员组没有显著差异（表3-32、表3-33）。

表3-32　描述统计结果

旋转侧	组别	均值（ms）	标准差（ms）
左臂	运动员	819.97	194.19
	非运动员	1092.72	584.62
	总计	962.83	459.94
右臂	运动员	773.00	192.16
	非运动员	1108.71	681.13
	总计	948.85	532.48

表3-33　ANOVA结果

效应	F（df）	p	η_p^2
组别	4.296（1，40）	0.045	0.097
旋转侧	0.741（1，40）	0.403	0.018
组别×旋转侧	2.951（1，40）	0.094	0.069

正确率

针对主体旋转的正确率进行分析，发现组别和旋转侧的主效应以及两者交互作用均不显著，即运动员和非运动员在以第一视角进行左臂在上和右臂在上的转体动作旋转时的准确性没有差异（表3-34、表3-35）。

表3-34　描述统计结果

旋转侧	组别	均值（ms）	标准差（ms）
左臂	运动员	0.98	0.03
	非运动员	0.98	0.03
	总计	0.98	0.03
右臂	运动员	0.99	0.02
	非运动员	0.99	0.02
	总计	0.99	0.02

表3-35 ANOVA结果

效应	F(df)	p	η_p^2
组别	0.006(1, 40)	0.940	0.000
旋转侧	1.658(1, 40)	0.205	0.040
组别×旋转侧	0.015(1, 40)	0.902	0.000

(4)讨论

通过比较不同旋转运动经验者在左、右两个突出旋转部分的绩效，研究结果显示，整体而言，不论是客体抽象图形，还是举起一侧手臂的人体转体图像，运动和非运动员对不同的突出旋转部分的表征效果均存在差异，说明突出旋转部分能够影响个体心理旋转的绩效。

具体而言，在客体抽象表征方面，两组被试对两个一致向左的手柄图进行反应时比旋转图向左、参考图向右更快，即向左方向一致比不一致更快。在正确率方面，同样显示了手柄向左图形的优势，表现为两组被试在观察一致图形的时候，手柄向左一致的正确率显著高于手柄向右一致的正确率。根据研究结果分析，猜测是手柄向左的图形对于被试更易于模仿的原因，在这个图形中，较长一侧手柄朝向左的方向更接近惯用手是右手的人使用其右利手去模仿。即时在实验中被试并没有真正移动或旋转手部帮助判断，但其可以通过操作与右手旋转相关的心理表征去完成任务（图3-93）。

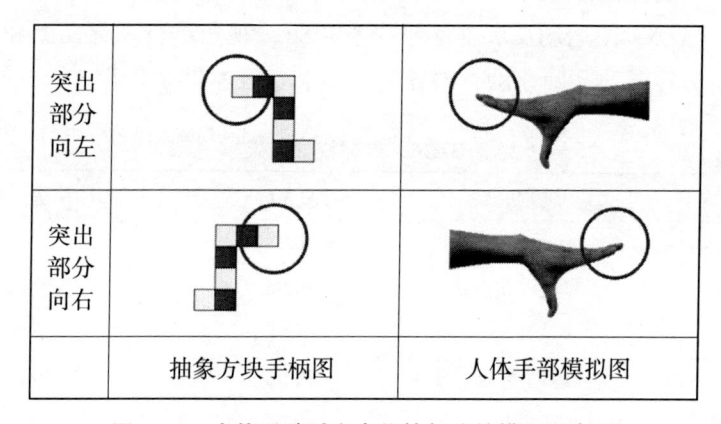

图3-93 人体手臂对突出旋转部分的模拟示意图

针对客体表征人体图形的分析发现，在反应时方面，两组被试在判断右臂在上的人体图形的反应时短于左臂在上的图形反应时，且两组被试均在判断一致性图像（参考图形和旋转图形都是左臂或者右臂上举）时的反应时比不一致图像（参考图形和旋转图形上举手臂不同）更快。正确率方面，发现两组被试在进行一致图像判断时，对右臂在上的人体图形的反应准确率更高。结合来看，首先，两图形一致的难度比不一致低，因此存在优势反应。其次，右臂在上图形引起了所有被试的优势反应，可能由于所有被试均为右利手，因此对突出部位是右侧手臂的加工和模仿更加迅速所致。

在主体表征方面，也发现了与客体表征相似的结果，但只存在运动员被试中。研究发现，运动员组对右臂在上动作的反应快于左臂在上，但非运动员组没有显著差异。进一步分析认为，由于主体表征考察的是个体想象自己在空间中做旋转变换的能力，虽然非运动员组对右侧肢存在优势，但任务中图像在平面内进行旋转，最大角度为180°的完全倒置，即头部向下、脚部向上的动作。因此，普通人很少进行类似动作，但跳水运动员在训练和比赛中经常需要头部向下完成入水动作，因而在主体表征中表现出了右侧肢的判断优势。

（5）小结

研究发现，实验任务刺激中不同的突出旋转部分对个体心理旋转绩效存在影响，表现为突出旋转部分的可模仿程度越高，个体的心理旋转绩效越好。这一优势既表现在可用右手模仿的手柄向左的抽象图形，也表现在右臂上举的人体图形。

3. 练习效应

（1）前言

根据普罗沃斯特（Provost）等人[86]的研究，执行10组心理旋转，就能够引起练习效应的出现。在这一效应中，被试能够快速地直接从记忆中提取与刺激相对应的正确答案而无需进行完整的心理旋转加工。因此，研究假设通过一定试次的测试，被试的反应时和感知阶段绩效会显著缩短。

（2）方法

实验被试

44名被试参与了实验，其中包括22名跳水运动员，14名男性和8名女性（年龄14.81±2.50岁）；22名非运动员，14名男性和8名女性（年龄13.18±0.39岁）。

两组被试年龄无显著差异 $[F(1, 42)=1.105, p=0.371, \eta_p^2=0.019]$。运动员组是来自上海跳水队的跳水运动员，训练年限为7~10年，每周训练时间为30小时左右，所有队员都在接受初中教育。非运动员是从河南省郑州市招募来的初中二年级学生，从未参加过专业体育运动训练。

实验材料

为考察旋转方向对不同运动经验个体在主体和客体心理表征的人体和方块图形任务中的绩效，本实验综合前面研究设计，包括了3个独立部分的实验材料。

1）客体表征（方块图形）心理旋转实验任务材料

实验使用二维方块图像客体心理旋转（Objected-based Cube，OC）任务进行，左图为参考图，右图为参考图经过旋转后的图形（即两图相同）或其镜像（即两图不同），被试需要判断两图是否相同。图形在水平面内进行顺时针旋转，角度为0°、30°、60°、90°、120°、150°或180°。

2）客体表征（人体图形）心理旋转实验任务材料

实验使用人体图像客体表征（Objected-based transformations，OT）心理旋转任务进行。在实验中，每次向被试呈现两幅人体图形，左图为参考图，右图为参考图经过旋转后的图形（即两图相同）或其镜像（即两图不同），被试需要判断两图是否相同。人体图形内容为背面的跳水转体动作，即左侧或右侧手臂屈肘于头部上方，另一只手臂屈肘于腹部。图形在水平面内顺时针旋转，角度为0°、30°、60°、90°、120°、150°或180°。

3）主体表征心理旋转实验任务材料

实验使用修订后的人体图像主体表征（Egocentric transformations，ET）心理旋转任务进行。每次只呈现一幅人体图形，图形内容和旋转角度与OT条件相同，被试需要判断图中人屈肘于头部上方的哪一侧手臂。图形在水平面内顺时针旋转，角度为0°、30°、60°、90°、120°、150°或180°。

实验程序

整体实验程序与前面实验相似。实验按照表征方式的不同分为2个顺序随机的block，共7（旋转角度）×2（异同）×8（重复）=112试次。在区分前后部分练习效应时，以第一个block为前半部分进行数据统计，以第二个block为后半部分进行数据统计。

数据统计与分析

为避免多因素交互作用对实验效应的覆盖，3个实验条件独立完成分析。

在每种实验条件下，统计分有两部分：①反应时和正确率分析。②阶段绩效分析。根据Jansen和Just对心理旋转阶段的测量方式[69, 70]，将刺激材料未旋转时（即旋转0°）的反应时作为感知阶段的评价指标，单位为毫秒（ms），将旋转速度作为旋转阶段的评价指标。练习效应通过区分任务前后部分试次的平均绩效获得。以上计算仅使用正确的试次进行。使用多因素方差分析（ANOVA）分别对反应时、正确率、感知阶段反应时和旋转速度进行分析，组间因素为组别（运动员、非运动员），组内因素为任务前后部分（前半部分、后半部分）。主效应和交互作用的事后检验使用Bonferroni检验。

（3）结果

1）客体表征抽象图形结果

反应时和正确率

为比较不同组被试在客体抽象图形标表征的练习效应（表3-36、表3-37），统计发现反应时的组别主效应显著（运动员：1996.27 ± 715.76ms，非运动员：2682.30 ± 1251.41ms），与前面研究一致。此外，结果显示前后部分的主效应显著，表现为运动员（前半部分：2148.95 ± 855.58ms，后半部分：1843.60 ± 545.64ms）和非运动员（前半部分：3109.22 ± 1492.61ms，后半部分：2255.38 ± 812.28ms）都在后半部分测试中反应时得到显著提高。正确率的各主效应和交互作用均不显著，说明客体抽象表征的练习效应主要提高了反应时绩效（图3-94）。

表3-36　反应时ANOVA结果

效应	F (df)	p	η_p^2
组别	4.912（1, 40）	0.033	0.114
前后部分	3.506（1, 40）	0.069	0.084
组别 × 前后部分	0.785（1, 40）	0.381	0.020

表3-37　正确率ANOVA结果

效应	F (df)	p	η_p^2
组别	0.000（1, 40）	0.988	0.000
前后部分	1.710（1, 40）	0.199	0.043
组别 × 前后部分	0.041（1, 40）	0.840	0.001

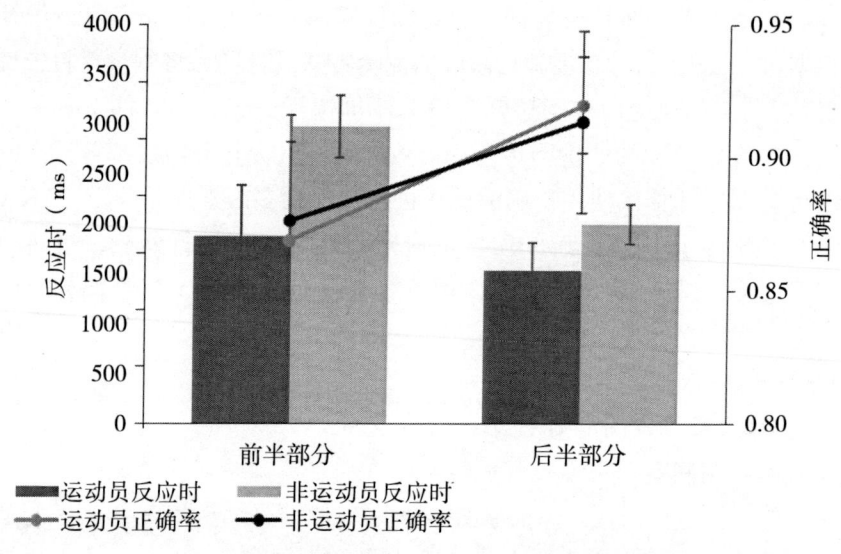

图3-94　跳水运动员和非运动员在不同实验部分的客体抽象表征
心理旋转反应时和正确率（$M \pm SE$）

感知阶段

观察两组被试在感知阶段的前后部分的成绩，发现前半部分两组被试的 0° 反应时较为接近，但后半部分的测试使得运动员被试的感知绩效提高较多，而非运动员提高较少。统计结果显示，组别、前后部分以及两者交互均不显著（表3-38、表3-39）。

表3-38　描述统计结果

组别	前后部分	均值（ms）	标准差（ms）
运动员	前半部分	2111.73	1187.53
	后半部分	1302.28	809.26
	总计	1707.01	1072.68
非运动员	前半部分	2116.18	1707.99
	后半部分	1701.91	1103.93
	总计	1909.05	1419.30
总计	前半部分	2114.06	1446.80
	后半部分	1511.61	972.56
	总计	1812.84	1255.16

表3-39　ANOVA结果

效应	F (df)	p	η_p^2
组别	0.271（1，40）	0.606	0.007
前后部分	2.846（1，40）	0.123	0.061
组别×前后部分	0.259（1，40）	0.614	0.007

旋转阶段

通过对旋转阶段绩效的分析（表3-40），发现组别主效应显著，说明不论是测试前半部分还是后半部分，运动员被试（总：57.05±18.13°/s，前半部分：53.38±15.60°/s，后半部分：60.73±20.51°/s）的旋转速度都高于非运动员被试（总：44.58±17.43°/s，前半部分：38.95±15.37°/s，后半部分：50.20±18.23°/s）。此外，前后部分的主效应显著，事后分析发现两组被试都在后半部分提升了旋转速度（前半部分：45.82±16.79°/s，后半部分：55.22±19.61°/s），即出现练习效应（图3-95）。

表3-40　ANOVA结果

效应	F (df)	p	η_p^2
组别	5.314（1，40）	0.027	0.123
前后部分	2.954（1，40）	0.094	0.072
组别×前后部分	0.129（1，40）	0.721	0.003

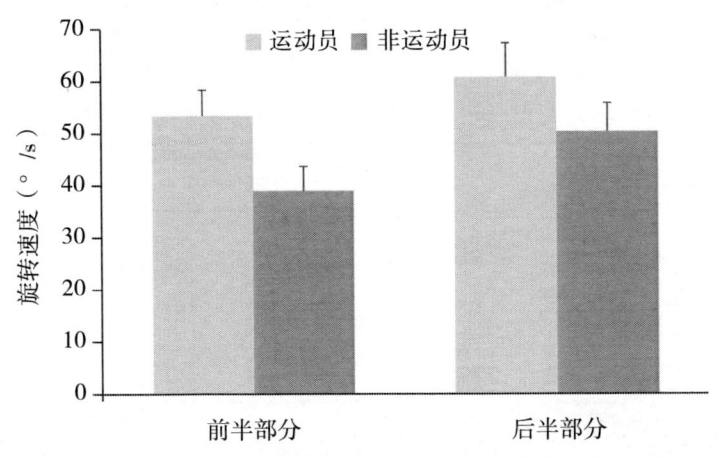

图3-95　跳水运动员和非运动员在不同实验部分的客体抽象表征心理旋转的旋转速度（$M±SE$）

2）客体表征人体图形结果

反应时和正确率

针对客体表征人体图形的方差分析结果显示（表3-41、表3-42），在反应时方面，显著的组别主效应说明运动员（总：1509.40±459.95ms，前半部分：1666.29±574.59ms，后半部分：1352.50±248.50ms）比非运动员（总：1999.76±1113.80ms，前半部分：2388.17±1462.92ms，后半部分：1611.35±364.85ms）的反应速度更快。前后部分的显著主效应揭示，两组被试都在后半部分练习中提高了反应时，但是组间差异依然存在（前半部分：2027.23±181.60ms，后半部分：1481.92±80.90ms）。针对正确率进行分析发现，随着测试的进行，运动员组（总：0.92±0.07，前半部分：0.90±0.07，后半部分：0.94±0.06）的正确率有提升的趋势，但非运动员组（总：0.93±0.06，前半部分：0.93±0.05，后半部分：0.93±0.08）却没有同样的表现（图3-96）。

表3-41 反应时ANOVA结果

效应	F（df）	p	η_p^2
组别	3.645（1，40）	0.064	0.088
前后部分	4.508（1，40）	0.040	0.106
组别×前后部分	0.813（1，40）	0.373	0.021

表3-42 正确率ANOVA结果

效应	F（df）	p	η_p^2
组别	0.240（1，40）	0.627	0.006
前后部分	1.050（1，40）	0.312	0.027
组别×前后部分	0.875（1，40）	0.355	0.023

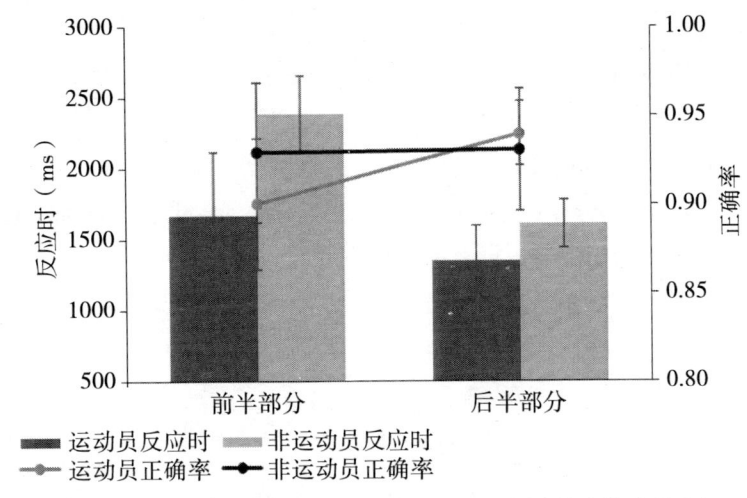

第三章 运动员心理旋转的空间具身效应的实证研究

图3-96 跳水运动员和非运动员在不同实验部分的客体人体表征
心理旋转反应时和正确率（$M \pm SE$）

感知阶段

针对两组被试在客体表征人体图形的感知阶段绩效的统计分析，确立了显著的前后部分主效应，说明个体在测试的后半部分试次中针对未旋转刺激的基本感知速度获得了提升（表3-43、表3-44）。

表3-43 描述统计结果

组别	前后部分	均值（ms）	标准差（ms）
运动员	前半部分	1214.90	816.85
	后半部分	875.10	123.04
	总计	1045.00	594.66
非运动员	前半部分	1997.62	1934.05
	后半部分	984.42	217.83
	总计	1491.02	1439.68
总计	前半部分	1624.90	1526.76
	后半部分	932.36	183.49
	总计	1278.63	1129.74

表3-44 ANOVA结果

效应	F（df）	p	η_p^2
组别	1.799（1，40）	0.188	0.045
前后部分	4.139（1，40）	0.049	0.098
组别×前后部分	1.025（1，40）	0.318	0.026

旋转阶段

通过对客体表征人体图形的旋转阶段绩效的分析（表3-45），发现组别主效应显著，说明不论是测试前半部分还是后半部分，运动员被试（总：67.47 ± 12.28°/s，前半部分：62.61 ± 10.62°/s，后半部分：72.33 ± 12.36°/s）的旋转速度都高于非运动员被试（总：57.41 ± 17.29°/s，前半部分：53.14 ± 18.91°/s，后半部分：61.69 ± 15.17°/s）。此外，前后部分的主效应显著，事后分析发现两组被试都在后半部分提升了旋转速度（前半部分：57.64 ± 15.91°/s，后半部分：66.76 ± 14.61°/s），即出现练习效应（图3-97）。

表3-45 ANOVA结果

效应	F（df）	p	η_p^2
组别	4.871（1，40）	0.033	0.014
前后部分	4.024（1，40）	0.052	0.096
组别×前后部分	0.017（1，40）	0.898	0.000

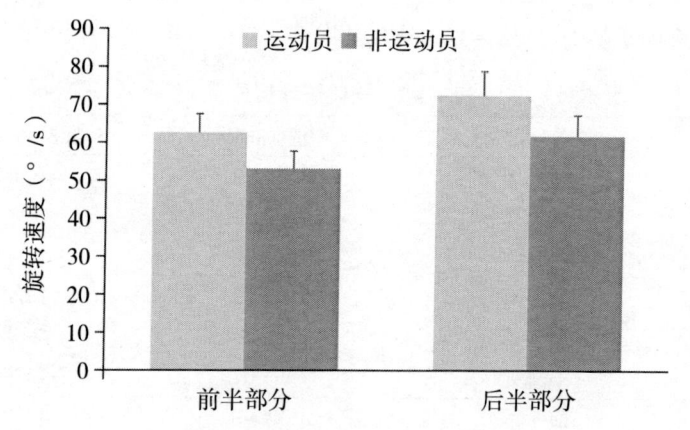

图3-97 跳水运动员和非运动员在不同实验部分的客体人体表征心理旋转的旋转速度（$M \pm SE$）

3）主体表征结果

反应时和正确率

通过对主体表征进行分析（表3-46、表3-47），只发现了两组被试在反应时方面的组间差异，即运动员（总：796.48 ± 187.32ms，前半部分：801.69 ± 168.88ms，后半部分：791.27 ± 213.29ms）比非运动员（总：1100.71 ± 631.01ms，前半部分：1165.10±795.84ms，后半部分：1036.33±440.10ms）的反应时更快。两组被试在不同实验部分的反应时和正确率均没有差异，结合具体数值分析，说明可能出现了"天花板效应"，即由于主体表征的任务相对简单，个体在前半部分的测试中已经达到了较优秀的绩效，因而在后半部分中难以进一步提升（图3-98）。

表3-46 反应时ANOVA结果

效应	F（df）	p	η_p^2
组别	4.123（1, 40）	0.049	0.098
前后部分	0.216（1, 40）	0.645	0.006
组别×前后部分	0.156（1, 40）	0.685	0.004

表3-47 正确率ANOVA结果

效应	F（df）	p	η_p^2
组别	0.012（1, 40）	0.912	0.000
前后部分	0.000（1, 40）	1.000	0.000
组别×前后部分	0.000（1, 40）	1.000	0.000

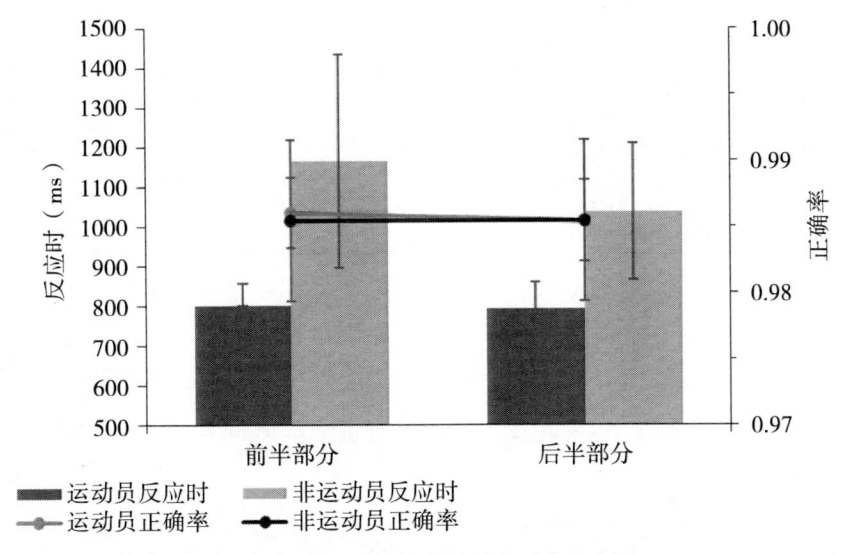

图3-98 跳水运动员和非运动员在不同实验部分的主体表征心理旋转反应时和正确率（$M\pm SE$）

感知和旋转阶段

针对阶段绩效的分析只显示了组间的差异，与前面研究结果一致，运动员组被试比非运动员组被试的0°反应时更短（运动员：620.94±122.29ms，非运动员：809.68±347.58ms），且旋转速度也更快（运动员：124.82±26.78°/s，非运动员：99.05±27.81°/s）（表3-48、表3-49）。

表3-48　ANOVA结果

效应	F（df）	p	η_p^2
组别	5.101（1，40）	0.031	0.118
前后部分	0.526（1，40）	0.473	0.014
组别×前后部分	0.022（1，40）	0.882	0.001

表3-49　ANOVA结果

效应	F（df）	p	η_p^2
组别	8.904（1，40）	0.005	0.190
前后部分	0.226（1，40）	0.637	0.006
组别×前后部分	0.000（1，40）	0.992	0.000

（4）讨论

研究通过比较运动员组和非运动员组在不同表征方式的心理旋转任务中前后部分的各行为绩效，发现心理旋转测试中的练习效应确实存在于两组被试在进行任务时的反应时、正确率以及阶段绩效之中，验证了研究假设。

首先，以客体抽象图形表征来说，运动员和非运动员在后半部分测试中反应时都得到显著提高，但正确率效应不显著，说明客体抽象表征的练习效应主要提高了个体的反应时绩效。不仅如此，两组被试都在后半部分提升了旋转速度，练习效应在不同运动经验被试之中的趋势不存在差异，但反应时和旋转速度的组间差异依然存在。这一结果可能说明，虽然运动员能够从长期旋转运动经验中提取对于抽象图形的心理表征优势，表现出与非运动员之间的差异，但在短时间密集测试中，运动员与非运动员由于重复执行而引起的练习效应比较相近。

其次，在客体表征人体图形表征之中，两组被试都在后半部分练习中提高了反应时，但只有运动员组有正确率提升的趋势。阶段绩效发现，个体在测试的后半部分试次中针对未旋转刺激的基本感知速度和针对旋转刺激的旋转速度都获得了提升。从现在表征的加工速度来说，两组被试都在以人体图形为刺激的客体表征中获取了练习效益，但只有运动员组在此基础上表现出了准确率提升的进一步优势。结果提示，在短时间的密集练习中，运动员不仅能够从整体上加快反应速度，也能够自上而下地调整认知加工从而获取更高的准确性。

最后，在主体表征方面，运动组在反应时、感知速度和旋转速度方面的优势仍然存在，但结果显示两组被试在不同实验部分的反应时和正确率均没有差异。结果可能说明两个问题：第一，出现了"天花板效应"，即由于主体表征的任务相对简单，个体在前半部分的测试中已经达到了较优秀的绩效，因而在后半部分中难以进一步提升。第二，虽然非运动员组在反应时、感知速度和旋转速度上不如运动员组，但密集练习并没有使其缩短与运动员组之间的差异，结果可能说明就主体表征所需要的个体想象自己的空间中进行旋转位置变换的操作而言，需要实际动作执行参与其中，才能够出现能力的提升，而不像客体表征那样，只需要以旁观者角度进行观察练习即可获得提高。

（5）小结

在客体表征之中，两组被试都因为重复练习出现了练习效益，这一效应在非运动员中主要表现在反应速度的提升，在运动员中不仅表现出反应时的缩短，也出现判断准确性的提升。但在主体表征之中的练习效应不显著，说明这一表征方式受到单纯心理表征练习的影响较小，可能需要更多动作执行的参与。

（三）总结

为探索运动员心理旋转空间具身效应的影响因素，本章开展了6个实证研究，在运动员心理旋转专家优势的基础上，根据前人研究结果，纳入3项个体因素和3项任务因素，以揭示究竟哪些因素能够影响运动员心理旋转的绩效，进而左右空间具身效应的发展。

个体因素包括性别、年龄、运动成绩。从性别方面而言，结果显示在运动员群体中，男性运动员客体表征抽象图形任务中的反应速度和刺激感知速度更快，但女性在客体表征人体图形的正确率显著高于男性，结果提示两个内容：第一，不同性别在进行心理旋转中使用的认知策略可能存在差异，男性更倾向于判断的速度，女性则倾向于判断的准确性；第二，长期跳水运动训练使得男性在进行心理旋转表征时的速度得到提升。针对年龄对运动员心理旋转的空间具身的影响发现，随着年龄的增长，运动员进行主体表征的心理旋转能力也逐渐增加,这一结果代表,运动员想象自己在空间中进行身体旋转的速度和准确性得到提升。此外,通过对运动成绩的分析发现,国际级组在人体图形心理旋转的正确率显著高于省级组,但国家级组与其余两组差异不显著。结果提示随着运动水平的提升,运动员能够更加准确地进行物体旋转的准确判断。

任务因素包括了旋转方向、突出旋转部分、练习效应三个方面。首先分析了不同旋转方向对心理旋转成绩的影响,结果显示运动员和非运动员在进行不同旋转方向的主客体心理表征时的绩效没有显著差异,可能与任务刺激旋转方式与运动员旋转训练经验存在差异所致。接着,通过研究比较了实验任务刺激中不同的突出旋转部分对个体心理旋转绩效的影响,结果显示,突出旋转部分的可模仿程度越高(可用右手模仿的手柄向左的抽象图形,以及右臂上举的人体图形),个体的心理旋转绩效越好。最后,研究考察心理旋转任务中练习效应是否存在。结果发现客体表征的练习效应,即较测试前半部分而言,非运动员在后半部分测试中的反应速度出现提升,而运动员不仅出现反应时缩短,其判断准确性也得到提升。然而,在主体表征的练习效应不显著说明其受到单纯心理表征练习的影响较小,可能需要更多动作执行的参与。

综上所述,研究发现个体因素中的性别、年龄、运动成绩,以及任务因素中的突出旋转部分和练习效应,都会对运动员心理旋转的空间具身效应产生影响。

五、运动员心理旋转的空间具身效应研究总结

空间具身效应,即心理旋转任务的空间与身体动作经验相匹配时,任务绩效得到促进而表现出专家优势。在诸多运动员心理旋转的空间具身效应的研究中,对于运动经验能否促进不同表征方式的心理旋转能力的说法,研究结果并不一致。究其原因,可能是实验任务刺激与运动项目的相关度不高所致。埃南等提出,运动员心理旋转实验的任务刺激是否与运动员从专项中获得的身体特征相一致,决定了运动员在心理旋转任务中的绩效[122]。相似地,研究发现心理旋转任务刺激会影响运动员的任务绩效,表现出刺激与运动经验的相关度越高,运动员绩效越好的"选择性效应"[57]。因此,研究的第一个目的是运用专项任务刺激图像,考察跳水运动经验对不同表征方式的心理旋转能力的影响。实验采用客体表征和主体表征的心理旋转任务,比较了跳水运动员和非运动员的任务反应时和正确率,发现两组被试在正确率上不存在显著差异,但跳水运动员在客体和主体心理旋转任务中的反应时都快于非运动员。实验结果说

明，与非运动员相比，跳水运动员丰富的身体旋转运动经验使心理旋转任务具身化。从功能等价假说出发，跳水运动员将刺激图像中的旋转动作与执行身体旋转的动作相结合，使得视觉的表征过程转化为动觉的表征[14]。此外，实验发现这种具身化效应不受表征方式的影响，即证实了跳水运动员在主体表征和客体表征都存在优势，为跳水运动员心理旋转的空间具身中的表征方式的争论提供了正面的证据。

证实了跳水运动员心理旋转的空间具身效应后，了解这种具身化的过程是如何产生作用的，即这一优势来自于哪个或哪些阶段，就显得尤为重要。前人研究仅证明了跳水运动员在感知阶段的速度更快，认为跳水运动员的优势在于空间感知对刺激的感知编码或是反应能力更强[69]。然而，从具身认知的观点出发，认为对于旋转动作的心理操作会受益于身体旋转的相关经验。以此为基础，随后研究以跳水运动员和非运动员为对象，分别以0°反应时和旋转速度作为感知阶段和旋转阶段的评价指标，以转体动作为心理旋转的刺激材料，旨在揭示跳水运动员不同表征方式的心理旋转优势的阶段特征。

首先，实验结果显示跳水运动员在客体表征和主体表征心理旋转的感知阶段绩效更优异，证实了前人研究[69, 118]。这种优势可能是由于跳水运动员在刺激的编码、任务准备程度或是动作速度上存在优势。与此一致，研究证实运动员经常需要将运动信息在神经中枢进行快速准确的编码，因而他们的简单反应时和选择反应时比非运动员更快[144-147]，可能促进了感知阶段效率的提高。其次，跳水运动员在主体表征的旋转速度显著快于非运动员。这一优势的出现可能与空间具身和动作具身这两种具身方式有关[14]。前者是指身体的各个轴可被描绘至具身化的物体之上（即用身体与模仿物体），后者指的是观察、想象等动作表征的加工过程与实际操作一致[148, 149]。从这一观点出发，跳水运动员将身体轴标记至需要旋转的刺激图像中，通过空间具身影响了刺激的加工编码，获得了更快的感知速度。此外，由于跳水运动员的心理旋转包含了对动作的模仿过程[128, 138]，这种模仿可能通过动作具身促进了动作表征中空间信息的保持，进而提高了旋转速度[14]。

从脑神经活动的角度出发，先前ERP研究发现，运动员在进行心理旋转任务时的P3波幅更大[32, 93]。以往研究认为心理旋转的加工阶段在时间上是次序发生的，那么运动经验是否会引起跳水运动员ERP早期成分的改变，而ERP时程特征与不同心理旋转加工阶段有何关联，是第三章实验的主要研究内容。此外，最近的一项研究指出，与RRN或P3这类晚期成分相比，N2这一早期成分代表了对刺激的感知，并受到身体活动经验的影响[89]。因此，第三章实验首先通过比较两部被试的行为结果，发现跳水运动员在客体表征和主体表征下的大角度旋转时的正确率显著高于非运动员，与前人研究发现的运动专家在非常见的旋转角度下存在主体心理旋转优势的研究结果相似[57, 119, 161]。这一结果证实了具身认知下的功能等价假说，并可以通过动作具身加工来阐释。首先，通过本体感觉获得的表征也可以像视觉表征那样随着观察者的运动被自动更新[49, 50]。其次，作为具身性的空间转换的一种类型，动作具身指的是观察、想象等动作表征的加工过程与实际操作一致[148, 149]，因此跳水运动员在对熟悉的动作进行心理操作时能够获得促进，甚至表现出启动效应[14]。因而，对于观看还是执行头部向下的动作的经验积累，促进了跳水运动员心理旋转"倒置优势"的出现。

就ERP结果而言，实验比较了跳水运动员和非运动员在客体和主体表征下心理旋转的早期成分N2和晚期成分RRN的波幅，结果发现与非运动员相比，跳水运动员的N2波峰值在0°、60°以及120°更大。相关分析发现，0°反应时更快的跳水运动员的N2波幅更大，为实验2的结果进行了补充，并针对图4-44的ERPs测试指标中对N2成分的跳水运动员专家优势的疑问，提供了相应的证据。跳水运动员更大的N2说明了他们能够深度、高效地对刺激进行加工编码，研究发现的跳水运动员在执行控制中的抑制和转换功能中存在优势[118]。相关研究发现N2波幅与注意调适能力相关，波幅大的个体注意调适能力更强[162]，因此跳水运动员可能由于更优的注意能力而表现出感知效率提升[118, 163]。针对RRN而言，实验发现两种表征方式下跳水运动员的RRN平均波幅都显著大于非运动员，这一结果基本上得到了现有研究的支持[32, 93]。此外，这种优势与跳水运动员旋转阶段的绩效和专业训练年限都存在关联。研究者认为，心理旋转中的RRN或是P3成分代表了任务刺激与受试者之间的关联性[160]，跳水运动员可能由于动作技能经验的掌握使其在进行心理旋转加工时对认知资源的利用更加广泛和高效，从而表现出了更大的RRN波幅。

从研究创新和贡献角度而言，研究通过考察运动经验对心理旋转空间具身的影响，发现了跳水运动员心理旋转的专家优势不仅存在于主体心理旋转任务，也存在于客体心理旋转任务，为当前研究中针对表征方式差异的争论提供了有力证据。实验不仅验证了跳水运动员在感知阶段更快的现有研究结果，还发现身体旋转的经验促进了心理旋转的效率，是当前较少的为运动员主体表征心理旋转的旋转阶段优势提供证据的研究。这一结果还提示我们，运动经验对心理旋转的"选择性效应"不仅存在于不同动作信息的心理旋转任务[3, 101, 102, 128]，也可能在同一心理旋转任务的不同加工阶段体现差异。此外，当前对于运动员心理旋转的ERP研究多使用字母等客体旋转，实验通过采用专项人体图像作为任务刺激，对N2和RRN成分进行分析，发现了跳水运动员在心理旋转的刺激感知和旋转加工阶段的不同时程的脑活动优势，并发现了跳水运动员心理旋转的脑活动特征与行为绩效之间的联系。

第四章　运动员心理旋转的时间
具身效应的实证研究

第三章证实了空间因素能够影响跳水运动员的心理旋转能力。研究发现在三种表征方式中，运动经验对个体主体表征心理旋转的影响更为显著，跳水运动员的反应时更短，感知速度和旋转速度更快，并且与阶段绩效和训练年限相关的N2波峰值和RRN波幅也更显著。因此，本章希望进一步阐释时间因素在跳水运动员主体心理旋转过程中的作用。跳水运动员在规定时间内进行心理旋转任务是否会受益于他们有时间压力地完成旋转动作的经验？如果是的话，跳水运动员提升了哪些阶段的效率？其大脑活动特征又是怎样的？我们希望在本章对此进行阐释。

为了从具身认知的视角揭示时间信息对空间能力的影响，这一部分开展了3个行为实验（第一节和第二节）和1个ERP实验（第三节）。旨在通过对时间具身效应进行阐释，揭示时间压力对跳水运动员主体心理旋转的影响，以及加工阶段和ERP时程特征。此外，在确立运动员心理旋转的时间具身效应后，第四节加入了影响因素特征，着力从个体和任务两个角度完善运动经验中的时间因素对心理旋转的影响进程。本章具体内容如下：

第一部分：时间压力下运动员主体心理旋转的特征。通过两种时间压力设置方式，比较跳水运动员和非运动员在有时间压力和无时间压力条件下的主体心理旋转能力，探索跳水运动员心理旋转的时间具身效应的存在。

第二部分：时间压力下运动员主体心理旋转的阶段特征。分阶段考察时间压力下跳水运动员主体心理旋转时间具身效应的阶段特征，解释专家优势变化的原因。

第三部分：时间压力下运动员主体心理旋转的脑加工时程特征。运用ERP手段，分析时间压力下跳水运动员和非运动员进行主体心理旋转时ERP成分变化，揭示心理旋转的时间具身效应的大脑加工特征，以及脑电变化与行为指标之间的关联。

第四部分：运动员心理旋转的时间具身效应的影响因素。在探讨运动员心理旋转时间具身效应的整体特征、阶段特征和脑加工时程特征后，这一部分通过实验探讨组间因素（个体因素：性别、年龄、运动成绩）和组内因素（任务因素：旋转方向、突出旋转部分、练习效应）对运动员主体表征心理旋转的各行为绩效的影响。

一、时间压力下运动员主体心理旋转的特征

（一）相对时间压力下运动员主体心理旋转的特征

1. 前言

心理旋转的时间具身效应指的是心理旋转任务的时间压力与身体动作经验相匹配时，任务绩效得到促进而表现出的专家优势。Zakay的时间知觉模型指出，时间压力会影响个体信息加工中的注意资源分配，并影响策略实施，使个体在进行决策时的绩效下降[132]。从本研究出发，跳水运动员心理旋转的时间具身是否存在，一定程度上取决于跳水运动员在时间压力下的任务绩效是否会受益于他们在运动训练中经历的有时间压力地完成旋转动作的经验。首先，如何设置时间压力条件，是首要问题。通过梳理研究我们发现，少有研究对心理旋转任务中每个试次的反应时间进行操控。扎凯（Zakay）提出，时间压力要通过缩短完成任务的时间来引起，引发时间压力的目的是知觉到时间的流失，也就是要估计流失的时间与剩余的时间。如果个体知觉或意识到时间的限制，就会引发相应的时间压力感，从而影响决策制定[132]。因此，我们依据本森（Benson）等研究时间压力对决策制定的实验中对时间压力的设置方法，即用预实验中所有被试的平均值（M）减去他们的标准差（SD）得到反应时限制（Response deadline，RD）[164]。但在当前研究中不可忽视的一点是，无时间压力下的研究结果显示两组被试的反应时存在差异，表现为跳水运动员的反应时更快。据此，我们拟分别选取两组被试平均反应时的某一相对值作为反应时限制，设置相对时间压力，考察有无时间压力条件下，跳水运动员和非运动员在主体心理旋转任务中的绩效，进而检验跳水运动员的心理旋转能力发展的过程中，时间信息是否具身化地获得了加工。实验假设，与无时间压力条件相比，在时间压力条件下跳水运动员与非运动员的反应时差异更加显著，正确率差异出现，表现为跳水运动员的正确率更高（图4-1）。

图4-1 实验假设示意图

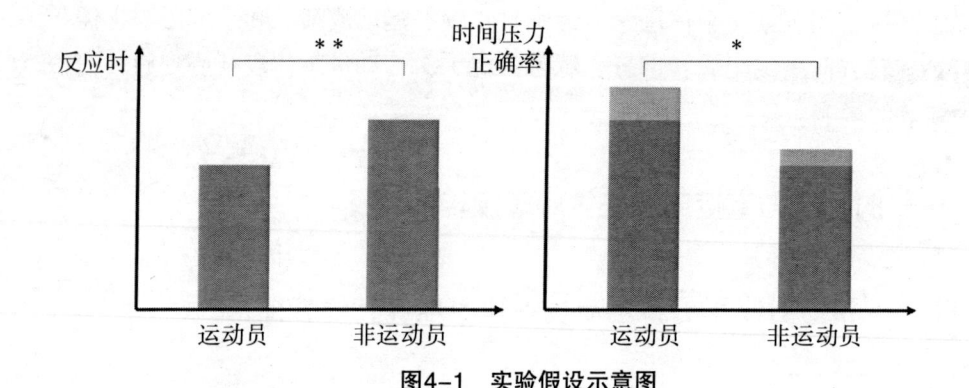

2. 方法

实验被试

47名被试参与了实验，其中包括24名跳水运动员，11名男性和13名女性（年龄14.41±2.13岁）；23名非运动员，11名男性和12名女性（年龄13.91±0.53岁）。两组被试年龄无显著差异 $[F(1, 42)=1.142, p=0.291, \eta_p^2=0.026]$。运动员组是来自上海跳水队的跳水运动员，训练年限为8~13年，每周训练时间为30小时左右，所有队员都在接受初中教育。非运动员是从河南省郑州市招募来的初中二年级学生，他们从未参加过专业体育运动训练。由于实验被试是未成年人，经被试本人及其家长同意后，知情同意书由被试家长授权给教练员和班主任签署，被试在实验后获得礼品。

实验材料

实验使用修订后的主体表征MBRT任务进行，人体图形内容为背面的跳水转体动作（左侧或右侧手臂屈肘于头部上方，另一只手臂屈肘于腹部）。每次只呈现一幅图形，图形在水平面内顺时针旋转，旋转角度为0°、30°、60°、90°、120°、150°或180°。

实验程序

实验开始之前，先根据本森的时间压力设置标准（$M-SD$）[164]，利用研究一的结果进行RD的计算。然而，我们发现本任务与本森进行的决策判断任务不同，该研究在预实验中所测量的反应时和标准差分别为191s和67s，然而本实验的主体表征心理旋转任务的反应时短于1s。因此，我们试图使用两组被试在实验1中的反应时平均值减去所有被试的标准差的一半来计算两组的RD，结果见表4-1。随后，使用与研究一实验1中相似的实验流程考察跳水运动员和非运动

第四章 运动员心理旋转的时间具身效应的实证研究

员在时间压力（Time pressure，TP）和无时间压力下（Untimed pressure，UTP）的反应时和正确率。阅读实验指导后，被试需要先进行20个有反馈的练习试次，正确率高于80%（即超过16题的选择正确）方可开始正式实验，未达到要求需再次练习。实验按照时间压力的不同分为2个顺序随机的block，共2（UTP/TP）×7（旋转角度）×2（左右）×4（重复）=112试次。先进行UTP block，再进行TP block，该block的指导语为"在下面的实验中，你的每次判断都存在时间压力，未在规定时间内作出选择即算作无效。请在保证正确率的前提下提高下一次选择的速度"。在每个试次中，先出现1000~1500ms的注视点，随后呈现刺激图形，达到时间压力（运动员组591ms，非运动员组900ms）或被试按F键（左侧）或J键（右侧）后消失（图4-2）。在1000ms的空屏之后开始下一试次。实验时间22分钟左右。

表4-1 相对时间压力设置标准

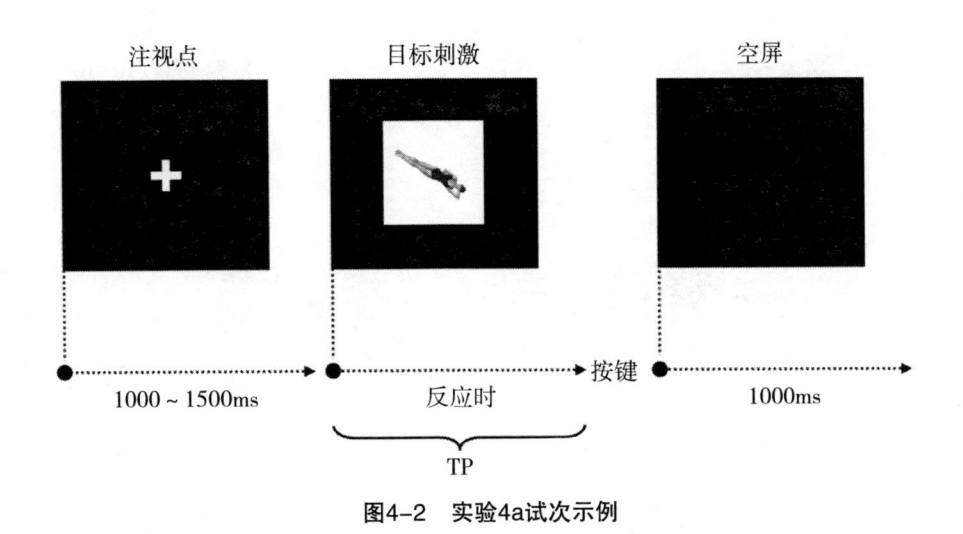

组别	RT_{UTP}（ms）	$RD=M-1/2\ SD_{总体}$（ms）
跳水运动员	827 ± 175	591
非运动员	1136 ± 614	900
总体	982 ± 472	

图4-2 实验4a试次示例

数据统计与分析

进行数据分析之前，剔除了反应时超过均值3个标准差的被试（1名非运动员），且反应时的统计分析只包括正确的试次。由于正确率是本实验的重要指标，受时间压力的影响较大，本实验没有做正确率剔除。两组被试在两种时间条件下的正确率经反正弦转换后符合正态分布（所有$z<1.321$，$p>0.061$），反应时经过ln转换后符合正态分布（所有$z<0.730$，$p>0.661$）。使用R-M ANOVA对反应时和正确率的数据进行分析，组间因素为组别（运动员、非运动员），组内因素为时间条件（UTP、TP）和角度（0°、30°、60°、90°、120°、150°和180°）。主效应和交互作用的事后检验使用Bonferroni检验。

3. 结果

反应时

ANOVA分析发现反应时的组别主效应显著[$F(1, 44)=15.584$，$p<0.001$，$\eta_p^2=0.285$]，跳水运动员的反应时快于非运动员（UTP：运动员：896±221ms，非运动员：1062±614ms；TP：运动员：506±36ms，非运动员：603±31ms，图4-3）。时间条件[$F(1, 44)=137.505$，$p<0.001$，$\eta_p^2=0.779$]和角度[$F(1, 264)=331.894$，$p<0.001$，$\eta_p^2=0.895$]的主效应以及二者交互作用显著[$F(1, 264)=53.649$，$p<0.001$，$\eta_p^2=0.579$]。此外，组别和时间条件，组别和角度，以及三者的交互作用均不显著（所有$F<0.912$，$p>0.445$，$\eta_p^2<0.023$）。

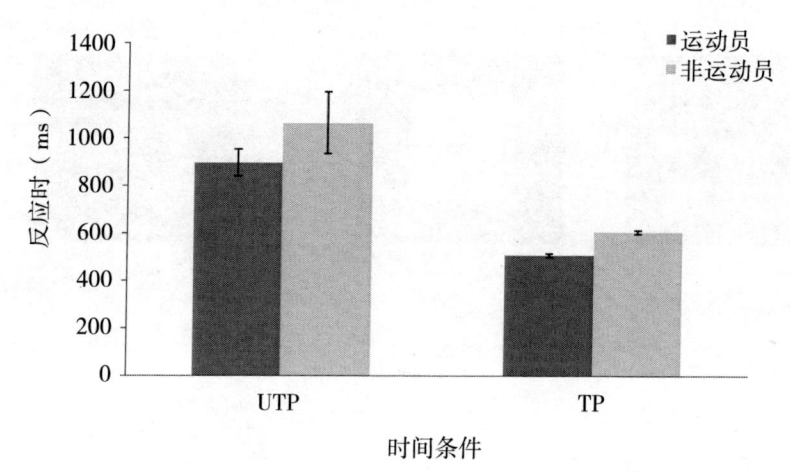

图4-3 跳水运动员与非运动员在不同时间条件下的反应时（$M±SE$）

正确率

ANOVA分析发现正确率的组别主效应显著[$F(1, 44)=15.310$，$p<0.001$，$\eta_p^2=0.267$]。时间条件[$F(1, 44)=317.241$，$p<0.001$，$\eta_p^2=0.883$]和角度

[F（1，264）=154.417，$p<0.001$，$\eta_p^2=0.789$］主效应显著。此外，组别和时间条件［F（1，44）=15.421，$p<0.001$，$\eta_p^2=0.269$］，组别和角度［F（1，44）=4.208，$p<0.01$，$\eta_p^2=0.091$］，时间条件和角度［F（1，264）=116.476，$p<0.01$，$\eta_p^2=0.735$］的交互作用，以及三者的交互作用［F（1，264）=4.192，$p<0.01$，$\eta_p^2=0.091$］显著。事后分析发现，在TP条件下，跳水运动员的120°（运动员：0.670±0.256，非运动员：0.816±0.108）和150°（运动员：0.408±0.214，非运动员：0.656±0.159）的正确率低于非运动员（图4-4）。

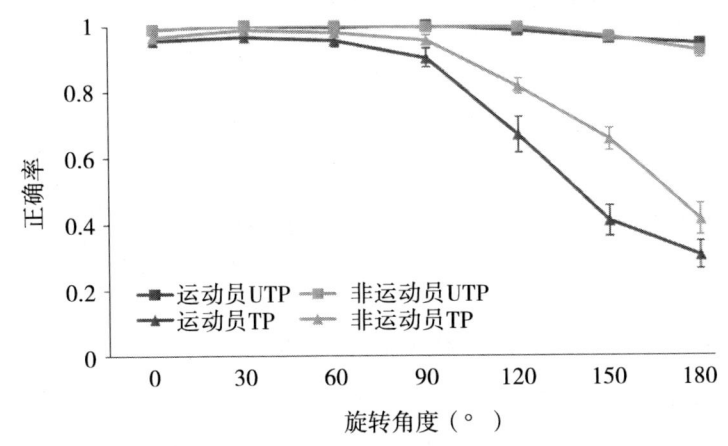

图4-4 跳水运动员与非运动员在不同时间条件下的各角度正确率（$M \pm SE$）

4. 讨论

前人针对心理旋转中的时间压力的研究是基于纸笔心理旋转测试收集的结果[20]。但是，时间压力在不同运动经验者的心理旋转能力中的作用较少受到研究者关注，因此，我们未能获得关于心理旋转任务中时间压力设置的借鉴范式。作为一种尝试，本实验借鉴本森等在决策心理研究中的时间压力设置方法[164]，在跳水运动员的主体心理旋转能力优于非运动员的前提下，根据组间差异的相对值设置了时间压力，以UTP任务的绩效作为对照，设置非运动员组的时间压力条件为900ms，跳水运动员组的时间压力条件为591ms。对反应时进行比较，发现跳水运动员在TP条件下的反应时显著快于非运动员，与我们的实验假设一致，说明跳水运动员能够更好地适应时间压力的情境。但是，通过分析正确率数据，我们发现，跳水运动员在TP条件下的120°和150°的正确率显著低于非运动员，这与我们的实验假设不符。文献提示，RD实验范式是能够明显引发

"速度—准确率"权衡的实验方法[165]，我们认为实验结果与假设的不一致可能是跳水运动员和非运动员在时间压力条件下产生了"速度—准确率"的权衡不同所致。为验证这一观点，我们使用Steggemann等评价"速度—准确率"权衡的指标——逆效率分数（Inverse Efficiency Scores，IE）[57]进行考察。IE等于反应时均值M除以正确率。随后，以IE为因变量，组别为组间变量做t检验发现组别差异显著（$t=-2.043$, $p<0.05$），说明跳水运动员（685±87ms）和非运动员（728±44ms）在TP条件下的"速度—准确率"权衡不同。

究其原因，我们认为可能是由于时间压力设置不同导致的。前人研究对时间压力下心理旋转的具身效应讨论较少，在不确定UTP与TP条件下的心理旋转加工机制是否相同的情况下，对两组使用不同的时间压力标准的做法或许有待商榷。对于反应时更快的跳水运动员而言，在这一标准下感受到的时间压力可能远大于非运动员（由于其时间压力比非运动员短了近300ms）。因此，有理由认为这种设置使得跳水运动员被迫在已经很快的反应时前提下再提高绩效，使得跳水运动员和非运动员出现不同的"速度—准确率"的权衡。尽管如此，在此情况下，跳水运动员在180°的正确率与非运动员无显著差异，结合第三章实验发现的跳水运动员在图像接近倒置时有更高的正确率，说明运动经验补偿了跳水运动员在高度时间压力情境下的绩效下降。

这一实验未能发现跳水运动员在时间压力下的正确率优势。然而，需要注意的是，通过分析实验数据我们发现，不论是跳水运动员还是非运动员，他们在TP条件下的反应时都远快于时间压力标准（运动员和非运动员分别快于RD 85ms和296ms）。对于时间压力定义，布罗纳（Bronner）认为，当察觉到可利用的时间不充分时，时间压力便产生了，因此感到压力的最为重要条件是个体必须认知到时间限制是有限的[132]。因此，这一结果提示我们，可能时间压力的具体标准并不是最重要的，重要的是给被试设置一个有时间压力的任务情境，观察跳水运动员和非运动员在该情境下的心理旋转能力。并且，统一的RD标准也是考察时间压力的常用方法[165, 166]。本尼科斯（Benikos）通过设置不同的RD来考察任务难度对个体抑制控制能力，发现随着任务难度的提升，错误率也随之升高[166]。后面实验将通过设置统一RD标准，进行进一步验证。

5. 小结

前面研究发现跳水运动员在UTP条件下的反应时更快，正确率与非运动员没有差异。本实验发现，在TP条件下，跳水运动员的反应时快于非运动员，但120°和150°的正确率低于非运动员，原因可能是相对时间压力的设置使得跳水运动员的时间压力更高，继而出现了更明显的"速度—准确率"权衡。

（二）绝对时间压力下运动员主体心理旋转的特征

1. 前言

研究者认为，感到压力的最为重要的条件是个体必须认知到强加的时间限制是有限的[132]，这一说法与实验4a的结果一致。在实验中，为被试设置一个有时间压力的任务情境，可能比确定时间压力的具体标准更加重要。因此，本实验在实验4a的基础上，使用与本森的时间压力设置方式[164]，通过设置统一数值的RD，即设置绝对时间压力，考察不同运动经验者的主体心理旋转能力，旨在揭示跳水运动员心理旋转的时间具身效应。研究假设是，与非运动员相比，跳水运动员在UTP和TP条件下的反应时都更快，且跳水运动员在TP条件下的正确率更高。

2. 方法

实验被试和材料同上一实验。

实验程序

实验开始之前，先根据本森的时间压力设置标准（$M-SD$）[164]，利用研究一的结果再次进行RD的计算，由于本实验与本森实验存在类型差异，时间压力的设置调整为平均值减去标准差的一半。但与实验4a不同的是，本实验使用全部两组被试的反应时平均数减去1/2标准差后的值，最终RD标准见表4-2。随后，使用与实验4a相同试验流程考察运动员组和非运动员组在TP条件下的反应时和正确率，并将它们与UTP条件进行比较。阅读实验指导后，被试需要先进行20个有反馈的练习试次，正确率高于80%（即超过16题的选择正确）方可开始正式实验，未达到要求需再次练习。实验按照时间压力的不同分为2个顺序随机的block，共2（UTP/TP）×7（旋转角度）×2（左右）×4（重复）=112试次。先进行UTP block，再进行TP block，该block的指导语为"在下面的实验中，你的每次判断都存在时间压力，未在规定时间内作出选择即算作无效。

请在保证正确率的前提下提高下一次选择的速度"。在每个试次中，先出现1000~1500ms的注视点，随后呈现刺激图形，达到时间压力（746ms）或被试按F键（左侧）或J键（右侧）后消失。在1000ms的空屏之后开始下一试次。实验时间25分钟左右。

表4-2 绝对时间压力设置标准

组别	RT$_{UTP}$（ms）	RD=$M_{总体}$−$^1/_2$$SD_{总体}$（ms）
跳水运动员	827 ± 175	746
非运动员	1136 ± 614	746
总体	982 ± 472	

数据统计与分析

进行数据分析之前，剔除了反应时超过均值3个标准差的被试（2名运动员和1名非运动员），且反应时的统计分析只包括正确的试次。由于正确率是本实验的重要指标，受到时间压力的影响较大，本实验没有做正确率剔除。两组被试3种时间条件下的正确率经反正弦转换后符合正态分布（所有$z<1.907$，$p>0.180$），反应时经过ln转换后符合正态分布（所有$z<0.756$，$p>0.617$）。使用R-M ANOVA对反应时和正确率的数据进行分析，组间因素为组别（运动员、非运动员），组内因素为时间条件（UTP、TP）和角度（0°、30°、60°、90°、120°、150°和180°）。主效应和交互作用的事后检验使用Bonferroni检验。

3. 结果

反应时

ANOVA分析发现反应时的组别主效应显著［$F(1, 42)=7.277$，$p<0.01$，$\eta_p^2=0.154$］，跳水运动员的反应时快于非运动员（UTP：运动员874 ± 263ms，非运动员：1089 ± 541ms；TP：运动员：554 ± 35ms，非运动员：598 ± 35ms，图4-5）。时间条件［$F(1, 42)=134.225$，$p<0.001$，$\eta_p^2=0.770$］和角度［$F(6, 252)=349.350$，$p<0.001$，$\eta_p^2=0.897$］主效应及交互作用［$F(6, 252)=50.924$，$p<0.001$，$\eta_p^2=0.560$］显著。事后分析发现，UTP条件下除0°（720 ± 254ms）与30°（753 ± 359ms）的反应时无显著差异外（$p=0.670$），其他角度间的反应时均存在显著差异（所有$p<0.05$），TP条件下除0°（486 ±

57ms）与30°（500±48ms，p=0.494），其他角度间的反应时均存在显著差异（所有p<0.01）。其他变量的交互作用均不显著（所有F<0.786，p>0.505，η_p^2<0.019）。

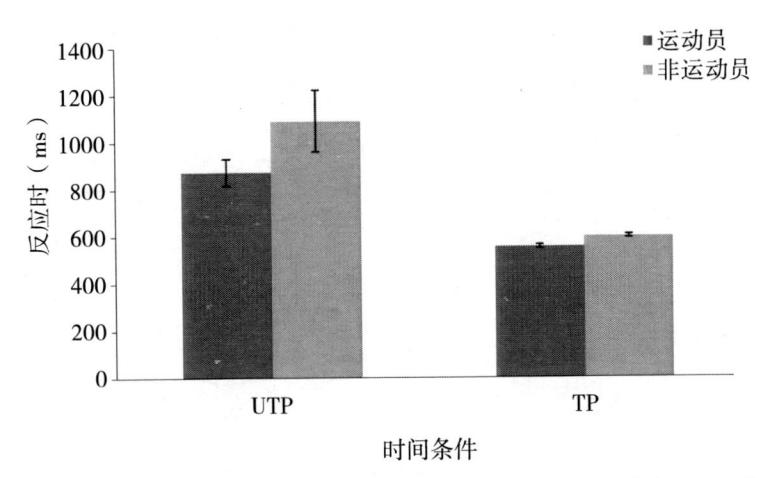

图4-5 跳水运动员与非运动员在不同时间条件下的反应时（$M \pm SE$）

正确率

对正确率进行分析发现，组别[F（1，42）=4.371，p<0.05，η_p^2=0.094]、时间条件[F（1，42）=214.227，p<0.001，η_p^2=0.836]和角度[F（6，252）=5.730，p<0.001，η_p^2=0.707]的主效应显著，且组别和时间条件[F（1，42）=4.498，p<0.05，η_p^2=0.097]、组别和角度[F（6，252）=3.943，p<0.05，η_p^2=0.086]、时间条件和角度[F（6，252）=73.420，p<0.001，η_p^2=0.636]以及三者的交互作用[F（1，42）=3.032，p<0.05，η_p^2=0.031]均显著。经事后检验发现，在TP条件下，跳水运动员组在150°和180°时正确率显著高于非运动员（150°：运动员：0.751±0.209，非运动员：0.656±0.159；临界显著p=0.098，180°：运动员：0.597±0.227，非运动员：0.412±0.219，p<0.01，图4-6）。此外，在TP条件下两组被试正确率随角度变化的趋势不同，跳水运动员只有90°的正确率（0.950±0.082）显著高于120°（0.804±0.175，p<0.01），而非运动员在90°至180°中的每相邻两角度之间的正确率都出现显著下降（90°：0.956±0.071，120°：0.816±0.108，150°：0.656±0.159，180°：0.412±0.219，所有p<0.01）。

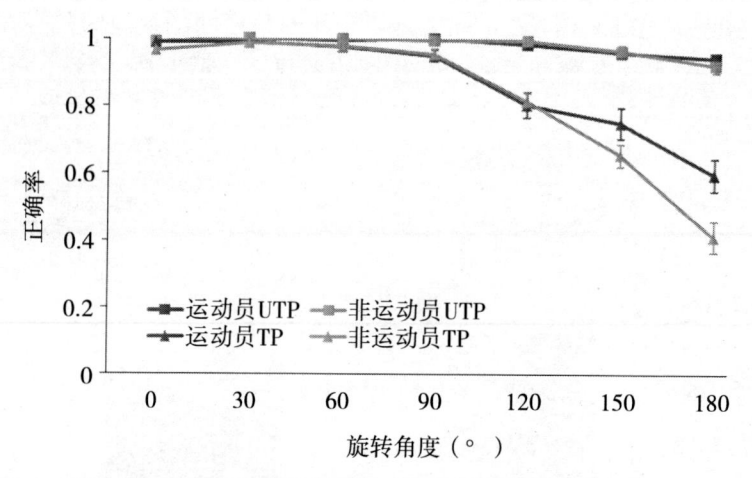

图4-6 跳水运动员与非运动员在不同时间条件下的各角度正确率（$M \pm SE$）

4. 讨论

本实验以具身认知理论为指导，将两组在UTP条件下的反应时均值减去标准差的一半作为绝对时间压力，通过比较UTP和TP条件下跳水运动员和非运动员在身体图像心理旋转任务中的成绩，考察了时间压力对不同运动经验个体的主体心理旋转能力的影响。研究主要有两点发现，首先，证实了时间压力能够影响个体在心理旋转任务中的成绩，这一结果与戈德斯坦（Goldstein）和瓦耶尔（Voyer）等的研究一致[109, 167]。其次，跳水运动员能够更好地处理时间压力情境，在TP条件下的正确率显著高于非运动员，且反应时的优势依然存在。这一发现为丰富具身认知理论，阐释心理旋转能力与运动中时间因素的关系提供了实验证据。此外，与相对时间压力设置实验相比，绝对时间压力设置可能更加合理，原因包括以下几点：①与相对时间压力实验相似，两组的反应时均值都明显低于设置的时间压力标准，且在时间压力下两组都显著加快了反应速度，并出现了正确率的显著降低，与设置时间压力的任务目的相一致，得到了前人研究的支持[168]，也符合本实验的假设。②实验中发现，跳水运动员在TP条件下反应时更快且正确率更高，排除了"速度—准确率"权衡（快但是不准确或慢但是准确）的可能，并且这一结果与第三章实验无时间压力条件下的研究结果相似（"倒置优势"的出现）。

首先，研究发现在时间压力情境下，两组的反应时都增加，但是正确率都受到了负面影响而下降。针对时间压力对决策的影响，代价/收益理论（Cost-

第四章 运动员心理旋转的时间具身效应的实证研究

benefit theory）能够为本实验结果提供一定的解释。理论认为，决策者在进行策略选择时，要对权衡准确性和努力程度（Accuracy-effort）。也就是说，个体在时间压力情境中进行的决策总是遵循一个规律：当决策限制的时间较长时，决策者喜欢采取耗时相对多而准确性也相对高的策略；而在决策时间非常短暂和匮乏的情况下，决策者不得不倾向于耗时少而准确性也相对低的策略。因此，当决策者处于高度时间压力的情境下，其决策准确性一般都较低[134]。

本实验发现跳水运动员在有时间压力条件的150°和180°下的正确率显著高于非运动员，与第三章实验的结果类似。前面实验发现跳水运动员在无时间压力时大角度（120°和180°）下的正确率更高，相似地，我们认为这一"倒置优势"与跳水运动员的身体经验相关。这一结果也得到了其他研究的支持，他们发现运动专家在非常见的旋转角度下存在主体心理旋转优势[57, 119, 161]。从心理旋转的角度效应而言，心理旋转的角度越大，所需时间越长，说明了具身认知和功能性等价假说提出的认知与身体动作之间的一致性关系[22, 54, 143]。由于跳水运动员非常熟悉身体倒置的技术动作，又由于在任务中的观察、想象等动作表征的加工过程与实际操作一致[148, 149]，因此跳水运动员在对熟悉的动作进行心理操作时能够获得促进，甚至表现出启动效应[14]。

除此之外，通过进一步分析组别与角度的交互作用，我们发现从刺激旋转90°至180°的过程中，非运动员的正确率出现随着角度增加而下降的情况，但跳水运动员只有120°的正确率较90°出现下降。阿莫里姆（Amorim）等的研究发现，正确率随角度的下降体现了非整体性策略的使用[14]。相应地，在以往的研究中，整体性策略通常被认为与更好的任务绩效有关，反之亦然[57, 169]。因此，正确率和角度关系的不同可能说明跳水运动员和非运动员在进行心理旋转时使用的策略不同。在心理学领域，针对决策的时间压力效应，丹（Dan）等从时间压力影响决策的时间知觉模型出发，总结了几个重要的方面：①信息搜寻和加工能力下降；②考虑的维度和选项的范围缩小；③负面信息重要性提升；④保护性反应，比如忽略或否定重要信息；⑤巩固已选择的项目；⑥倾向于运用过滤信息策略；即知觉到重要的信息首先被加工，然后继续进行加工直到时间用尽；⑦取代代偿策略而提升了非代偿选择策略的运用率；⑧遗忘重要的数据；⑨错误判断和评价[132]。总的来讲，时间压力影响决策制定的加工，导致了简单、非线性决策策略的运用。这一结果与密罗等的研究相似，他们发现在心理旋转任务中绩效更好的运动员所使用的策略更加全面和灵活，而非运动员则倾向于使用较为单一的策略[5]。

5. 小结

本实验发现在TP条件下，跳水运动员保持了UTP条件下的反应时优势，还表现出了较非运动员更高的正确率。具体表现为，运动经验提升了跳水运动员在判断身体倒置角度的心理旋转正确率。

二、时间压力下运动员主体心理旋转的阶段特征

1. 前言

实验发现在TP的情况下，跳水运动员保持了UTP条件下的反应时优势，还表现出了较非运动员更高的正确率。那么，时间压力下跳水运动员心理旋转优势的效益是什么？是缩短感知时间，还是加快旋转速度，又或是二者兼有？因此，时间压力条件影响跳水运动员心理旋转的阶段特征是本实验主要阐释的问题。实验2发现，在没有时间压力的主体表征心理旋转任务中，跳水运动员的阶段优势不仅表现在更快的感知和决定速度，还表现为更高的旋转速度。因此，就感知阶段而言，我们假设时间压力会促进被试的准备状态，进而缩短所有被试对刺激的感知和判断时间，但专家优势依然存在（假设1），就旋转阶段而言，身体旋转的经验会促进心理旋转的加工[38,138]，而跳水运动员具有在动作执行中自主加快旋转速度的经验，因此跳水运动员在时间压力下会显著提高旋转速度，而非运动员则不会，故旋转速度的组间差异依然存在（假设2）。

2. 方法

实验被试和材料同上一实验。

实验程序

实验由一名主试负责，在安静的会议室或教室内一对一进行。被试在填写完成个人信息表后坐于电脑前，眼睛与屏幕距离60cm。阅读实验指导后被试需要先进行20试次有反馈的练习，正确率高于80%方可开始正式实验。本实验设计与无时间压力的实验相似，只是增加了时间压力条件，被试需要在时间压力内进行主体表征心理旋转任务。在感知阶段和旋转阶段任务中，被试需要判断图中人屈肘于头部上方的是哪一侧手臂。阅读实验指导后，被试需要先进行20个有反馈的练习试次，正确率高于80%（即超过16题的选择正确）方可开

始正式实验，未达到要求需再次练习。实验根据加工阶段的不同，分为2个顺序随机的block，感知阶段block包括2（时间条件）×2（左右）×24（重复）=96试次，旋转角度block包括2（时间条件）×2（左右）×6（角度）×4（重复）=96试次，每个block先进行UTP判断，再进行TP判断，TP条件的指导语为"在下面的实验中，你的每次判断都存在时间压力，未在规定时间内作出选择即算作无效，请在保证正确率的前提下提高选择速度"。在每个试次中，先出现1000~1500ms的注视点，随后呈现刺激图形，直到按F键（左侧）或J键（右侧）或超过3000ms后消失，在1000ms的空屏之后开始下一试次（图4-7）。实验时间40分钟左右。

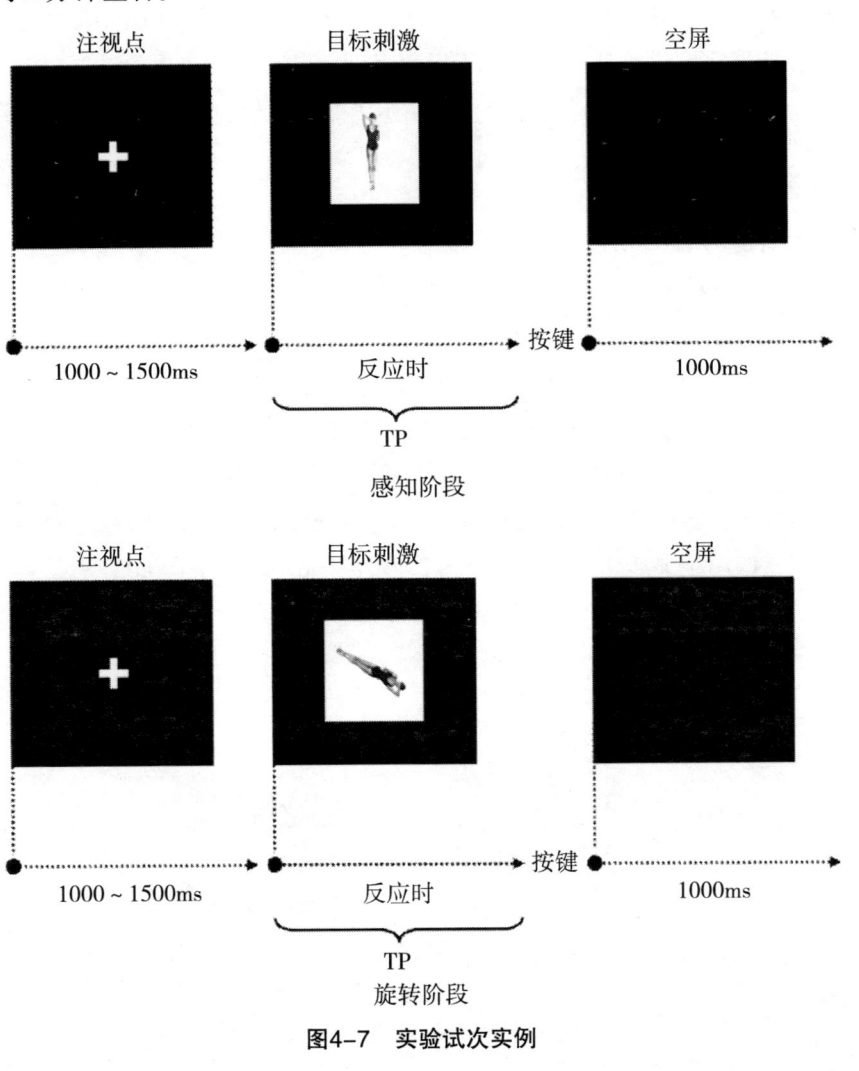

图4-7 实验试次实例

数据统计与分析

以刺激材料未旋转时（即旋转0°）的反应时作为感知阶段的评价指标，以每个角度下的角度与反应时的比值的平均数，单位为毫秒（ms），将旋转速度作为旋转阶段的评价指标，旋转速度是每个角度下的角度与反应时的比值的平均数，计算公式为：旋转速度=$\left(\dfrac{30}{RT_{30°}}+\dfrac{60}{RT_{60°}}+\dfrac{90}{RT_{90°}}+\dfrac{120}{RT_{120°}}+\dfrac{150}{RT_{150°}}+\dfrac{180}{RT_{180°}}\right)\div 6$，单位为度每秒（°/s）。进行数据分析之前，剔除了0°反应时和旋转速度超过均值3个标准差的被试（2名运动员和1名非运动员）。仅使用正确的试次进行统计。进行数据分析之前进行正态分布检验，两组被试在两种条件下的0°反应时和旋转速度均符合正态分布（所有$z<1.166$，$p>0.132$）。使用R-M ANOVA对0°反应时和旋转速度进行分析，组间因素为组别（运动员、非运动员），组内因素为时间条件（UTP、TP）。主效应和交互作用的事后检验使用Bonferroni检验。

3. 结果

感知阶段

ANOVA分析发现0°反应时的组别主效应显著［$F(1, 42)=11.157$，$p<0.01$，$\eta_p^2=0.210$］，在两种时间压力条件下跳水运动员的0°反应时都快于非运动员（UTP：运动员：631±109ms，非运动员：809±322ms；TP：运动员：457±45ms，非运动员：515±54ms，图4-8）。时间条件［$F(1, 42)=37.043$，$p<0.001$，$\eta_p^2=0.469$］主效应显著，两组被试在TP条件下的0°反应时都快于UTP条件（UTP：720±254 ms，TP：486±57ms）。此外，组别和时间条件的交互作用不显著［$F(1, 42)=2.436$，$p=0.126$，$\eta_p^2=0.055$］。

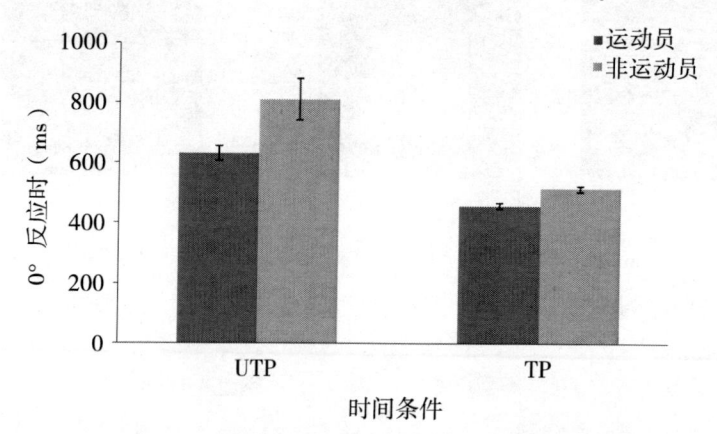

图4-8 跳水运动员与非运动员在不同时间条件下的感知阶段绩效（$M\pm SE$）

旋转阶段

ANOVA分析发现旋转速度的组别主效应显著[$F(1, 42)=12.186$, $p<0.01$, $\eta_p^2=0.225$]，在两种时间压力条件下跳水运动员的旋转速度都快于非运动员（UTP：运动员：119±30°/s，非运动员：98±27°/s；TP：运动员：176±11°/s，非运动员：163±7°/s，图4-9）。时间条件[$F(1, 42)=216.425$, $p<0.001$, $\eta_p^2=0.837$]主效应显著，两组被试在TP条件下的旋转速度都快于UTP条件（UTP：108±30°/s，TP：169±11°/s）。此外，组别和时间条件的交互作用[$F(1, 42)=0.709$, $p=0.405$, $\eta_p^2=0.017$]不显著。

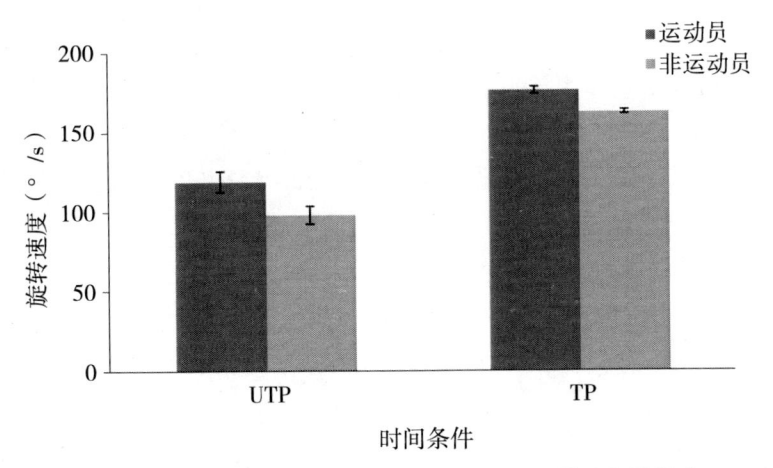

图4-9 跳水运动员与非运动员在不同时间条件下的旋转阶段绩效（$M±SE$）

4. 讨论

本实验从心理旋转的认知加工阶段出发，在时间压力条件下的跳水运动员心理旋转优势的基础上，揭示不同运动经验个体的心理旋转阶段特征。实验通过比较运动员和非运动员在UTP和TP两种时间条件下的0°反应时（感知阶段）和旋转速度（旋转阶段），发现在TP条件下，跳水运动员和非运动员的0°反应时都相似性地显著缩短，旋转速度都显著提高，但两阶段的组别主效应均显著，验证了实验假设1，但假设2仅得到了部分证明。

具身认知认为，认知能力获得与情境中的时间因素密切相关，据此我们假设跳水运动员能够更高效地处理时间压力情境，表现出比非运动员更加显著的绩效提升。实验结果显示，受到时间压力时，跳水运动员仍然保持了优势。前文提到，空间具身是指身体的各个轴可被描绘至具身化的物体之上（即用身体与模仿物体）[148,149]。据此，我们认为跳水运动员的感知阶段的优势是从运动经验的空间具身中获得，表现为更快的感知、编码速度，促进了图形匹配以及动作反应的速度[14]。此外，动作具身是指观察、想象等动作表征的加工过程与实际操作一致[148,149]，这一过程可能促进了动作表征中空间信息的保持，进而提高了旋转速度[14]。

然而，需要注意的是，不论是跳水运动员还是非运动员被试，为了适应压力既减少了感知和决定时间，也加快了旋转速度，表现出一种"极尽地"适应对策。这种对策表现为，增加TP条件后，非运动员的0°反应时和旋转速度看起来获得了比运动员更显著的提升（非运动员反应时从809ms到515ms，旋转速度从98°/s到163°/s，运动员反应时从631ms到457ms，旋转速度从119°/s到176°/s）。虽然交互作用并不显著，但我们试图对这一结果进行阐释。首先，就感知阶段而言，本实验的任务较为容易，在多次重复后，被试可能出现练习效应，有研究发现被试经过练习后再进行心理旋转任务时，能够直接从记忆中回溯正确的判断[86]，进而提升了感知阶段的绩效。此外，凯尔（Kail）等认为旋转速度与被试的心理旋转策略有关[170]，研究发现跳水运动员比非运动员在心理旋转任务中使用的策略更加灵活[5]，因此，实验结果提示，非运动员压力下的练习，可能在一定程度上促进了心理旋转策略的获取和发展，进而提升了旋转速度。

5. 小结

与UTP条件相比，跳水运动员和非运动员的感知和决定速度以及旋转速度都出现提高，但在TP条件下跳水运动员的各阶段优势仍然存在。

三、时间压力下运动员主体心理旋转的脑加工时程特征

1. 前言

先前实验发现，时间压力下跳水运动员的反应时优势、心理旋转的感知阶段和旋转阶段的优势存在且正确率优势出现。因此，我们期望在本实验中探讨时间压力下跳水运动员心理旋转的脑加工特征，并揭示不同时程的ERP成分与跳水运动员各阶段绩效及运动经验之间的关系。首先，时间压力情境使得两组被试都进行更高效的心理旋转加工，因而不论是对刺激的感知和注意程度，还

是心理旋转的效率都会相应提高，因而表现出时间压力下N2波潜伏期提前，波峰值增加以及RRN平均波幅增加（假设1）。其次，结合之前实验的结果，跳水运动员的感知能力更强，心理旋转效率更高，因而跳水运动员在时间压力下的N2波潜伏期更早，N2波峰值和RRN平均波幅更大（假设2）。

2. 方法

实验被试

42名被试参与了实验，其中包括20名跳水运动员，10名男性和10名女性；22名非运动员，12名男性和10名女性。两组被试年龄无显著差异（运动员：20.00±3.50岁，非运动员：21.11±2.94岁，$t=-1.054$，$p=0.299$）。运动员组是来自北京跳水队的跳水运动员，他们的训练年限为5~13年，每周训练时间为36小时左右。非运动员是从上海体育学院招募的从未参加过专业体育运动训练的非体育专业大学生。被试在实验前签署知情同意书，在实验后获得礼品或现金奖励。

实验材料同上一实验。

实验程序

为保证跳水运动员和非运动员仍能够处于时间压力情境，本实验使用与实验4b相同的方式，设置总体UTP反应时的均值减标准差的一半作为时间压力标准（即643ms－83ms=560ms=RD）。实验由两名主试负责，在安静的会议室或实验室内逐个进行。被试在实验前清洗头发并吹干，随后填写个人信息表，待其坐于电脑前（眼睛与屏幕距离60厘米）后向被试介绍ERP实验要求和注意事项。之后佩戴电极帽，保证电极电的阻抗小于5kΩ。完毕后向被试讲解实验要求，在心理旋转任务中，被试需要判断图中人屈肘于头部上方的是哪一侧手臂，若判断为左侧按F键，右侧按J键。阅读实验指导后，被试需要先进行20个有反馈的练习试次，正确率高于80%（即超过16题的选择正确）方可开始正式实验，未达到要求需再次练习。实验按照时间压力的不同分为2个顺序随机的block，共包括2（UTP/TP）×4（旋转角度）×2（左右）×30（重复）=480试次。先进行UTP block，再进行TP block，该block的指导语为"在下面的实验中，你的每次判断都存在时间压力，未在规定时间内作出选择即算作无效。请在保证正确率的前提下提高选择速度"。在每个试次中，先出现1000~1500ms的注视点，随后呈现刺激图形，达到时间压力或被试按F键（左侧）或J键（右侧）后消失。在1000ms的空屏之后开始下一试次。实验时间90分钟左右。

169

EEG数据记录和分析

EEG信号预处理与第三章实验相同。依据两种表征方式以及各4个角度的60个试次的数据进行分段叠加和平均。TP和UTP条件的分段时间为刺激出现前的200ms到出现后的800ms。通过分析获得了N2和RRN成分。N2的峰波幅和潜伏期由210~290ms的波峰处测量，UTP和TP条件的RRN平均波幅值使用400~600ms的平均幅度计算。

数据统计与分析

首先，剔除反应时和波峰值或波平均值超过均值3个标准差以及正确率低于0.85的被试（1名运动员和2名非运动员）。反应时的统计分析只包括正确的试次。使用与第三章实验相同的方式计算感知阶段和旋转阶段的绩效，将刺激材料未旋转时（即旋转0°）的反应时作为感知阶段的评价指标，单位为毫秒（ms），将旋转速度作为旋转阶段的评价指标，旋转速度是每个角度下的角度与反应时的比值的平均数，计算公式为：旋转速度=$\left(\dfrac{60}{RT_{60°}}+\dfrac{120}{RT_{120°}}+\dfrac{180}{RT_{180°}}\right)\div 3$，单位为度每秒（°/s）。就行为数据而言，两组被试在两种条件下的反应时经过ln转换后符合正态分布（所有$z<1.182$, $p>0.210$），经反正弦转换后的正确率和各阶段绩效均符合正态分布（所有$z<1.651$, $p>0.272$）。使用R-M ANOVA对反应时和正确率的数据进行分析，组间因素为组别（运动员、非运动员），组内因素为时间条件（UTP/TP）和角度（0°、60°、120°和180°）。使用R-M ANOVA对感知阶段反应时和旋转速度进行分析，组间因素为组别（运动员、非运动员），组内因素为时间条件（UTP/TP）。同样地，ERP数据使用R-M ANOVA分别以N2的峰波幅和潜伏期，以及RRN平均波幅为因变量，以组别（运动员、非运动员）为组间变量，时间条件（UTP/TP）和角度（0°、60°、120°和180°）和电极点位置（F3、Fz和F4/P3、Pz和P4）为组内变量进行统计。主效应和交互作用的事后检验使用Bonferroni检验。

3. 结果

反应时

对反应时进行ANOVA分析发现，组别主效应不显著[$F(1, 37)=0.017$, $p=0.898$, $\eta_p^2=0.000$]，说明跳水运动员（UTP: 643±108ms，TP: 484±52ms）和非运动员（UTP: 643±208ms，TP: 506±40ms）的反应时没有差

异。时间条件 [$F(1, 37) = 34.915$，$p<0.001$，$\eta_p^2=0.499$] 和角度 [$F(3, 111) = 145.288$，$p<0.001$，$\eta_p^2=0.806$] 的主效应以及两者的交互作用显著 [$F(3, 111) =15.185$，$p<0.001$，$\eta_p^2=0.303$]，事后分析发现，UTP条件下，0°（446±39ms）与60°（453±40ms）的反应时差异不显著（所有$p>0.334$），其他角度的反应时随着角度增加而增加（所有$p<0.001$，图4-10）。其他交互作用均不显著（所有$F<1.091$，$p>0.316$，$\eta_p^2<0.030$）。

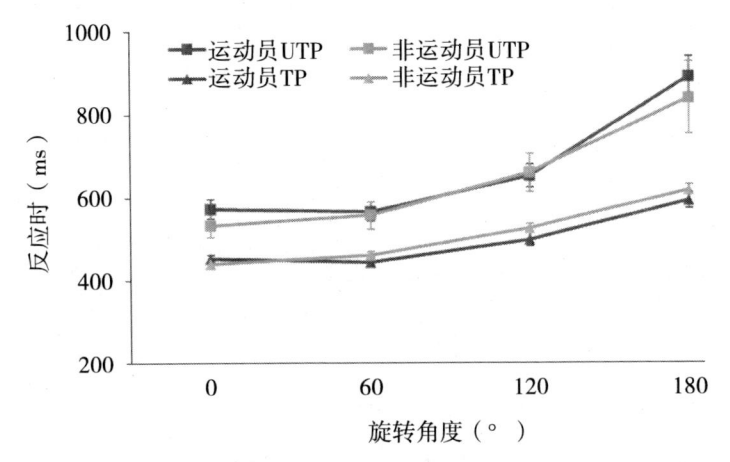

图4-10 跳水运动员与非运动员在不同时间条件下的各角度反应时（$M±SE$）

正确率

针对正确率的分析发现，组别 [$F(1, 37) =5.126$，$p<0.05$，$\eta_p^2=0.128$] 主效应显著，跳水运动员（UTP：0.986±0.016，TP：0.939±0.046）比非运动员（UTP：0.968±0.030，TP：0.918±0.050）的正确率高（图4-11）。时间条件 [$F(1, 37) =46.608$，$p<0.001$，$\eta_p^2=0.571$] 和角度 [$F(3, 111)=44.571$，$p<0.001$，$\eta_p^2=0.560$] 的主效应均显著。此外，时间条件和角度交互作用显著 [$F(3, 111) =17.373$，$p<0.001$，$\eta_p^2=0.332$]。事后分析发现，在UTP和TP条件下，0°（UTP：0.995±0.033，TP：0.964±0.069）与60°（UTP：0.997±0.011，TP：0.987±0.030），以及0°与120°（UTP：0.985±0.026，TP：0.946±0.58）之间的正确率没有显著差异（所有$p>0.235$），其他角度的正确率均随着角度增加而下降（所有$p<0.01$）。其他交互作用均不显著（所有$F<1.284$，$p>0.283$，$\eta_p^2<0.035$）。

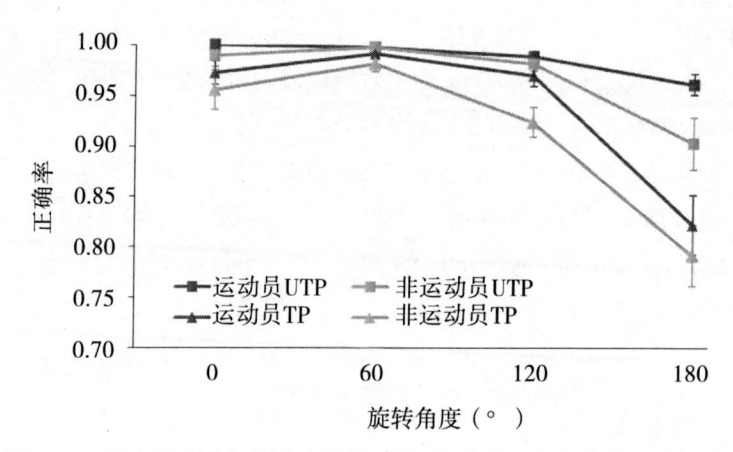

图4-11 跳水运动员与非运动员在不同时间条件下各角度的正确率（$M \pm SE$）

感知阶段

ANOVA分析发现，0°反应时的时间条件主效应[$F(1, 37)$=43.668，$p<0.001$，η_p^2=0.555]显著，TP条件（446±39ms）下的0°反应时显著快于UTP条件（552±115ms）。组别主效应[$F(1, 37)$=1.240，p=0.273，η_p^2=0.034]及两变量交互作用[$F(1, 37)$=0.728，p=0.399，η_p^2=0.020]不显著。由此说明，跳水运动员（UTP：572±100ms，TP：452±43ms）的0°反应时与非运动员（UTP：532±128ms，TP：440±35ms）没有显著差异。

旋转阶段

ANOVA分析发现，时间条件主效应[$F(1, 37)$=55.736，$p<0.001$，η_p^2=0.614]显著，TP条件（225±32°/s）下的旋转速度显著快于UTP条件（176±35°/s）。组别主效应[$F(1, 37)$=0.066，p=0.799，η_p^2=0.002]及两变量交互作用[$F(1, 37)$=3.169，p=0.084，η_p^2=0.083]不显著。由此说明，跳水运动员（UTP：171±32°/s，TP：232±42°/s）的旋转速度与非运动员（UTP：180±137°/s，TP：218±17°/s）没有显著差异。

ERP结果

N2

针对N2潜伏期的ANOVA分析发现，时间条件主效应显著[$F(1, 37)$=5.497，$p<0.05$，η_p^2=0.147]，TP条件（246±16ms）的N2潜伏期短于UTP条件（253±15ms）。角度和组别[$F(1, 111)$=2.782，$p<0.05$，η_p^2=0.080]，时间条件和角度[$F(1, 111)$=3,051，$p<0.05$，η_p^2=0.087]，以及时间条件、

第四章 运动员心理旋转的时间具身效应的实证研究

角度和组别的交互作用显著 $[F(1, 111)=4.863, p<0.01, \eta_p^2=0.132]$。事后分析发现，非运动员在OT条件下的0°（249±28ms）和60°（230±22ms），以及120°（242±24ms）和180°（255±24ms）的N2潜伏期存在差异，跳水运动员在主体表征的0°（238±31ms）和120°（269±23ms），以及60°（246±22ms）和120°的N2潜伏期存在差异。其他因素的主效应和交互效应均不显著（所有$F<2.143, p>0.112, \eta_p^2<0.063$）。

针对N2波峰值的ANOVA分析发现，组别 $[F(1, 37)=5.501, p<0.05, \eta_p^2=0.155]$ 主效应显著，跳水运动员（UTP：-4.78±2.46μV，TP：-4.18±3.47μV）的N2波峰值显著高于非运动员（UTP：-3.19±3.55μV，TP：-1.64±3.74μV，图4-12至图4-14）。角度的主效应显著 $[F(1, 111)=21.601, p<0.001, \eta_p^2=0.419]$，时间条件主效应边缘显著 $[F(1, 37)=3.388, p=0.076, \eta_p^2=0.101]$，UTP条件（-3.94±3.14μV）比TP条件（-2.91±3.77μV）的N2波峰值大。此外，时间条件和角度的交互作用显著 $[F(1, 74)=3.177, p<0.05, \eta_p^2=0.096]$。事后分析发现，UTP条件下120°的N2波幅大于60°，小于180°（所有$p<0.05$），TP条件下波幅在0°～120°随着角度增加而增加（所有$p<0.05$）。电极点位置和角度的交互作用显著 $[F(1, 111)=5.305, p<0.05, \eta_p^2=0.150]$，其他变量主效应及交互作用均不显著（所有$F<1.862, p>0.161, \eta_p^2<0.058$）。

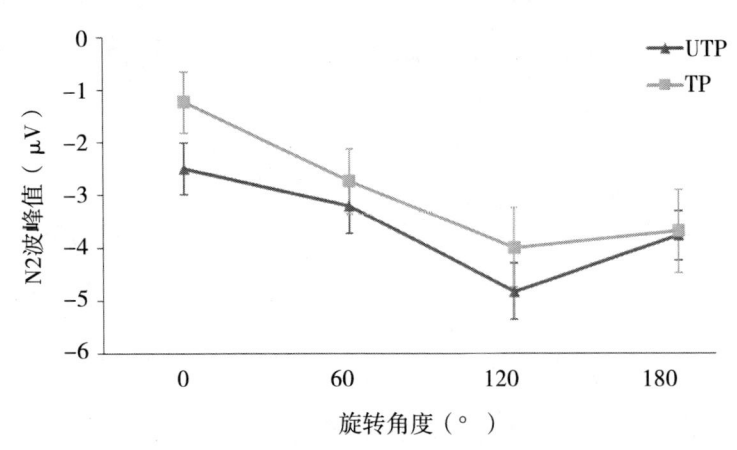

图4-12 不同时间条件下各角度Fz点N2波峰值（$M±SE$）

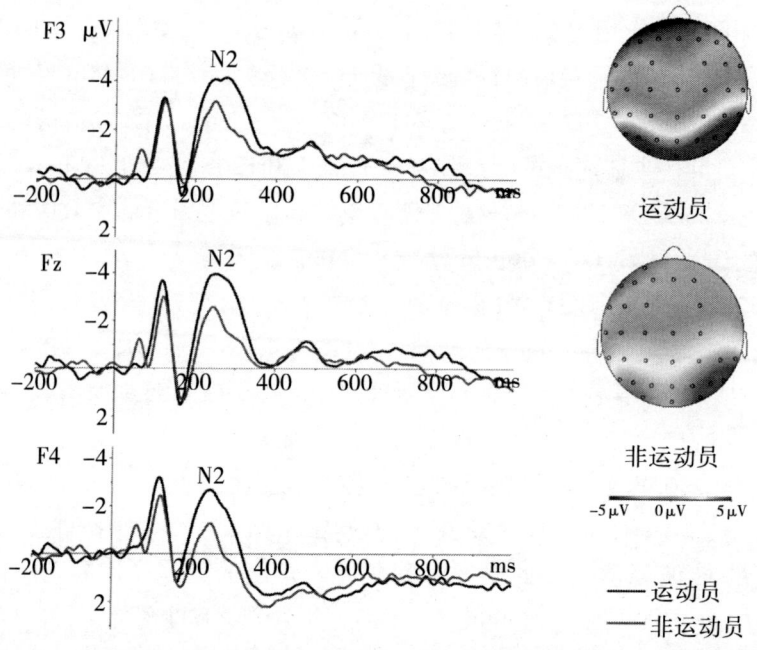

图4-13 跳水运动员与非运动员UTP条件下F3、Fz和F4点的N2平均波形图及脑地形

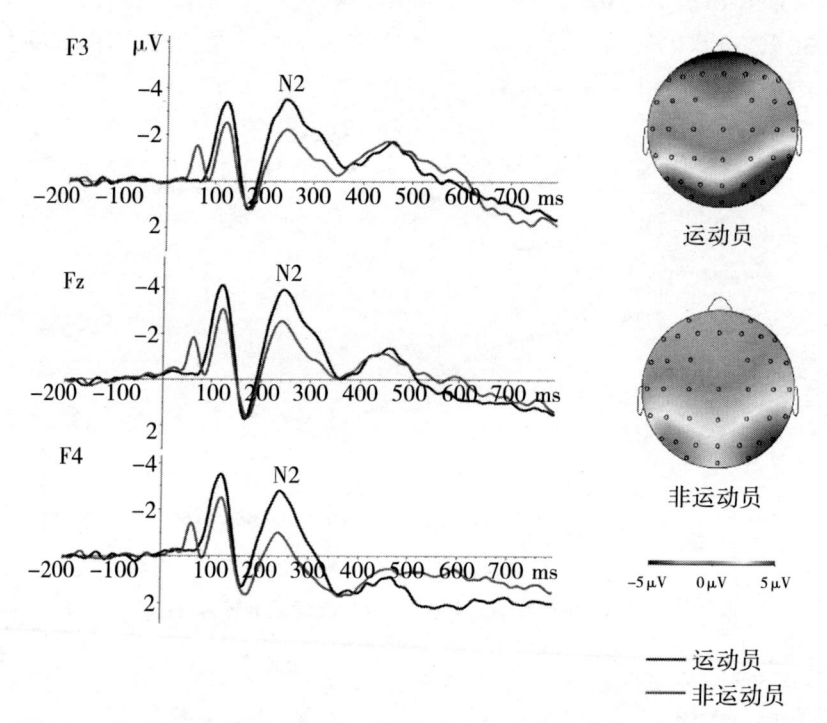

图4-14 跳水运动员与非运动员TP条件下F3、Fz和F4点的N2平均波形图及脑地形

第四章 运动员心理旋转的时间具身效应的实证研究

RRN

RRN平均波幅的分析结果如图4-15至图4-19所示,组别主效应显著[$F(1, 37)=7.744$, $p<0.05$, $\eta_p^2=0.229$],表现为跳水运动员(UTP:$3.11\pm1.64\mu V$,TP:$3.93\pm2.71\mu V$)比非运动员(UTP:$0.54\pm3.25\mu V$,TP:$1.72\pm2.24\mu V$)的RRN平均波幅更大。时间条件的主效应边缘显著[$F(1, 37)=3.218$, $p=0.084$, $\eta_p^2=0.110$],表现为TP条件下的RRN平均波幅显著大于UTP条件(UTP:$1.73\pm2.89\mu V$,TP:$2.76\pm2.68\mu V$)。角度[$F(1, 111)=8.731$, $p<0.001$, $\eta_p^2=0.251$]和电极点位置[$F(1, 74)=4.320$, $p<0.05$, $\eta_p^2=0.142$]的主效应显著,角度和电极点位置[$F(1, 222)=13.108$, $p<0.001$, $\eta_p^2=0.335$],以及时间条件和电极点位置[$F(1, 74)=8.290$, $p<0.01$, $\eta_p^2=0.242$]的交互作用显著。其他交互作用均不显著(所有$F<2.272$, $p>0.099$, $\eta_p^2<0.080$)。

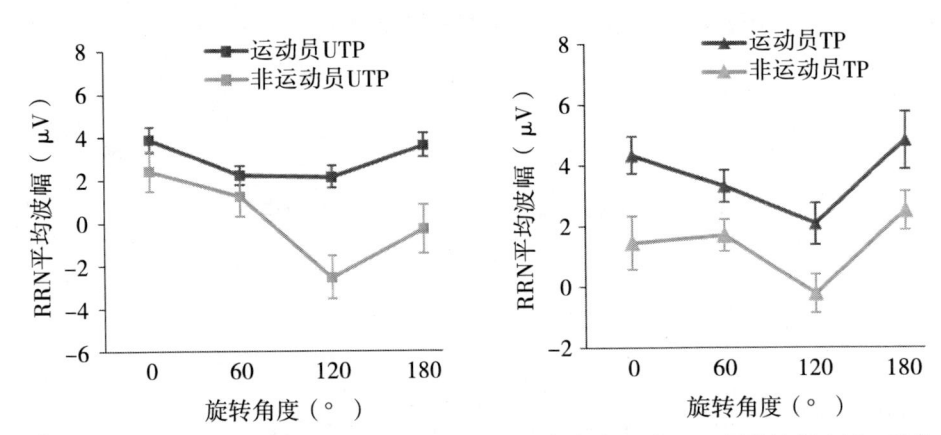

图4-15 跳水运动员和非运动员在不同时间条件下各角度P3点RRN平均波幅($M\pm SE$)

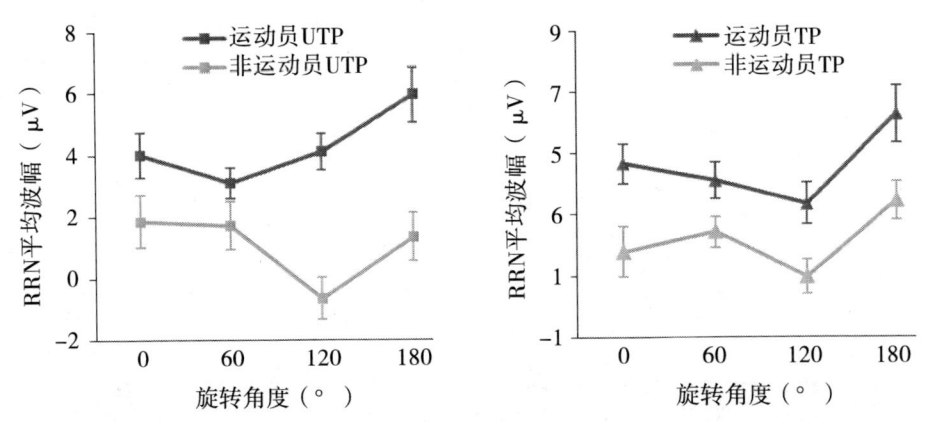

图4-16 跳水运动员和非运动员在不同时间条件下各角度的Pz点RRN平均波幅($M\pm SE$)

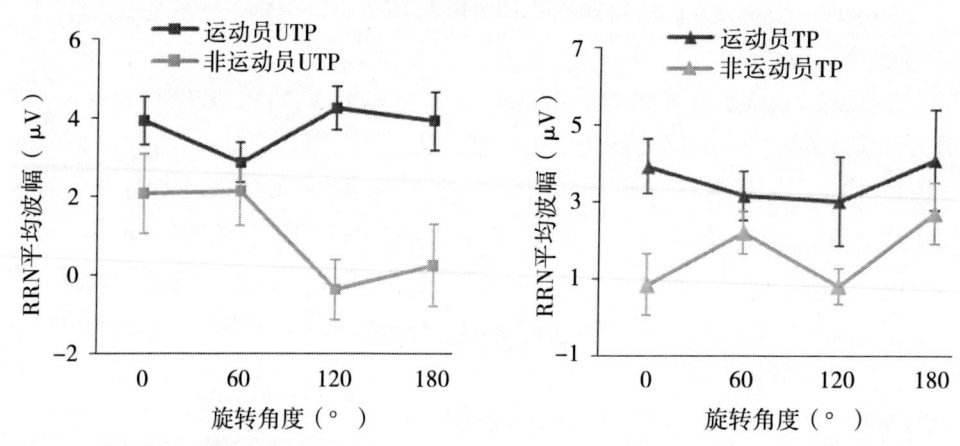

图4-17 跳水运动员和非运动员在不同时间条件下各角度的P4点RRN平均波幅（$M \pm SE$）

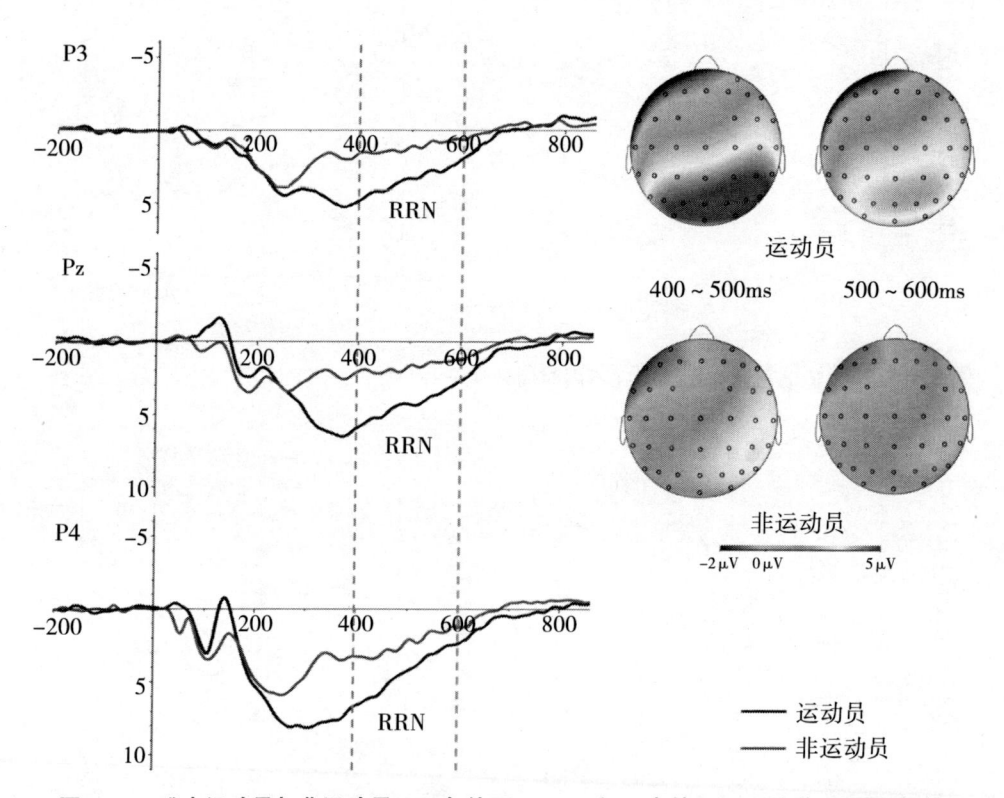

图4-18 跳水运动员与非运动员UTP条件下P3、Pz和P4点的RRN平均波形图及脑地形

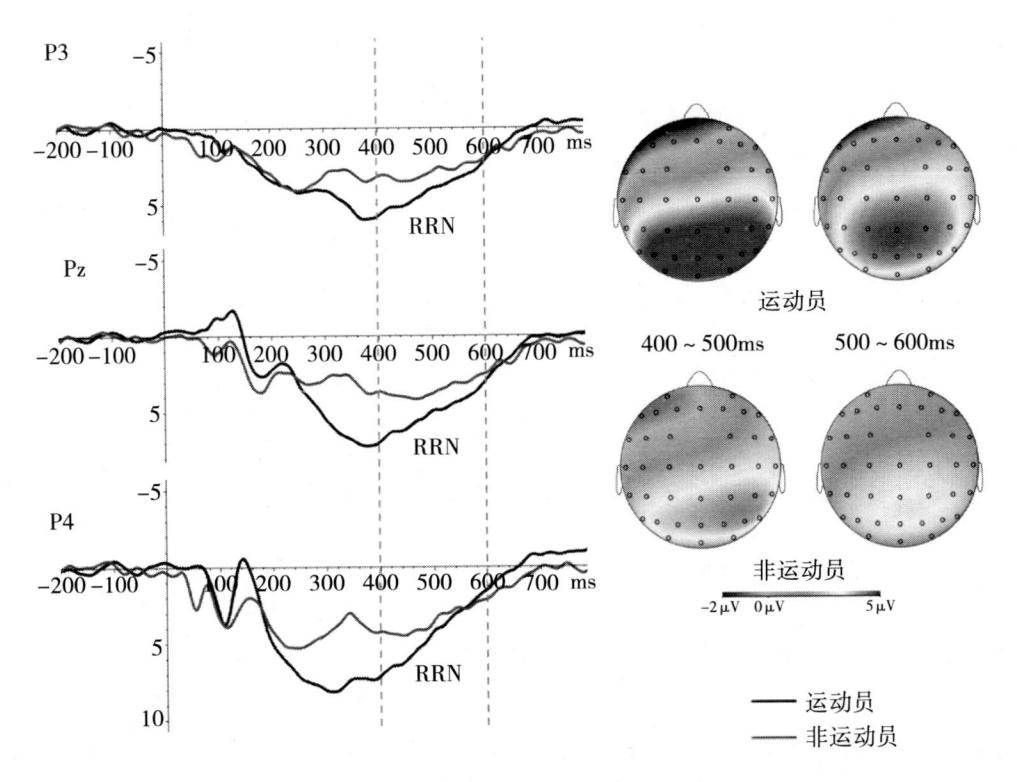

第四章 运动员心理旋转的时间具身效应的实证研究

图4-19 跳水运动员与非运动员TP条件下P3、Pz和P4点的RRN平均波形图及脑地形图

相关分析

在行为数据和ERP结果的基础上,我们将N2波峰值和RRN平均波幅分别与感知阶段绩效(0°反应时)和旋转阶段绩效(旋转速度)做相关。此外,为考察运动经验与ERP成分之间的关系,我们还将N2波峰值和RRN平均波幅与跳水运动员的专业运动年限分别做相关,发现TP条件下跳水运动员的Pz点的RRN平均波幅与专业运动年限存在显著正相关($r=0.687$, $p<0.01$,图4-20)。

177

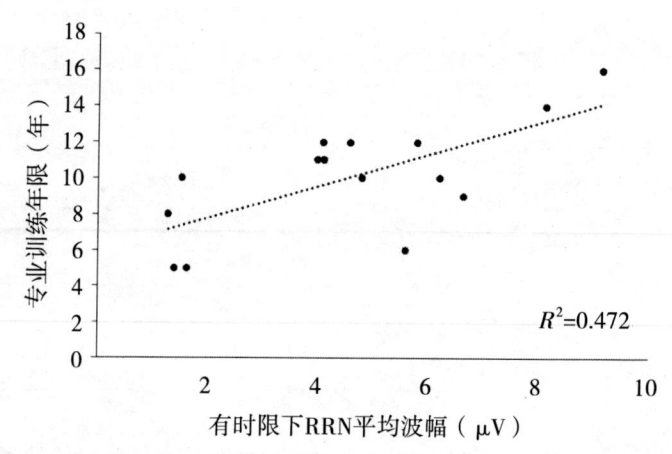

[图表: 散点图, Y轴"专业训练年限(年)"0-18, X轴"有时限下RRN平均波幅(μV)"2-10, $R^2=0.472$]

图4-20 跳水运动员TP条件RRN平均波幅(Pz点)与专业训练年限相关图

4. 讨论

实验比较了跳水运动员和非运动员在UTP和TP条件主体表征下心理旋转的大脑加工的时程特征。在行为指标上，跳水运动员比非运动员的正确率更高，但两组被试在反应时、感知阶段和旋转阶段的绩效上不存在差异。在ERP指标上，与UTP条件相比，TP条件下两组被试的N2波峰值和RRN平均波幅都显著增加。此外，与非运动员相比，跳水运动员在有无时间压力的条件下的N2波峰值和RRN平均波幅都更为显著，且跳水运动员在TP条件下的RRN平均波幅与专业运动年限存在显著正相关。

首先，跳水运动员的优势主要表现在正确率更高，与第三章实验的结果相似。通过结合实验6和实验4b的数据作相关，我们发现跳水运动员在TP下的反应时与年龄的大小不存在显著相关（$r=-0.282$, $p=0.95$），而非运动员的TP反应时却随着年龄的增加而缩短（所有$r=-0.730$, $p<0.001$），说明非运动员的心理旋转能力随着年龄增长得到了一定发展。相反地，两组被试在TP条件下的正确率都与年龄存在正相关关系（所有$r<-0.458$, $p<0.005$），可能是不同年龄阶段的跳水运动员都能够表现出正确率优势的原因。此外，根据洛曼的观点[151]，随着年龄的增长，运动员的心理旋转优势可能从加工速度转移至整体心理旋转水平上。

跳水运动员的正确率更高，主要原因是动作具身过程促进了跳水运动员在对熟悉的动作进行心理操作时的绩效[14]。其次，从正确率与角度的关系来看，UTP条件时两组被试在60°的正确率都与0°相近，在TP条件时60°的正确率甚至高于0°。以往对主体表征心理旋转的研究发现，主体表征的角度效应出现在60°或90°后[59,60]，因此支持了本实验的结果。究其原因，凯斯勒和汤姆森等认为是个体在判断小角度和大角度旋转的图像使用了不同的策略[62]。对于小角度旋转的图像，类似于进行视觉匹配的过程，科日夫尼科夫和赫加蒂发现被试更倾向于使用转动头部而不是在心理表象的方式判断100°以下的任务[26]。随着角度的增大，个体的正确率出现降低，可能是由于在具身性表征中投入了更多的心理资源[62]。

最后，本实验的被试在有TP条件下的正确率显著高于实验4b中被试在TP条件下的正确率，其解释有二：第一，本实验中的成年被试比实验4b中的青少年的心理旋转水平更高，表现在反应时更快，正确率整体上更高（比较第三章实验和实验1）。第二，实验的设计影响了被试的正确率表现。实验4b中被试需要对7个角度各进行4次判断，而根据ERP实验的需要，本实验要求被试对4个角度进行每个角度60次重复的判断，相对大量的练习可能使得被试在完成任务的过程中获得了练习效益，提高了正确率。

从ERP结果而言，两组被试在TP条件下的N2潜伏期短于UTP条件，波峰值都大于UTP条件，验证了假设1。与本研究相似，本尼科斯（Benikos）等通过设置低、中、高三种时间压力的Go/Nogo任务，发现随着时间压力的增加，被试在Nogo条件下的N2潜伏期逐渐缩短，波幅逐渐增加[166]。前人研究证实，N2成分受注意程度和刺激新异性的作用而影响刺激的加工编码[89,96,152,153,162]，而时间压力会影响被试在进行认知任务时的注意导向（Attentional Orienting）[171]。在本实验中，个体在有时间压力的情境中，对注意刺激编码的开始时间更早、效率更高，提升了感知阶段的绩效，表现出更大的N2波幅，可能是由于时间压力的压力使得被试不得不提高对刺激的注意程度，从而提升了对刺激加工的启动速度，增加了编码深度。

就RRN波幅而言，伴随着旋转速度的提升，被试在TP条件下的RRN平均波幅显著大于UTP条件，且神经活动的范围也更加广泛，验证了假设1。结合以往研究发现，RRN与心理旋转的加工过程存在密切关系[157]。在本实验中时间压力情境的设置迫使被试必须提高努力程度以在时间压力内完成选择，这种补偿效应使得RRN波幅增加，以提升个体在心理旋转任务中旋转阶段的神经加工效率和广度。针对压力情境对心理旋转的脑活动影响，Ma等比较了个体在正常环境和高原缺氧环境下进行字母心理旋转的ERP变化，进而发现在缺氧条件下，被试400~500ms的顶区RRN波幅显著增加，且波幅的角度效应更加明显[75]。

先前的研究通过对两组被试进行比较,发现跳水运动员在时间压力条件下反应时更快,正确率更高(实验4b),且感知速度和旋转速度都存在优势(实验5)。虽然本实验中,仅发现了跳水运动员有着更高的正确率,但通过比较跳水运动员和非运动员在有无时间压力条件下的ERP变化,我们发现跳水运动员的脑活动方面与非运动员存在差异。

首先,就N2成分而言,不论是UTP条件还是TP条件,跳水运动员的N2波幅都比非运动员更大,但两组在N2潜伏期上并没有显著差异,部分验证了假设2。结果显示,跳水运动员N2的优势并非由于他们在感知阶段对视觉刺激的加工更早,而是更加高效,这可能也是实验2和实验5中跳水运动员感知阶段优势的原因。在前面实验中,我们认为这种在感知阶段的优势可能是由于跳水运动员在刺激的编码、任务准备程度或是动作速度更快。研究证实,跳水运动员的简单反应时和选择反应时比非运动员更快[144-147],由于跳水运动员经常需要将运动信息在神经中枢进行快速准确地编码,相关电生理研究发现运动员的脑信号传输速度更快,脑活动潜伏期更短[147]。除此之外,N2作为与注意相关的ERP成分[152,153],跳水运动员N2成分优势可能与其注意焦点相关。首先,时间压力影响决策的时间知觉模型提出,时间压力会影响信息加工过程中注意资源的分配[132]。针对时间压力的认知应对过程中的信息加工角度,卡劳(Karau)提出了注意焦点模型(Attentional focus model),其基本假设是时间压力影响了个体在任务环境中的注意对象和范围,使之更局限于与任务相关的因素[135]。具体而言,在高度时间压力条件下,个体更加倾向于关注与任务完成相关的特征,从而忽略与之不大相关的特征,表现为"任务聚焦";而在时间充裕条件下,个体感受到来自任务的特征更加多样,更有可能受到与任务完成不大相关的环境特征的吸引,表现为"非任务聚焦"。有研究从时间因素与运动员脑加工特征的关系出发,得到了一些可供参考的积极结果。为了比较时间阻断对运动员进行知觉预判时大脑加工的影响,他们要求运动员根据发球视频进行网球落点的预判,发现供判断的时间越短,运动员的N2波幅越大,且专家组的N2波幅大于经验组,经验组大于新手组[172]。因此,时间压力情境可能引发了运动员更高的任务聚焦程度,从而增加了对旋转线索的注意程度,表现出更大的N2。

其次,RRN代表了个体在心理旋转阶段的认知投入。本实验发现,RRN出现在顶叶皮层,在UTP条件和TP条件的400~600ms变化最为明显,这一结果与第三章实验以及前人研究一致[77, 87, 89]。跳水运动员在心理旋转任务中的RRN波幅更大，且这种优势不受时间压力条件的影响，验证了假设2。与本实验结果一致，一些运动员心理旋转的ERP研究发现运动员的P3波幅更大[32, 93]。首先，RRN结果说明跳水运动员在进行心理旋转任务时的神经活动强度更强，从图4-39和图4-40脑地形图可见，跳水运动员顶部RRN的激活范围较非运动员更广，说明其认知资源的募集程度更高。加德纳（Gardner）的激活理论（Activation theory）能够为本实验的结果提供一定解释[173]。理论认为个体都拥有特殊的最佳激活水平，个体总是努力达到或维持这一最佳激活水平。当处于最佳激活水平时，个体中枢神经系统的功能水平达到峰值，大脑活动效率最高，且行为活动效率最佳。此外，不同强度的压力会引发个体不同的激活水平，进而使个体的相应后效水平出现差异。本实验结果显示，TP条件下的RRN波幅与跳水运动员的专业训练年限显著相关，因而提示我们运动员长期积累的、在时间压力下进行身体旋转的经验，以及引起的相应脑可塑性变化，促进了他们在时间压力的心理旋转任务中接近最佳激活水平，进而表现出行为绩效和脑活动效率的双重优势。

5. 小结

在时间压力条件下，跳水运动员和非运动员的正确率都有所下降，但跳水运动员的优势依然存在。就ERP变化而言，在时间压力条件下跳水运动员的N2波峰值和RRN平均波幅更大，且后者与专业训练年限相关，说明长期的运动训练所积累的身体旋转经验促进了跳水运动员心理旋转的脑可塑性变化。

四、运动员心理旋转时间具身效应的影响因素

第三章研究发现，个体因素中的性别、年龄、运动成绩，以及任务因素中的突出旋转部分和练习效应，都会对运动员心理旋转的空间具身效应产生影响。时间具身效应作为压力情境下的心理旋转特征，可能会在前面研究的基础上揭示更多结果：一方面，对于由运动练习经验带来的、不同运动水平被试之间的固定差异将会被强化，即组间差异更加显著；另一方面，由于压力设置的存在，大多被试都会尽力抵抗压力保持成绩，因此前期实验设置引起的被试间差异可能会在压力环境下消失。据此，我们希望能够在"运动员心理旋转时间

具身效应的影响因素"这一节继续考察个体因素和任务因素对运动员和非运动员主体心理旋转能力的影响。

（一）个体因素

1. 性别

（1）前言

一些研究发现，男性在心理旋转任务的绩效显著优于女性，研究者认为心理旋转的男性优势可能与生理因素、社会环境因素、活动参与因素以及心理旋转任务因素相关。然而，前面部分中以跳水转体动作为任务刺激的实验结果发现，在未设置时间压力的条件下，运动员和非运动员在主体表征方面均未表现出性别差异。有研究发现，心理旋转中的性别差异可能与实验时间设置相关，在取消时间限制的纸笔测试中，女性与男性的心理旋转成绩的差异消失。因此，相反地，本实验希望通过增加时间压力情境，考察在有无时间压力的情境下，不同运动水平的被试在主体心理旋转中的性别差异是否存在。研究假设，在时间压力情境下，非运动员进行心理旋转时的男性优势将会出现。

（2）方法

实验被试

44名被试参与了实验，其中包括22名跳水运动员，14名男性和8名女性（年龄14.81±2.50岁）；22名非运动员，14名男性和8名女性（年龄13.18±0.39岁）。两组被试年龄无显著差异[$F(1,42)=1.105, p=0.371, \eta_p^2=0.019$]。运动员组是来自上海跳水队的跳水运动员，训练年限为7~10年，每周训练时间为30小时左右，所有队员都在接受初中教育。非运动员是从河南省郑州市招募来的初中二年级学生，他们从未参加过专业体育运动训练。

实验材料

整体绩效：实验使用修订后的人体图像主体表征心理旋转任务进行。每次只呈现一幅人体图形，图形在水平面内顺时针旋转，旋转角度为0°、30°、60°、90°、120°、150°或180°（图4-21）。阶段绩效：实验包括2种刺激材料，分别是：①感知阶段：一幅旋转0°的跳水转体动作图。②旋转阶段：一幅旋转后的跳水转体动作图。

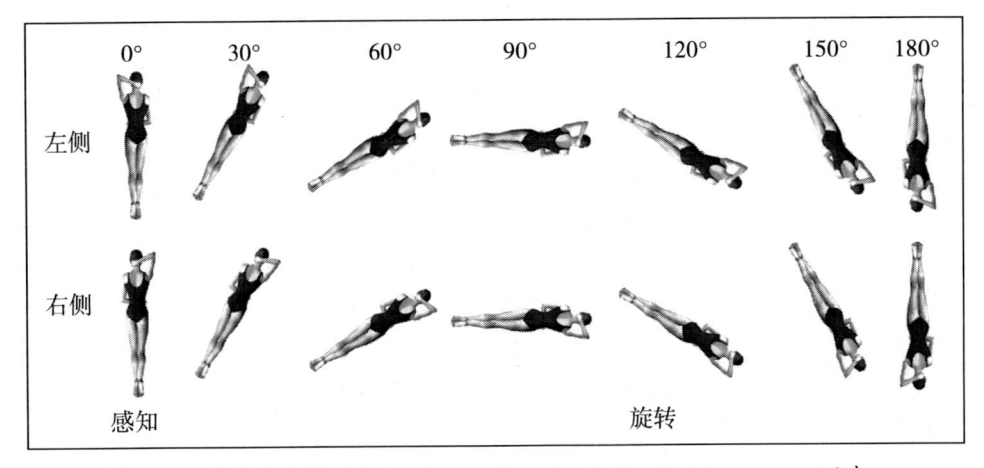

图4-21 ET任务刺激（© QA International，2017. All rights reserved.）

实验程序

实验由一名主试负责，在安静的会议室或教室内一对一进行。被试在填写完成个人信息表后坐于电脑前，眼睛与屏幕距离60cm。阅读实验指导后，被试需要先进行20个有反馈的练习试次，正确率高于80%（即超过16题的选择正确）方可开始正式实验，未达到要求需再次练习。在任务中，被试需要判断图中人屈肘于头部上方的是哪一侧手臂，F键代表左侧，J键代表右侧。实验按照表征方式的不同分为2个顺序随机的block，共7（旋转角度）×2（左右）×8（重复）=112试次。在每个试次中，先出现1000～1500ms的注视点，随后呈现刺激图形，直到被试按键或超过3000ms后消失。在1000ms的空屏之后，开始下一试次。实验时间在25分钟左右。

数据统计与分析

根据数据，剔除了超过均值3个标准差以及正确率低于0.85的被试（2名运动员）。使用多因素方差分析（ANOVA）对反应时、正确率和阶段绩效进行分析，根据Jansen和Just对心理旋转阶段的测量方式[69, 70]，将刺激材料未旋转时（即旋转0°）的反应时作为感知阶段的评价指标，单位为毫秒（ms），将旋转速度作为旋转阶段的评价指标，旋转速度是每个角度下的角度与反应时的比值的平均数，计算公式为：旋转速度=$(\frac{30}{RT_{30°}}+\frac{60}{RT_{60°}}+\frac{90}{RT_{90°}}+\frac{120}{RT_{120°}}+\frac{150}{RT_{150°}}+\frac{180}{RT_{180°}})\div 6$，单位为度每秒（°/s）。组间因素为组别（运动员、非运动员）和性别（男性、女性），组内因素为时间条件（无时限、有时限）主效应和交互作用的事后检验使用Bonferroni检验。

（3）结果

反应时

针对主体表征反应时的分析结果显示（表4-3），时间条件的效应显著，即所有被试均在时间压力条件下提高了反应时间（运动员：无时限：796.48±187.32ms，有时限：524.12±29.12ms；非运动员：无时限：1100.71±631.01ms，有时限：539.02±32.27ms）。与此同时，显著的组别主效应说明，运动员比非运动员在两种时间条件下的反应时都更快（运动员：660.30±108.22ms，非运动员：819.87±331.64ms）。组别和时间条件的边缘交互作用发现，在时间压力下的组间差异更加显著（$p<0.05$）（图4-22）。

表4-3 ANOVA结果

	效应	F（df）	p	η_p^2
组内	时间条件	26.855（1，38）	0.000	0.414
	时间条件×组别	2.741（1，38）	0.106	0.067
	时间条件×性别	0.226（1，38）	0.638	0.006
	时间条件×组别×性别	0.534（1，38）	0.469	0.014
组间	组别	3.771（1，38）	0.060	0.090
	性别	0.274（1，38）	0.604	0.007
	组别×性别	0.442（1，38）	0.520	0.011

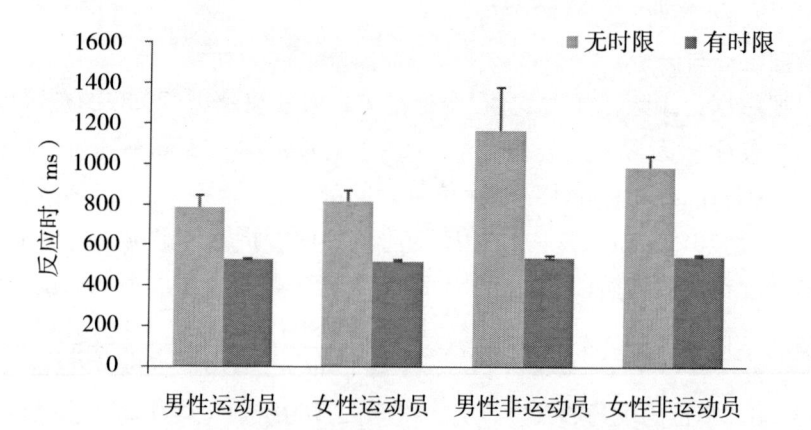

图4-22 不同性别的跳水运动员与非运动员在有无时限条件下主体表征方式下的反应时（$M±SE$）

正确率

研究结果统计了不同组别和性别被试在两种时间条件下的正确率结果（图4-23），发现了显著的时间条件和组别的主效应，以及两者的交互作用。事后分析发现，两组被试在无时限时的正确率差异不显著（$p=0.878$），在有时限条件下运动员的正确率显著高于非运动员（$p<0.05$）。如表4-4所示，性别主效应及其他交互作用均不显著。

表4-4 ANOVA结果

	效应	F（df）	p	η_p^2
组内	时间条件	128.816（1, 38）	0.000	0.772
	时间条件×组别	4.752（1, 38）	0.036	0.111
	时间条件×性别	0.126（1, 38）	0.724	0.003
	时间条件×组别×性别	0.019（1, 38）	0.892	0.000
组间	组别	4.663（1, 38）	0.037	0.109
	性别	0.012（1, 38）	0.913	0.000
	组别×性别	0.083（1, 38）	0.774	0.002

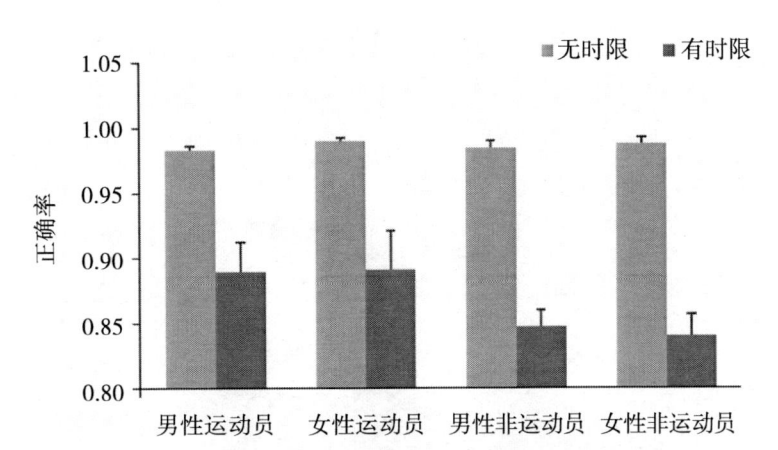

图4-23 不同性别的跳水运动员与非运动员在有无时限条件下主体表征方式下的正确率（$M\pm SE$）

感知阶段

通过比较0°反应时发现,与反应时结果相似,时间条件和组别的主效应显著(表4–5)。表现为时间条件的效应显著,即所有被试均在时间压力条件下提高了反应时间(运动员:无时限:629.46±147.95ms,有时限:466.81±38.17ms;非运动员:无时限:816.96±414.58ms,有时限:486.79±49.26ms)。与此同时,显著的组别主效应说明,运动员比非运动员在两种时间条件下的反应时都更快(运动员:543.54±81.92ms,非运动员:661.52±204.95ms)(图4–24)。

表4–5　ANOVA结果

	效应	F(df)	p	η_p^2
组内	时间条件	23.368(1, 38)	0.000	0.381
	时间条件×组别	2.098(1, 38)	0.156	0.052
	时间条件×性别	0.390(1, 38)	0.536	0.010
	时间条件×组别×性别	0.166(1, 38)	0.686	0.004
组间	组别	4.968(1, 38)	0.031	0.110
	性别	1.085(1, 38)	0.304	0.026
	组别×性别	0.000(1, 38)	0.995	0.000

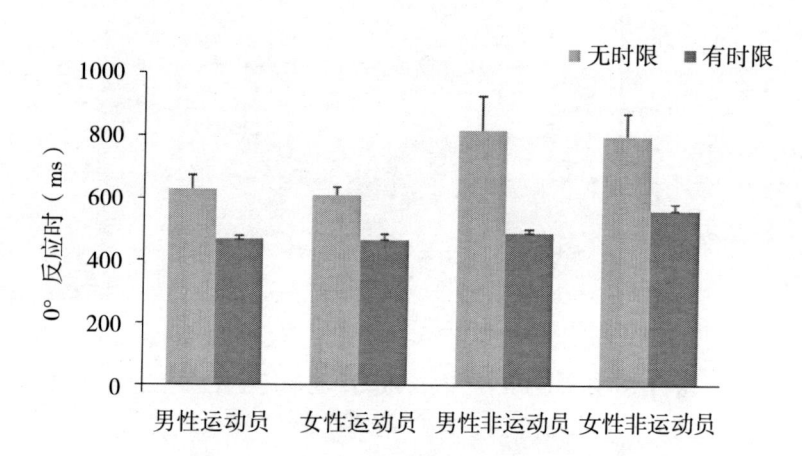

图4–24　不同性别的跳水运动员与非运动员在有无时限条件下主体表征方式下的感知阶段绩效($M±SE$)

旋转阶段

分析旋转阶段绩效发现时间条件和组别的主效应显著（表4-6）。表现为时间条件的效应显著，即所有被试均在时间压力条件下提高了旋转速度（运动员：无时限：124.83±29.75°/s，有时限：199.98±38.29°/s；非运动员：无时限：99.06±27.82°/s，有时限：166.94±9.32°/s）。与此同时，显著的组别主效应说明，运动员比非运动员在两种时间条件下的反应时都更快（运动员：162.40±29.32°/s，非运动员：133.00±18.57°/s）。此外，通过观察数据发现，男性（运动员：167.11±34.02°/s，非运动员：135.33±21.46°/s）比女性（运动员：155.35±19.80°/s，非运动员：128.91±9.29°/s）的旋转速度略高（图4-25）。

表4-6 ANOVA结果

	效应	F（df）	p	η_p^2
组内	时间条件	151.036（1，38）	0.000	0.799
	时间条件×组别	0.456（1，38）	0.503	0.012
	时间条件×性别	0.482（1，38）	0.492	0.013
	时间条件×组别×性别	0.005（1，38）	0.942	0.000
组间	组别	26.336（1，38）	0.000	0.409
	性别	2.567（1，38）	0.117	0.063
	组别×性别	0.221（1，38）	0.641	0.006

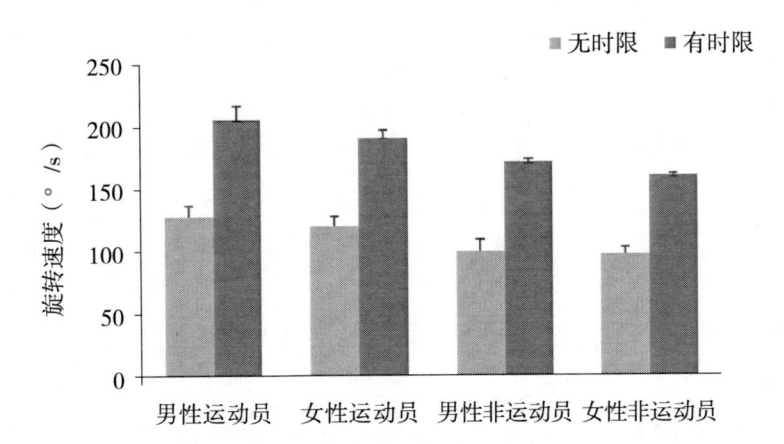

图4-25 不同性别的跳水运动员与非运动员在有无时限条件下主体表征方式下的旋转速度（$M±SE$）

（4）讨论

本实验通过增加时间压力情境，考察在有无时间压力的情境下，不同运动水平的被试在主体心理旋转中的性别差异是否存在。研究假设，在时间压力情境下，非运动员进行心理旋转时的男性优势将会出现。然而，研究结果并未证实这一假设。如果分析反应时、正确率和阶段绩效，发现不论是运动员还是非运动员，男性和女性之间的心理旋转绩效的差异都不显著。先前研究将无时限条件下未发现性别差异归结为"天花板效应"，在本研究中，时间压力下两组被试的正确率均有下降，但仍然没有出现性别差异，可能说明针对人体旋转的刺激图形而言，女性与男性表现出相似的感知加工速度。虽然如此，在旋转速度方面发现了较为边缘的性别效应，男性表现出比女性的旋转速度更快的趋势。

（5）小结

运动员和非运动员组的被试在有无时限条件下的性别差异都不显著，但男性表现出比女性的旋转速度更快的趋势。

2. 年龄

（1）前言

先前在无时限条件下的研究发现，在主体表征中，随着年龄的增长，运动员心理旋转能力也逐渐增加，具体表现为正确率和旋转速度得到提升。本实验考察在有时限条件下，年龄对心理旋转能力的影响作用是否改变。由于时间压力的出现，所有被试都被迫提升反应绩效，因而我们假设年龄与心理旋转能力之间的关系不再清晰。

（2）方法

实验被试

20名被试参与了实验，所有被试均为跳水运动员，12名男性和8名女性（年龄17.82±5.50岁），来自上海跳水队，训练年限为7~10年，每周训练时间为30小时左右，所有队员都在接受初中至大学教育。被试在实验前签署知情同意书，在实验后获得礼品。

实验材料和程序都与上文性别对跳水运动员与非运动员的心理旋转能力影响的实验相同。

数据统计与分析

本实验中的年龄是连续变量，因此使用Pearson相关分析分别进行年龄与反应时、正确率、感知阶段反应时和旋转速度进行分析，试图考察丰富运动经验者随着年龄的增长，其心理旋转能力的改变。

（3）结果

反应时

针对时间压力下的反应时的研究结果显示，年龄与反应时之间的相关关系不显著（$r=-0.304$，$p=0.193$）。然而，根据散点图可见（图4-26），运动员个体表现出随着年龄增加，其主体表征心理旋转任务的反应时缩短的趋势。

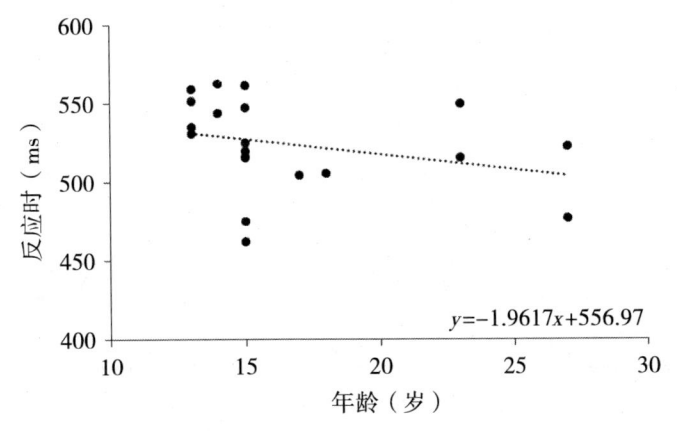

图4-26 有时限条件下运动员年龄与主体表征反应时的关系（$M \pm SE$）

正确率

根据对主体表征的个体正确率进行分析，发现年龄与正确率之间不存在相关关系（$r=0.061$，$p=0.800$）。说明随着年龄的增长，运动员在时间压力下的反应准确程度没有差异（图4-27）。

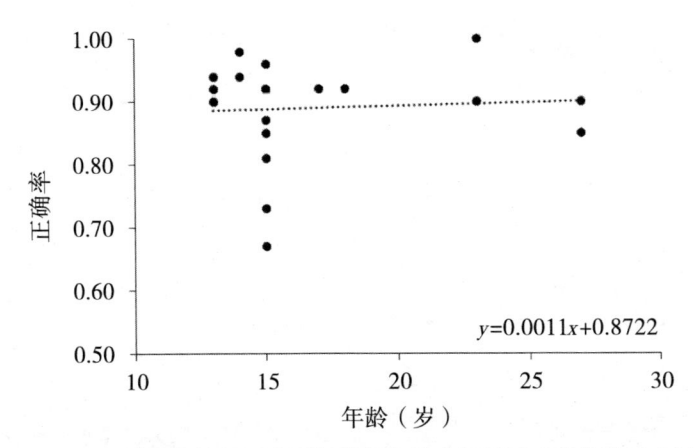

图4-27 有时限条件下运动员年龄与主体表征反正确率的关系（$M \pm SE$）

感知阶段

通过分析个体在时间压力下的刺激未旋转时的反应时，发现年龄与感知阶段绩效之间的相关系数r=-0.161，显著性p=0.499，说明个体在主体表征感知速度没有受到年龄的影响（图4-28）。

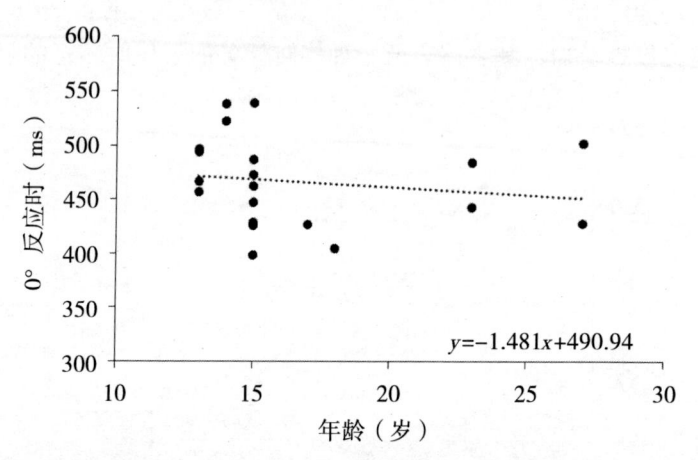

图4-28 有时限条件下运动员年龄与主体表征感知阶段绩效的关系（$M \pm SE$）

旋转阶段

根据对主体表征的个体旋转阶段绩效进行分析（图4-29），发现年龄与旋转速度之间的相关关系不显著（r=0.118，p=0.621）。这一结果说明，运动员进行主体心理表征旋转操作的速度没有随着年龄的增加而逐渐增加。

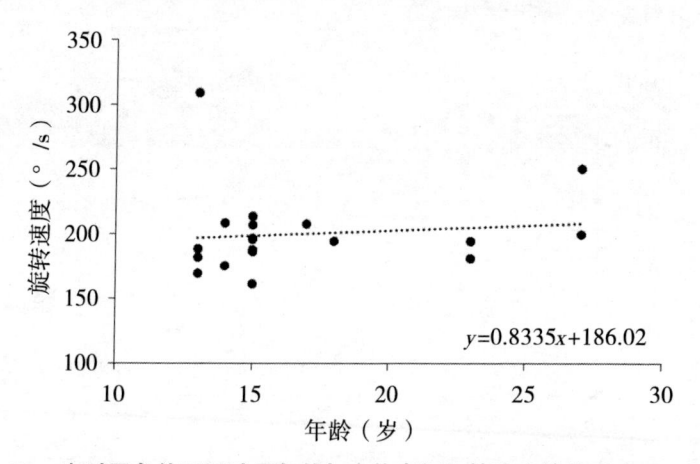

图4-29 有时限条件下运动员年龄与主体表征旋转速度的关系（$M \pm SE$）

（4）讨论

当前关于年龄和运动员心理旋转关系的研究较少，多数研究集中在成年运动员被试之中。本研究比较了青少年被试和成年的跳水运动员在时间压力条件下的主体心理旋转绩效，发现与无时限条件下结果不一致，当时间压力出现，不同年龄被试的绩效使得年龄对心理旋转的影响作用减弱，具体表现为在反应时、正确率以及阶段绩效上，年龄与心理旋转绩效的相关关系均不显著。因此，研究结果证实了假设。此外，研究从另一面证实，年龄对心理旋转的影响可以通过任务设置来进行一定的补偿和修正，比如给予青少年运动员更强的任务压力等。未来研究可以关注不同年龄的被试在任务中的脑电活动特征，从脑加工机制角度去进一步阐释。

（5）小结

在时间压力条件下，年龄对于运动员心理旋转能力的影响消失，说明任务设置能够在一定程度上补偿和修正年龄对心理旋转的影响作用。

3. 运动成绩

（1）前言

运动成绩通常能够代表运动员个人短期最高水平，本研究根据运动成绩将运动员分为3组：①国际级组：个人最好成绩为国际比赛前八名；②国家级组：最好成绩为国家级比赛前八名；③省级组：个人最好成绩为省级比赛前八名。先前研究证实，在时间压力条件下运动员与非运动员之间的任务绩效差距加大，即运动员的专家优势更加显著。无时限条件下的研究发现，虽然组间差异均不显著，但就感知阶段的绩效而言，表现出随着运动成绩的增长，反应时逐渐缩短的趋势，说明运动成绩的提升对个体主体心理旋转的刺激感知效率有积极影响。据此，本研究假设，与无时限条件相比，时间压力条件下国际级组运动员与其他两组的差异，以及国家级组运动员与省级组运动员的差异将更加显著。

（2）方法

实验被试

20名被试参与了实验，所有被试均为跳水运动员，12名男性和8名女性（年龄17.82±5.50岁），来自上海跳水队，训练年限为7～10年，每周训练时间为30小时左右，所有队员都在接受初中至大学教育。实验被试在实验前签署知情同意书，在实验后获得礼品。

实验材料和程序都与第三章第四节的实验相同。

数据统计与分析

为避免多因素交互作用对实验效应的覆盖，3个实验条件独立完成分析。在每种实验条件下，统计分为两部分：①反应时和正确率分析。②阶段绩效分析。根据詹森和贾斯特对心理旋转阶段的测量方式[69,70]，使用重复测量方差分析（ANOVA）分别对反应时、正确率、感知阶段反应时和旋转速度进行分析，组建因素为运动水平（省级组、国家级组、国际级组），组内因素为时间条件（无时限、有时限）。

（3）结果

反应时

针对反应时的分析发现（表4-7），三种不同运动成绩的运动员在有时限条件下的反应时均得到了显著提升（无时限：省级组：770.53 ± 138.42ms，国家级组：804.62 ± 218.54ms，国际级组：800.22 ± 187.56ms；有时限：省级组：516.32 ± 38.92ms，国家级组：528.88 ± 28.91ms，国际级组：521.38 ± 26.58ms），但不同运动最好成绩的运动员之间的反应时没有显著差异，说明最好成绩对心理旋转的影响未表现在反应时方面（图4-30）。

表4-7　ANOVA结果

效应	F（df）	p	η_p^2
最好成绩	0.073（1, 40）	0.930	0.008
时间条件	34.159（1, 40）	0.000	0.668
最好成绩×时间条件	0.023（1, 40）	0.978	0.003

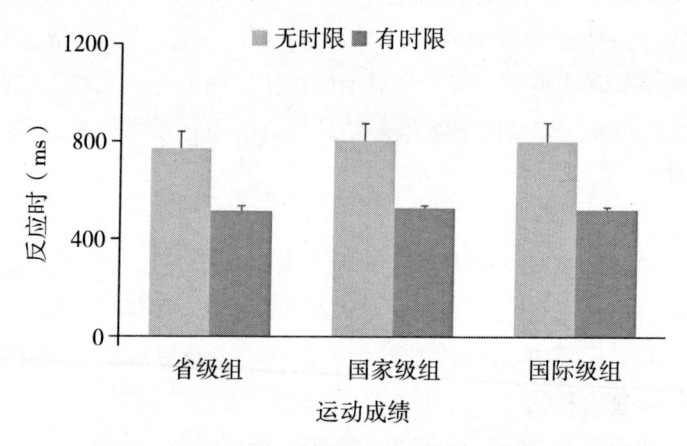

图4-30　不同运动成绩运动员在有无时限条件下的主体表征反应时（$M±SE$）

正确率

针对正确率的分析发现最好成绩主效应不显著（表4-8），但时间条件的主效应说明当面对时间压力情境时，三组被试的正确率均受到消极影响（无时限：省级组：0.98±0.01，国家级组：0.99±0.01，国际级组：0.99±0.01；有时限：省级组：0.84±0.08，国家级组：0.89±0.09，国际级组：0.92±0.05）。但根据观察发现，在有时限条件下的正确率存在差异趋势，即国际级组运动员的正确率高于其他两组，国家级组运动员的正确率也高于省级组，表现出随着运动最好成绩的提升，运动员在时间压力条件下的判断准确性也随之提升（图4-31）。

表4-8 ANOVA结果

效应	F（df）	p	η_p^2
最好成绩	1.825（1，40）	0.191	0.117
时间条件	29.775（1，40）	0.000	0.637
最好成绩×时间条件	1.247（1，40）	0.312	0.128

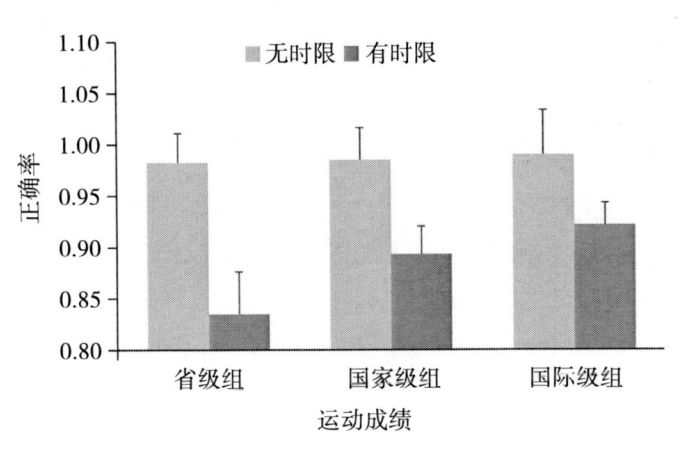

图4-31 不同运动成绩运动员在有无时限条件下的主体表征正确率（$M±SE$）

感知阶段

针对运动员感知阶段的绩效分析发现（表4-9），三种不同运动成绩的运动员在有时限条件下的感知速度均得到了显著提升（无时限：省级组：643.81±88.12ms，国家级组：622.65±164.84ms，国际级组：606.79±37.16ms；有时限：省级组：436.91±30.95ms，国家级组：475.93±48.77ms，国际级组：469.38±28.48ms），但组间差异并不显著（图4-32）。

表4-9　ANOVA结果

效应	F（df）	p	η_p^2
最好成绩	0.723（1, 40）	0.500	0.078
时间条件	27.940（1, 40）	0.000	0.622
最好成绩×时间条件	0.433（1, 40）	0.655	0.049

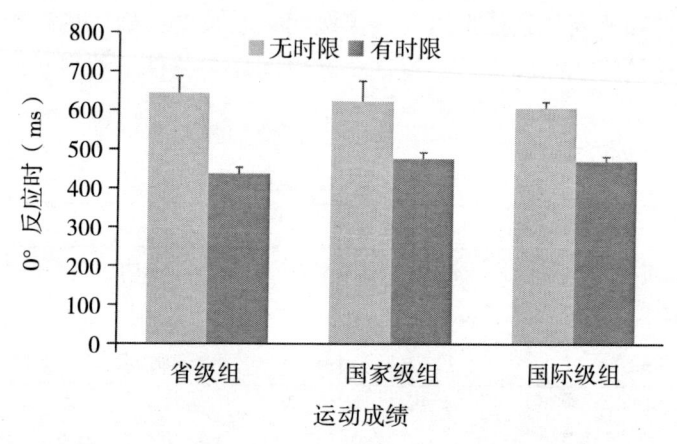

图4-32　不同运动成绩运动员在有无时限条件下的感知阶段绩效（$M \pm SE$）

旋转阶段

旋转角度的分析显示（表4-10），省级组、国家级组和国际级组运动员在时间压力下都显著提高了旋转速度（无时限：省级组：125.24±24.80°/s，国家级组：124.88±30.15°/s，国际级组：124.53±27.03°/s；有时限：省级组：182.19±14.90°/s，国家级组：206.21±39.17°/s，国际级组：201.47±25.08°/s），但组间差异也不显著（图4-33）。

表4-10　ANOVA结果

效应	F（df）	p	η_p^2
最好成绩	0.414（1, 40）	0.668	0.046
时间条件	52.354（1, 40）	0.000	0.755
最好成绩×时间条件	0.499（1, 40）	0.616	0.055

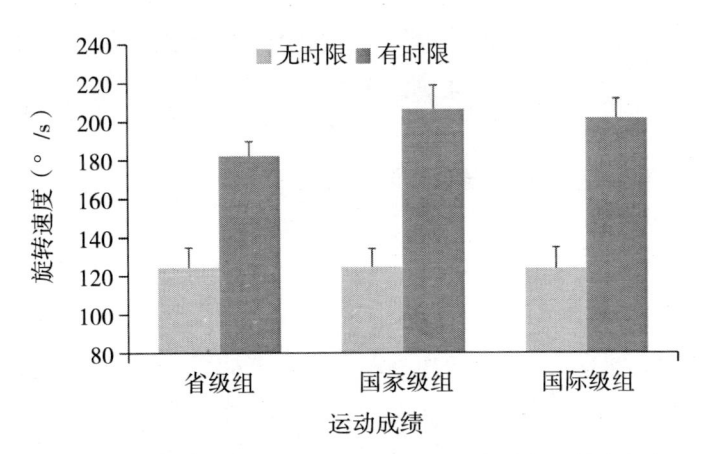

图4-33 不同运动成绩运动员在有无时限条件下的主体表征旋转速度（$M \pm SE$）

（4）讨论

先前针对运动员和非运动员的研究发现，在无时限条件下的只有反应时的专家优势，但在有时限条件下，运动员不仅有更快的反应时，也保持了较高的正确率。本实验从更加细致的层面对这一效应进行了检验，研究结果显示，在时间压力情境下，三组被试的正确率表现出随着运动最好成绩的提升，运动员在时间压力条件下的判断准确性也随之提升的趋势，即国际级组运动员的正确率高于其他两组，国家级组运动员的正确率也高于省级组。研究结果基本证明了假设。结合先前研究结果说明，在遭遇压力情境时，不论何种水平和成绩的运动员都会或多或少地受到影响，但能否尽量保持高水平的表现，是区分优秀运动员与普通运动员的重要指标。

（5）小结

在正确率方面，随着运动最好成绩的提升，运动员在时间压力条件下的判断准确性也随之提升。

（二）任务因素

1. 旋转方向

（1）前言

从运动时间出发，如果运动员存在对某一旋转方向的集中练习，久而久之他们可能会对该方向的心理旋转判断存在优势。但先前研究发现，运动员和非运动员在进行不同旋转方向的心理表征时的绩效没有显著差异。因此，本研究希望通过增加时间压力情境，观察运动员和非运动员在有无时限的条件下对不同旋转方向的判断是否存在偏向。研究假设，在时间压力下运动员能够保持对旋转方向的优势反应。

（2）方法

实验被试

44名被试参与了实验，其中包括22名跳水运动员，14名男性和8名女性（年龄14.81±2.50岁）；22名非运动员，14名男性和8名女性（年龄13.18±0.39岁）。两组被试年龄无显著差异 [$F(1, 42)=1.105$, $p=0.371$, $\eta_p^2=0.019$]。运动员组是来自上海跳水队的跳水运动员，训练年限为7~10年，每周训练时间为30小时左右，所有队员都在接受初中教育。非运动员是从河南省郑州市招募来的初中二年级学生，他们从未参加过专业体育运动训练。

实验材料

实验使用修订后的人体图像主体表征（Egocentric transformations，ET）心理旋转任务进行。每次只呈现一幅人体图形，图形内容和旋转角度与OT条件相同，被试需要判断图中人屈肘于头部上方的哪一侧手臂（图4-34）。图形在水平面内分别进行顺时针或逆时针旋转，旋转角度为0°、30°、60°、90°、120°、150°或180°（图4-34）。

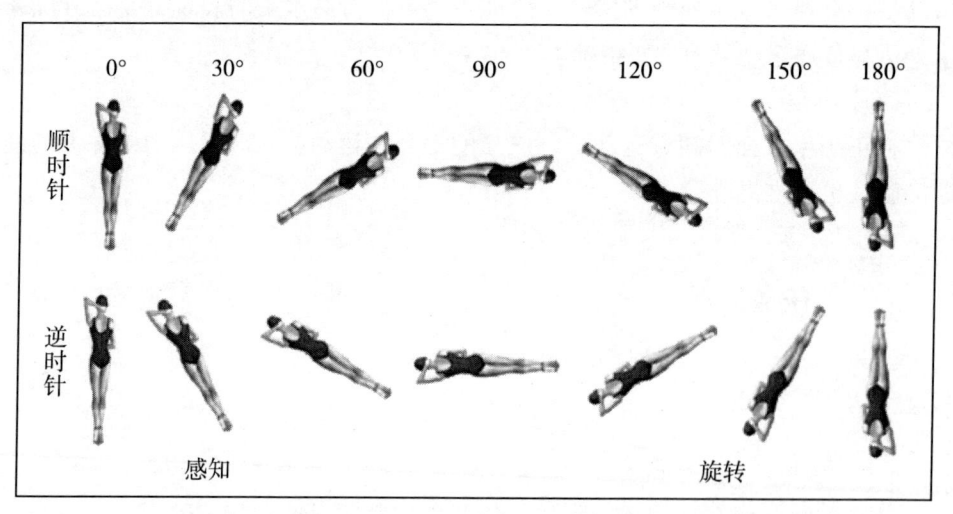

图4-34　ET任务刺激（© QA International，2017. All rights reserved.）

实验程序与之前实验相同。

数据统计与分析

根据数据，剔除了超过均值3个标准差以及正确率低于0.85的被试（2名运动员）。为避免多因素交互作用对实验效应的覆盖，3个实验条件独立完成分析。在每种实验条件下，统计分析分别对反应时和正确率进行。反应时的计算仅使用正确的试次进行。使用多因素方差分析（ANOVA）分别对反应时、正确率进行分析，组间因素为组别（运动员、非运动员），组内因素为刺激的旋转方向（顺时针、逆时针）和时间条件（无时限、有时限）。主效应和交互作用的事后检验使用Bonferroni检验。

（3）结果

反应时

针对反应时的分析发现（表4-11），组别和时间条件的主效应以及两者的交互作用均显著，事后分析证实在有时限条件下，运动员（顺时针：523.03 ± 30.55ms，逆时针：520.20 ± 38.84ms）与非运动员（顺时针：532.67 ± 38.36ms，逆时针：529.85 ± 47.01ms）之间的反应时差异消失（图4-35）。

表4-11 ANOVA结果

	效应	F（df）	p	η_p^2
组内	时间条件	30.479（1, 38）	0.000	0.432
	旋转方向	0.041（1, 38）	0.841	0.001
	时间条件×旋转方向	0.303（1, 38）	0.585	0.008
	时间条件×组别	5.297（1, 38）	0.027	0.117
	旋转方向×组别	0.162（1, 38）	0.689	0.004
	时间条件×旋转方向×组别	0.303（1, 38）	0.585	0.008
组间	组别	6.388（1, 38）	0.016	0.138

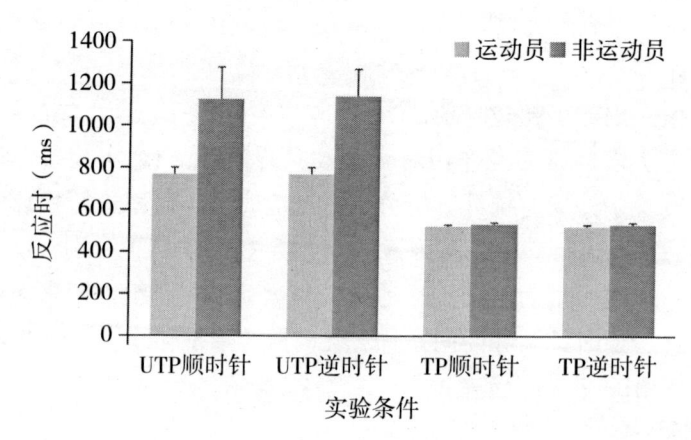

图4-35 运动员与非运动员在有无时限条件下不同旋转方向的主体表征反应时（$M \pm SE$）

正确率

以组别、时间条件和旋转方向为因素进行分析发现（表4-12），组别和时间条件的主效应显著，此外，组别和时间条件以及旋转方向的两因素交互作用显著，且组别、时间条件和旋转方向的三因素交互作用显著。进行事后分析，结果显示：①有时限条件下针对逆时针旋转进行判断的组间差异显著，运动员的正确率（0.88±0.08）显著高于非运动员（0.81±0.06，$p<0.05$）。②非运动员组在有时限条件下针对逆时针旋转的反应正确率（0.81±0.06）显著低于顺时针旋转的正确率（0.84±0.06）（图4-36）。

表4-12 ANOVA结果

	效应	F（df）	p	η_p^2
组内	时间条件	134.603（1，38）	0.000	0.771
	旋转方向	0.960（1，38）	0.333	0.023
	时间条件×旋转方向	0.006（1，38）	0.941	0.000
	时间条件×组别	4.153（1，38）	0.048	0.094
	旋转方向×组别	4.943（1，38）	0.032	0.110
	时间条件×旋转方向×组别	3.805（1，38）	0.058	0.087
组间	组别	7.120（1，38）	0.011	0.151

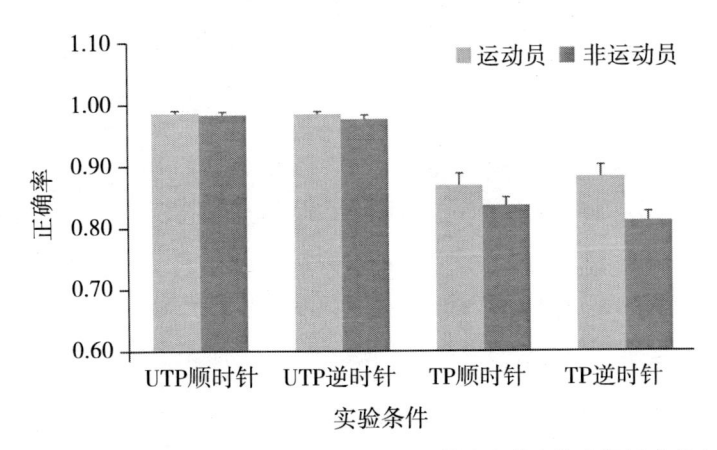

第四章 运动员心理旋转的时间具身效应的实证研究

图4-36 运动员与非运动员在有无时限条件下不同旋转方向的主体表征正确率（$M \pm SE$）

（4）讨论

针对本研究的结果，从两方面进行讨论：①时间压力情境对个体在不同旋转方向的心理旋转正确率的影响。对于运动员而言，时间压力的出现没有影响其对于不同旋转方向之间的心理旋转判断准确率差异，但非运动员在感受到时间的压力时，对于顺时针方向的判断显著优于逆时针方向。这一结果说明逆时针旋转可能本身就是个体进行心理旋转的劣势方向，只是在无时限实验中被掩盖了，当增加选择的压力，个体在逆时针方向上的判断准确率就显著下降。②不同旋转方向心理旋转正确率的组间差异。在无时限实验中，研究未能发现两组被试在正确率方面的差异，原因在于运动员（顺时针：0.99 ± 0.01，逆时针：0.98 ± 0.02）和非运动员（顺时针：0.98 ± 0.02，逆时针：0.97 ± 0.03）都表现出较高的正确率，即天花板效应。但在设置了时间压力之后，运动员和非运动员之间的正确率差异开始显现，最显著的是两者的逆时针旋转方向上的差异，间接证实了研究假设。与此同时，运动员却没有表现出逆时针方向的绩效下降，提示了针对不同旋转方向的运动经验能够弥补个体自身的旋转方向差异。

（5）小结

有时限条件下，非运动员针对逆时针旋转进行判断的正确率显著低于顺时针旋转，同时低于运动员的正确率，说明顺时针方向可能是个体进行心理旋转的优势旋转方向。

2. 突出旋转部分

（1）前言

先前研究发现，实验任务刺激中不同的突出旋转部分对运动员个体心理旋转绩效存在影响，表现为突出旋转部分的可模仿程度越高，个体的心理旋转绩效越好。但这一优势却未表现在不具有运动经验的个体之中。既然运动员对于可模仿的右臂在上图形的表征速度更快，那么本实验假设，在有时限条件下，运动员对于右臂在上图形判断仍然存在优势，但这一效应不存在于非运动员之中。

（2）方法

实验被试与上一实验相同。

实验材料

实验使用修订后的人体图像主体表征（Egocentric transformations，ET）心理旋转任务进行。每次只呈现一幅人体图形，图形内容和旋转角度与OT条件相同，被试需要判断图中人屈肘于头部上方的哪一侧手臂（图4-37）。图形在水平面内进行顺时针旋转。实验比较人体图形中的右侧旋转图形（非参考图形）中举起手柄的肢侧，包括左臂和右臂两个条件。

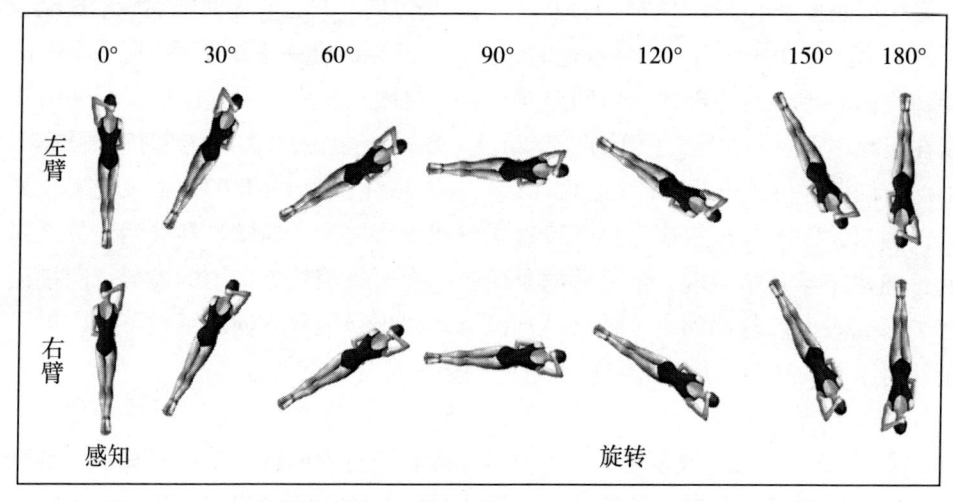

图4-37 ET任务刺激（© QA International，2017. All rights reserved.）

实验程序与上一实验相同。

数据统计与分析

根据数据，剔除了超过均值3个标准差以及正确率低于0.85的被试（2名运动员）。使用多因素方差分析（ANOVA）分别对反应时和正确率进行分析，客体表征的分析中，组间因素为组别（运动员、非运动员），组内因素为刺激图中人举起手臂的肢侧（左侧、右侧），以及时间条件（无时限、有时限）。主效应和交互作用的事后检验使用Bonferroni检验。

（3）结果

反应时

针对两组被试在有无时间压力条件下对不同突出部分（左臂、右臂）的反应时分析（表4-13），发现显著的组别和时间条件主效应。组别和时间条件的交互作用说明，两组被试在无时限条件下的反应时差异在有时限条件下消失，即运动员（无时限左臂：796.48±193.17ms，无时限右臂：652.58±115.63ms）和运动员（无时限左臂：1100.74±632.87ms，无时限右臂：539.02±42.06ms）的反应时都缩短了相似水平。此外，组别和突出部分存在显著交互作用，事后分析发现，不论是有时间压力还是无时间压力情境，运动员对于右臂在上的反应时（无时限：772.99±192.15ms，有时限：517.15±38.36ms）都显著短于左臂在上（无时限：819.96±194.19ms，有时限：532.16±39.11ms）的反应时（$p<0.05$）（图4-38）。

表4-13 ANOVA结果

	效应	F（df）	p	η_p^2
组内	时间条件	30.916（1，38）	0.004	0.436
	突出部分	1.519（1，38）	0.225	0.037
	时间条件×突出部分	0.069（1，38）	0.794	0.002
	时间条件×组别	3.739（1，38）	0.060	0.085
	突出部分×组别	2.931（1，38）	0.095	0.068
	时间条件×突出部分×组别	1.976（1，38）	0.168	0.047
组间	组别	4.882（1，38）	0.033	0.109

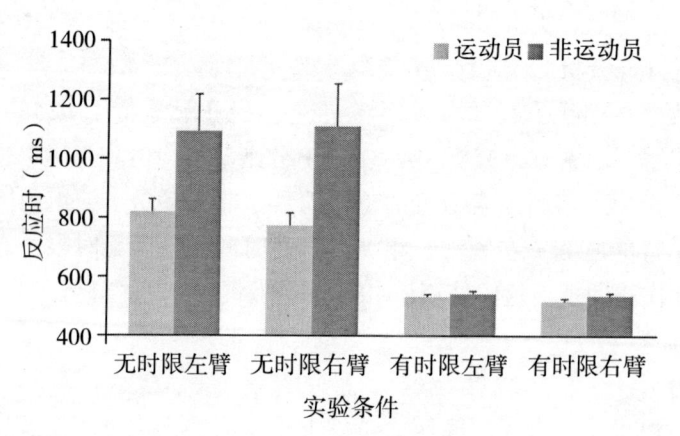

图4-38 运动员与非运动员在有无时限条件下不同突出旋转部分的主体表征反应时（$M \pm SE$）

正确率

针对正确率的统计发现（表4-14），组别和时间条件的主效应以及两者交互作用显著，事后分析发现，在无时限条件下，运动员（左臂：0.99±0.02，右臂：0.98±0.02）和非运动员（左臂：0.99±0.01，右臂：0.98±0.02）的正确率较为相近，但增加时间限制后，运动员（左臂：0.89±0.10，右臂：0.89±0.008）的正确率显著高于非运动员（左臂：0.84±0.06，右臂：0.84±0.05）。两组被试在判断左臂和右臂在上的图形时的正确率没有差异（图4-39）。

表4-14 ANOVA结果

	效应	F（df）	p	η_p^2
	时间条件	135.392（1，38）	0.000	0.772
	突出部分	0.000（1，38）	0.993	0.000
组内	时间条件×突出部分	0.549（1，38）	0.463	0.014
	时间条件×组别	4.510（1，38）	0.040	0.101
	突出部分×组别	0.019（1，38）	0.892	0.000
	时间条件×突出部分×组别	0.006（1，38）	0.940	0.000
组间	组别	4.633（1，38）	0.037	0.104

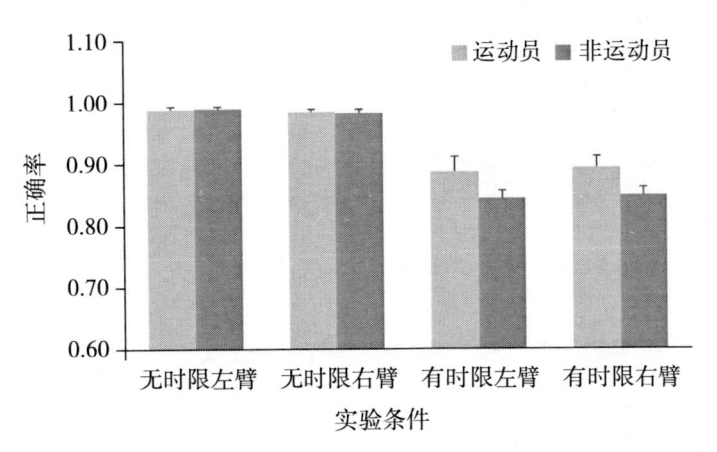

图4-39　运动员与非运动员在有无时限条件下不同突出旋转部分的主体表征正确率（$M \pm SE$）

（4）讨论

研究比较了时间限制对不同运动水平个体针对左臂和右臂突出图形的心理旋转任务的影响。研究结果显示，增加时间压力情境后，运动员对于右臂在上的反应时仍显著短于左臂在上的反应时。这一结果与无时限条件下的结果相似，且与研究假设一致。从具身认知的角度而言，认知能力塑形于身体对环境的感知之中，使得运动员对于惯用手作为突出旋转部分的心理旋转刺激反应更加迅速。然而，为何非运动员没有出现对于惯用手的优势反应，当前研究成果还未能提供足够的解释，可能是由于非运动员在身体动作演化为认知功能的能力方面较运动员弱。

（5）小结

增加时间压力情境后，运动员对于右臂在上的反应时仍显著短于左臂在上的反应时。

3. 练习效应

（1）前言

在客体表征之中，两组被试都因为重复练习出现了练习效益，这一效应在非运动员中主要表现在反应速度的提升，在运动员中不仅表现出反应时的缩短，也表现在判断准确性的提升。但在主体表征之中的练习效应不显著，说明这一表征方式受到单纯心理表征练习的影响较小，可能需要更多动作执行的参与，也可能说明相对于难度较低的判断任务，练习效应较小。因此，本研究想要检验增加时间压力后，不同运动水平的被试在主体心理旋转任务中的练习效应是否存在。研究假设，有时限条件下被试的练习效应显著。

（2）方法

实验被试和材料与上一实验相同。

实验程序

整体实验程序与前面实验相似。实验按照表征方式的不同分为2个顺序随机的block，共7（旋转角度）×2（异同）×8（重复）=112试次。在区分前后部分练习效应时，以第一个block为前半部分进行数据统计，以第二个block为后半部分进行数据统计。

数据统计与分析

为避免多因素交互作用对实验效应的覆盖，3个实验条件独立完成分析。在每种实验条件下，统计分为两部分：①反应时和正确率分析。②阶段绩效分析。练习效应通过区分任务前后部分试次的平均绩效获得。以上计算仅使用正确的试次进行。使用多因素方差分析（ANOVA）分别对反应时、正确率、感知阶段反应时和旋转速度进行分析，组间因素为组别（运动员、非运动员），组内因素为任务前后部分（前半部分、后半部分）和时间条件（无时限、有时限）。主效应和交互作用的事后检验使用Bonferroni检验。

（3）结果

反应时

针对反应时的分析发现了显著的组别和时间条件主效应（表4-15），表现为运动员的反应时更短，且有时限条件下被试的反应时更快。此外，组别和时间条件的交互作用显著，事后分析发现两组被试在无时限条件下（运动员：795.26±168.88ms，非运动员：1186.32±195.26ms）的反应时差异在有时限条件（运动员：526.69±36.55ms，非运动员：538.94±31.85ms）下消失。组别和前后部分的交互作用也显著，进一步分析揭示，在测试的前半部分运动员的反应时（658.69±17.20ms）显著短于非运动员（848.01±32.02ms），但在测试后半部分反应时的组间差异消失（运动员：661.90±26.51ms，非运动员：791.71±64.10ms），说明非运动员组出现了练习效益使其与运动员组差异减少（图4-40）。

第四章 运动员心理旋转的时间具身效应的实证研究

表4-15 ANOVA结果

	效应	F (df)	p	η_p^2
组内	时间条件	29.787（1, 38）	0.000	0.439
	前后部分	0.130（1, 38）	0.721	0.003
组内	时间条件×前后部分	0.317（1, 38）	0.576	0.008
	时间条件×组别	3.584（1, 38）	0.066	0.086
	前后部分×组别	0.689（1, 38）	0.004	0.163
	时间条件×前后部分×组别	0.148（1, 38）	0.702	0.004
组间	组别	4.689（1, 38）	0.037	0.110

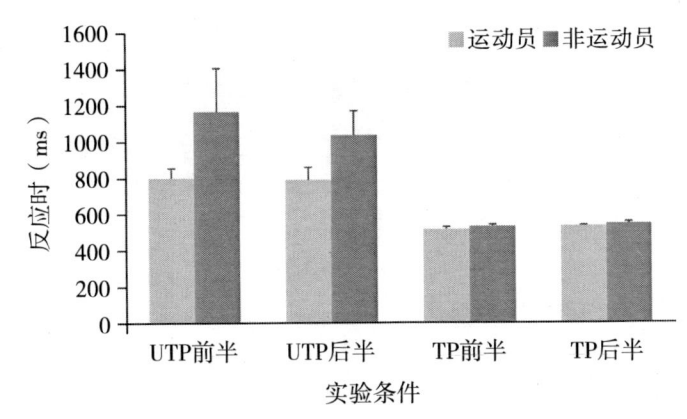

图4-40 运动员与非运动员在有无时限条件下不同实验部分的主体表征反应时（$M \pm SE$）

正确率

通过对运动员和非运动员的正确率进行分析（表4-16），结果仍然显示组别和时间条件主效应，以及两者交互作用显著，进一步分析发现在有时限条件下，运动员组（前半部分：0.88±0.06，后半部分：0.89±0.09）的正确率显著高于非运动员组（前半部分：0.83±0.04，后半部分：0.85±0.04）（图4-41）。

表4-16 ANOVA结果

	效应	F (df)	p	η_p^2
组内	时间条件	136.304（1, 38）	0.000	0.782
	前后部分	0.496（1, 38）	0.486	0.013
	时间条件×前后部分	0.540（1, 38）	0.467	0.014

(续表)

	效应	F (df)	p	η_p^2
组内	时间条件×组别	4.898 (1, 38)	0.033	0.114
	前后部分×组别	0.106 (1, 38)	0.746	0.003
	时间条件×前后部分×组别	0.116 (1, 38)	0.735	0.003
组间	组别	4.716 (1, 38)	0.036	0.110

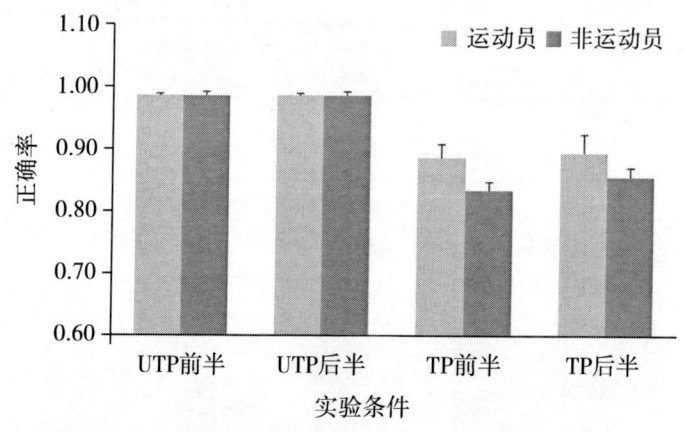

图4-41 运动员与非运动员在有无时限条件下不同实验部分的主体表征正确率（$M \pm SE$）

感知阶段

通过对运动员和非运动员的0°反应时进行分析（表4-17），结果显示组别和时间条件主效应显著，表现为运动员的反应时更短（运动员：前半部分：551.06±79.52ms，后半部分：536.01±85.05ms；非运动员：前半部分：683.28±

表4-17 ANOVA结果

	效应	F (df)	p	η_p^2
	时间条件	26.423 (1, 38)	0.000	0.410
	前后部分	0.503 (1, 38)	0.483	0.013
组内	时间条件×前后部分	0.509 (1, 38)	0.480	0.013
	时间条件×组别	2.600 (1, 38)	0.115	0.064
	前后部分×组别	0.119 (1, 38)	0.732	0.003
	时间条件×前后部分×组别	0.002 (1, 38)	0.969	0.000
组间	组别	8.157 (1, 38)	0.007	0.177

249.03ms，后半部分：639.76±156.93ms），且有时限条件下被试的反应时更快（运动员：前半部分：457.05±41.07，后半部分：475.12±42.15；非运动员：前半部分：520.31±65.92ms，后半部分：506.40±60.86ms）（图4-42）。

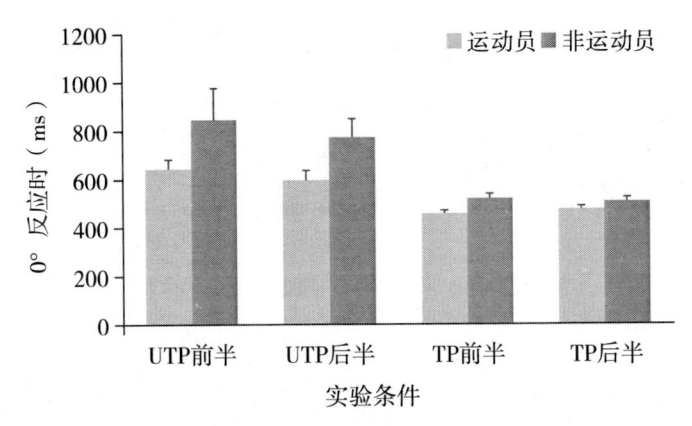

图4-42 运动员与非运动员在有无时限条件下不同实验部分的主体表征感知阶段绩效（$M±SE$）

旋转阶段

通过对运动员和非运动员的旋转速度进行分析（表4-18），结果显示组别和时间条件主效应显著，表现为运动员的旋转速度更快（运动员：前半部分：165.37±33.68°/s，后半部分：159.43±21.10°/s；非运动员：前半部分：131.48±19.35°/s，后半部分：134.50±18.48°/s），且有时限条件下被试的旋转速度更优（运动员：前半部分：208.01±43.08°/s，后半部分：191.94±11.97°/s；非运动员：前半部分：165.92±8.70°/s，后半部分：167.95±10.21°/s）（图4-43）。

表4-18 ANOVA结果

	效应	F（df）	p	η_p^2
组内	时间条件	169.391（1，38）	0.000	0.817
	前后部分	0.066（1，38）	0.798	0.002
	时间条件×前后部分	1.024（1，38）	0.318	0.026
	时间条件×组别	0.437（1，38）	0.512	0.001
	前后部分×组别	0.628（1，38）	0.433	0.016
	时间条件×前后部分×组别	0.691（1，38）	0.441	0.018
组间	组别	27.049（1，38）	0.000	0.416

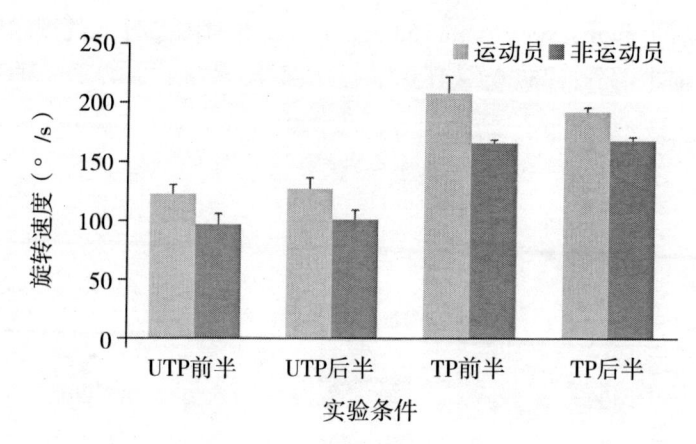

图4-43 运动员与非运动员在有无时限条件下不同实验部分的主体表征旋转速度（$M \pm SE$）

（4）讨论

研究通过比较不同时间压力条件下，两组被试在实验前后部分的绩效，考察练习效应。结果显示，在测试的前半部分运动员的反应时更短，但在测试后半部分反应时的组间差异消失，说明非运动员组出现了练习效益使其与运动员组差异减少，验证了研究假设中任务练习效应存在的观点。在无时限情况下，非运动员通过一定次数的练习，没有缩短与运动员之间的差异，但当时间压力出现，非运动员不得不提升其绩效，向运动员靠拢，与此同时运动员组也达到了绩效的瓶颈，难以进一步提升，因而表现出了在有时限条件下组间差异不显著的效应。据此，我们考虑压力情境或许能够促进练习效应的完成。但是，这一促进仅限于对反应时的促进，因为运动员组在有时限条件下的正确率显著高于非运动员组，因此运动经验引起专家优势并不能完全通过压力下的练习去消除。

（5）小结

在测试的前半部分运动员的反应时更短，但在测试后半部分反应时的组间差异消失，说明非运动员组出现了练习效益使其与运动员组差异减少。

（三）总结

前面研究发现，在时间压力情境下运动员和非运动员被试都出现反应时显著缩短、正确率降低的表现，但运动员组的反应时较非运动员组更短，且正确率更高。在此基础上，研究希望考察个人因素和任务因素对上述效应的影响作用。研究假设会出现两种结果：一是对于由运动练习经验带来的、不同运动水平被试之间的固定差异将会被强化，即组间差异更加显著。这一效应在对性别、运动最好成绩、旋转方向、突出旋转部分四个因素的分析中得到验证。例如，男性表现出比女性的旋转速度更快的趋势；随着运动最好成绩的提升，运动员在时间压力条件下的判断准确性也随之提升；有时限条件下，非运动员针对逆时针旋转进行判断的正确率显著低于顺时针旋转，同时低于运动员的正确率，说明顺时针方向可能是个体进行心理旋转的优势旋转方向；增加时间压力情境后，运动员对于右臂在上的反应时仍显著短于左臂在上的反应时。这些结果说明，性别差异中的男性，最好成绩中的国际级组，旋转方向中的顺时针旋转，以及右臂在上的图形，均出现了主体心理旋转任务中的优势反应，进而提示研究者在未来的空间能力研究设计中如非特别考察这些效应，则需要平衡因素的各个方面以尽可能减少其对实验结果的影响。

二是压力设置的存在会使得大多被试都会尽力保持成绩，因此前期实验设置引起的被试间差异可能会在压力环境下消失。相应地，研究发现在时间压力条件下，年龄对于运动员心理旋转能力的影响消失，说明任务设置能够在一定程度上补偿和修正年龄对心理旋转的影响作用。此外，结果显示在测试的前半部分运动员的反应时更短，但在测试后半部分反应时的组间差异消失，说明非运动员组出现了练习效益使其与运动员组差异减少。这一结果提示，先前实验中发现的年龄和练习效应对心理旋转成绩的影响可以通过压力情境的设置去弥补，即年龄和练习因素并非运动经验带来的组间固有因素。尽管如此，或许需要更多的未来研究进一步阐释其中效应。

五、运动员心理旋转的时间具身效应研究总结

在阐释跳水运动员心理旋转的空间具身效应的基础上，关注运动经验与心理旋转关系中时间信息的交互，即跳水运动员心理旋转的时间具身效应，有其特殊的意义。时间具身效应指的是心理旋转任务的时间压力与身体动作经验相匹配时，任务绩效得到促进而表现出的专家优势。首先，具身认知理论认为，认知是身体在实时压力下与环境的互动中产生的，储存在记忆里的认知信息并非抽象的符号，而是具体、生动的同身体的特殊感觉通道相联系的信息[17]。其次，心理旋转作为对任务刺激进行旋转表象的过程，与身体旋转的动作表象的关系密不可分。研究证实时间压力是影响运动员表象准确性的重要因素之一[19]，古洛特（Guillot）等强调时间压力是影响动作表象时间和动作执行时间是否相

等环境因素之一[19]，因而在旋转表象的任务中关注时间压力及其带来的任务难度效应，对于揭示运动员心理旋转能力的时间具身过程，有着重要意义。此外，一个运动中的实例吸引了我们的注意，研究发现受到时间压力时体操运动员会主动地加快表象过程，但其表象效果通常不受影响[137]。这一结果说明，运动员似乎能够更好地适应他们在运动中时常需要面临的时间压力情境，因而驱使我们验证跳水运动员心理旋转的时间具身效应的存在。

实验采用相对时间压力的方法，对跳水运动员和非运动员设置不同时间压力标准，并使用无时间压力条件的绩效作为对照，记录反应时和正确率。分析发现，不同的时间压力标准引发了两组被试不同的"速度—准确率"的权衡，使得跳水运动员表现出反应时更快但正确率更低的结果。但是两组被试在TP条件下的反应时都远快于时间压力标准，提示我们，设置一个有时间压力的任务情境比关注时间压力的具体标准更加合理。因此，后续实验在先前实验的基础上，借鉴本尼科斯等的RD范式[166]，为两组被试设置统一的RD，结果发现，时间压力能够影响个体在心理旋转任务中的成绩，代价/收益理论认为，在决策时间非常短暂和匮乏的情况下，决策者不得不倾向于耗时少而准确性也相对低的策略[134]。但是，在有时间压力条件下跳水运动员的反应时和正确率都存在优势，为图4-44中跳水运动员心理旋转的时间具身过程提供了关键证据。与第三章实验的结果类似，实验4b发现跳水运动员在150°和180°下的正确率显著高于非运动员的"倒置优势"。通过分析不同组别的正确率与角度间的变化关系，我们发现非运动员从90°至180°的正确率逐步下降，而跳水运动员只有120°的正确率较90°出现下降。前人研究认为正确率随角度的下降体现了非整体性策略的使用[14]，而整体性策略的使用者通常有更好的任务绩效[57, 169]，研究结果说明跳水运动员可能通过使用整体性的旋转策略获得了心理旋转的时间具身优势。

在确立时间具身优势后，实验5使用类似实验2的思路，通过比较跳水运动员和非运动员在有无时间压力条件下的感知阶段和旋转阶绩效，考察时间压力下跳水运动员心理旋转优势的效益是缩短感知时间，还是加快旋转速度，又或是二者兼有。实验发现在有时间压力条件下，跳水运动员和非运动员在心理旋转感知阶段和旋转阶段的绩效都显著提高，因而说明受到时间压力时，不论是运动员还是非运动员被试，都表现出一种"极尽地"适应对策，即为了适应压力既减少了感知和决定时间，也加快了旋转速度。但是，在这一过程中组别差异仍显著，说明跳水运动员在时间压力条件下依然能够表现出具身性的优势，

第四章 运动员心理旋转的时间具身效应的实证研究

即通过空间具身过程促进了图形匹配以及动作反应的速度[14]，并借助动作具身促进了动作表征中空间信息的保持[14]。

第一、二节实验发现，时间压力下跳水运动员的反应时优势、心理旋转的感知阶段和旋转阶段的优势存在且正确率优势出现。结合第三章实验的结果，即跳水运动员在心理旋转任务中的N2波峰值和RRN平均波幅更大，我们开展了实验6，目的在于比较跳水运动员和非运动员在有无时间压力条件下的主体表征下心理旋转的大脑加工的时程特征。从ERP结果而言，两组被试在有时间压力条件下的N2潜伏期短于UTP条件，波峰值都大于无时间压力条件。前人研究通过设置低、中、高三种时间压力的Go/Nogo任务，发现随着时间压力的增加，N2潜伏期逐渐缩短，波幅逐渐增加[166]，并且时间压力会影响被试在进行认知任务时的注意导向[171]。在本实验中，N2增加说明个体可能在有时间压力条件下提高了对刺激的注意程度，对刺激加工的更早，增加了编码效率和深度，而RRN波幅增加体现了时间压力下个体增加了神经加工效率和广度。

此外，与非运动员相比，我们发现跳水运动员表现出更大的N2波幅和RRN波幅，且这种优势不受时间压力条件的影响。首先，就N2成分而言，跳水运动员N2的优势是他们在感知阶段对视觉刺激的加工并非更早，而是更加高效，这可能也是之前实验中跳水运动员感知阶段优势的原因。其次，RRN结果说明跳水运动员在进行心理旋转任务时的神经活动强度更强，跳水运动员顶部RRN的激活范围较非运动员更广，说明其认知资源的募集更加广泛。激活理论认为不同强度的压力会引发个体不同的激活水平，当处于最佳激活水平时，个体中枢神经系统的功能水平达到峰值、大脑活动效率最高，且行为活动效率最佳[173]。对跳水运动员而言，身体旋转的经验促进了他们在时间压力的心理旋转任务中接近最佳激活水平，此外，TP条件下的RRN波幅与跳水运动员的专业训练年限显著相关，说明长期的运动训练所积累的身体旋转经验促进了跳水运动员心理旋转的脑可塑性变化。

从研究创新与贡献而言，研究二首次考察了运动员心理旋转能力发展的时间具身特征。实验4发现，受益于身体旋转的经验，跳水运动员在时间压力下的专家优势更加明显，因而证实了跳水运动员心理旋转的时间具身效应的存在。实验5证实了跳水运动员在心理旋转各加工阶段的绩效都更优，描绘了时间具身的阶段特点。在此基础上，开展ERP实验6，结果发现跳水运动员的N2和RRN波幅更大，与其良好地注意加工和表征操作能力相关。综上，研究将具身认知中对空间能力发展的实时性的描述和运动中的时间信息影响空间能力发展的经验

211

猜测上升为心理实验中的行为绩效与脑活动专家优势，为心理旋转能力发展的时空具身效应提供了证据。

六、研究局限

研究具有如下局限，后期将从以下方面着力改进。

从实验理论而言，心理旋转的加工阶段理论是研究的关键点，在心理旋转的各加工阶段具有时间先后次序的观点[63,65]支持下，研究中行为绩效中的各阶段指标与不同时程的ERP成分之间的关系得以建立。然而，与依次加工的观点相左，有研究者认为心理旋转中个体对图片的感知操作和旋转加工是同时进行的[174]，因此我们或许不能将感知和旋转看作是独立的加工阶段，而应当更加关注不同阶段之间的连续互动过程。此外，Wright等[68-70]对不同加工阶段考察指标的设置过于依赖反应时数据而与正确率无关，使得正确率优势的出现无法从阶段指标中得到解释，因此日后研究者需要综合反应时和正确率指标来共同评价心理旋转的阶段特征。

从实验刺激而言，首先，从埃南等的观点出发，研究采用专项动作作为任务刺激图像，以保证任务刺激的身体特征与运动员自身经验的一致性[3,37]，而这种一致性被认为会影响运动员的任务绩效[122]。然而，专项性刺激的使用也可能导致运动员和非运动员对图像的熟悉度不同，进而影响任务绩效。实验任务刺激的内容不仅是运动员心理旋转的空间具身的研究热点，也是运动员认知能力的专家优势中经常困扰研究者的问题之一。在本研究中所使用的虽然是跳水转体动作，但它与前人研究中经常使用的直立人体弯曲一侧手臂的动作相似，只是将弯曲的手臂放置于头部上方，且被试需要进行的是与以往研究相同的左右侧判断，从而减少了任务刺激的熟悉度带来的影响。其次，研究对刺激图像的旋转特征考察不够全面。研究只使用了人体前后轴作为任务刺激的旋转轴，但是在实际运动情境中，跳水运动员执行动作时也会依赖人体上下纵轴和左右横轴进行旋转，由于对这两个旋转轴考察缺失，使得实验结果不能完全反应出旋转经验的作用。此外，性别差异是心理旋转研究的热点，本实验只采用女性图像作为实验刺激，可能会影响不同性别的被试的反应速度和准确率，难以为跳水运动员心理旋转能力的性别差异提供有效证据。

从实验被试而言，由于行为实验的运动员被试来自上海跳水队，大多是正在冬训青少年运动员。当即将开始脑电实验时，上海队的训练地点转移，无

第四章 运动员心理旋转的时间具身效应的实证研究

法满足开展脑电实验的条件,被迫联系到了北京跳水队,时值全运会前集训期间,队内运动员多为成年运动员,使得行为实验和脑电实验的被试存在年龄差异,导致前期行为学的结果未能在脑电实验的行为部分中得到验证。

从实验分组而言,如果要考察身体旋转经验对心理旋转的影响,除了设置旋转经验的专家组和没有运动经验的非运动员组之外,应当添加有运动经验,但旋转经验较少的非空间项目对照组(如径赛类项目)。研究未能设置相关分组,使得无法得知非旋转的运动经验对心理旋转的影响。

从实验内容而言,未能将研究结果落实于运动实践。现有理论强调了心理旋转与表象旋转的一致性。尽管跳水运动员整体存在心理旋转优势,但就个人而言,心理旋转能力较弱的运动员个体能否通过相关的MBRT训练提高对旋转动作的感知和执行水平,进而提升转体动作的质量,需要进一步开展干预实验进行考察。

第五章 具身认知视角下运动员心理旋转能力的发展

一、当前研究结论

研究在具身认知的指导下，通过一系列的行为实验和ERP实验，细致考察了运动经验对专项动作为刺激的心理旋转的空间具身效应，在确立跳水运动员专家优势后，具体分析了这种优势的加工阶段效益，并进一步揭示这种空间具身过程的脑加工特征。而后，以上述实验为基础，研究尝试探索运动经验对心理旋转的时间具身效应，并为加工阶段和脑加工特征提供证据。得出以下结论：①跳水运动员心理旋转的空间具身效应不受表征方式的限制，但在不同表征方式中的阶段优势不同。在客体表征中，跳水运动员仅在感知阶段有着更好的绩效；在主体表征中，跳水运动员在感知阶段和旋转阶段的效率都高于非运动员，这种优势来自身体旋转的运动经验。②ERP实验发现，跳水运动员在两种表征方式下的额区N2波峰值更大，说明跳水运动员在感知阶段对刺激的注意能力更强。并且，跳水运动员更大的顶部RRN平均波幅说明其在进行心理旋转加工时对空间认知资源的利用更加广泛和高效。③在时间压力情境下，跳水运动员心理旋转的时间具身效应存在，表现为更快的反应时和更高的正确率。对于阶段特点的分析发现，跳水运动员在各加工阶段的优势仍然存在。④在时间压力条件下跳水运动员的N2波峰值和RRN平均波幅更大，说明在压力情境下跳水运动员注意资源的利用程度更高，且对旋转加工的深度更深，体现跳水运动员身体旋转经验促进了心理旋转的脑可塑性变化。

二、心理旋转研究的生态性

针对运动员心理旋转的研究应用于运动实践，这就要求研究具备运动情境的生态性。例如，情绪状态会影响运动者的竞技水平，那么情绪状态是否影响心理旋转能力？研究发现，情绪启动状态会对女性运动参与者的心理旋转能力造成影响。研究者先让运动者与非运动者完成将与运动相关的积极词语（"金牌""胜利"等）或消极词语（"惩罚""犯规"等）填入句子的启动任务，再进行心理旋转测试，结果显示消极词语的启动降低了运动者的心理旋转成绩[175]。一项事件相关电位研究也证实，积极情绪词语有助于提高运动员心理旋转的加工速度[31]。这一结果提示我们，在训练活动中帮助运动员保持积极情绪对空间能力表现有促进作用。此外，不同运动项目的技术环节都具有一定的时间限制，足球运动员需要在对手靠近前决定是带球转身或传球，跳水运动员需要在入水前调整好姿势等。有研究者指出，被试在时间压力下需要迅速完成反应时和正确率的权衡，可能表现出不同策略，从而影响心理旋转成绩[20]。传统心理旋转任务不限制作答时间，因此考察个体在时间压力下的心理旋转成绩可能会提供新的佐证。

三、心理旋转的干预研究

当前多见于横断性研究（Cross-sectional Research），但这类研究存在一定局限性。这一方法不仅难以阐释实验结果是来自运动训练还是个体本身能力差异，也不能有效排除混杂变量的影响（如某一项目的专家运动员也会积极参与其他项目）。与其相对，随机对照实验（Randomized Controlled Trial）能够较为准确地揭示体育活动与心理旋转之间的因果关系。密罗运用随机对照试验分别考察了有氧运动、工作记忆和具有认知需求的体育活动对心理旋转能力的影响。结果显示，除有氧运动干预对心理旋转能力没有影响外，工作记忆和有认知需求的体育活动都能够显著提高被试的心理旋转能力，并且后者的作用更加显著[2]。据此，研究者认为将认知训练与运动训练相结合的干预方式比单独的认知训练或运动训练的积极效益更显著。此外，心理旋转能力干预训练的保持效应（Maintenance Effects）也值得探讨。有研究运用抽象图形旋转的方式训练个体心理旋转能力，发现两周训练后提升的心理旋转能力可保持1个月[139]。与此相对，虽然当前研究证实短期运动训练能够提升心理旋转能力，但研究却疏于考察这一效果的保持效应。综上，未来运动领域关于心理旋转的干预研究可更多地采取与运动规律相符的刺激材料，将其与运动项目技术特点结合，开发出有益于认知能力和运动能力的综合干预手段，并考察高水平运动者是否可能具有更稳定、更长久的心理旋转能力提升效应。

四、心理旋转的神经生理学证据

近年来,一些研究运用事件相关电位(ERP)或功能性核磁共振(fMRI)等神经生理技术挖掘运动者心理旋转的神经机制。研究发现,被试完成心理旋转任务时可以在顶叶区观测到的P300成分,波幅与图形的旋转角度负相关。与非运动员相比,运动员在进行心理旋转的P300潜伏期短,波幅大[32]。然而,当前还存在一些亟待阐明的问题,主要包括:首先,研究表明男性和女性在心理旋转任务中的脑激活模式不同[176],前文所述不同性别的专家运动员心理旋转能力的差异可能减小或消失,那么不同性别运动员是否会表现出相似的脑激活模式,目前尚不清晰。其次,以往研究认为右脑半球是空间信息加工的优势半球[177],而近期研究发现这一现象受个体空间能力影响,高空间能力个体是右侧半球视野,而低空间能力个体的优势半球视野是左侧半球视野[143]。还有研究表明,经过练习后心理旋转的右脑半球优势会消失甚至发生反转[178]。那么,在运动员群体中,不同运动水平个体的优势半球是否存在差异,以及心理旋转能力的右脑半球优势现象是否会随着运动训练而消失,需要更多研究进行解答。

参考文献

[1] 丁峻, 陈巍. 具身认知之根：从镜像神经元到具身模仿论[J]. 华中师范大学学报：人文社会科学版, 2009（1）：132-136.

[2] MOREAU D, MORRISON A B, CONWAY A R A. An ecological approach to cognitive enhancement: complex motor training[J]. Acta Psychologica, 2015, 157（5）：44-55.

[3] JANSEN P, LEHMANN J. Mental rotation performance in soccer players and gymnasts in an object-based mental rotation task[J]. Adv Cogn Psychol, 2013, 9（2）：92-98.

[4] SCHMIDT M, EGGER F, KIELIGER M, et al. Gymnasts and orienteers display better mental rotation performance than non-athletes[J]. Journal of Individual Differences, 2015, 37（1）：1-7.

[5] MOREAU D, CLERC J, MANSY-DANNAY A, et al. Spatial ability and motor performance: Assessing mental rotation processes in élite and novice athletes[J]. International Joural of Sport Psychology, 2011, 54（3）：167-179.

[6] BONDA E, PETRIDES M, FREY S, et al. Neural correlates of mental transformations of the body-in-space[J]. Proceedings of the National Academy of Sciences, 1995, 92（24）：11180-11184.

[7] KOSSLYN S M, DIGIROLAMO G J, THOMPSON W L, et al. Mental rotation of objects versus hands: neural mechanisms revealed by positron emission tomography[J]. Psychophysiology, 1998, 35（2）：151-161.

[8] SEKIYAMA K. Kinesthetic aspects of mental representations in the identification of left and right hands[J]. Perception & Psychophysics, 1982, 32（2）：89-95.

[9] PARSONS L M. Imagined spatial transformation of one's hands and feet[J]. Cognitive Psychology, 1987, 19（2）：178-241.

［10］JEANNEROD M. The representing brain: Neural correlates of motor intention and imagery［J］. Behavioral and Brain Sciences, 1994, 17（2）: 187-202.

［11］SHENTON J T, SCHWOEBEL J, COSLETT H B. Mental motor imagery and the body schema: evidence for proprioceptive dominance［J］. Neuroscience Letters, 2004, 370（1）: 19-24.

［12］SAUNER D, BESTMANN S, SIEBNER H R, et al. No evidence for a substantial involvement of primary motor hand area in handedness judgements: a transcranial magnetic stimulation study［J］. European Journal of Neuroscience, 2006, 23（8）: 2215-2224.

［13］THAYER Z C, JOHNSON B W. Cerebral processes during visuo-motor imagery of hands［J］. Psychophysiology, 2006, 43（4）: 401-412.

［14］AMORIM M-A, ISABLEU B, JARRAYA M. Embodied spatial transformations "body analogy" for the mental rotation of objects［J］. Journal of Experimental Psychology. General, 2006, 135（3）: 327-347.

［15］DECETY J. Do imagined and executed actions share the same neural substrate?［J］. Cognitive Brain Research, 1996, 3（2）: 87-93.

［16］SHEPARD R N. The mental image［J］. American Psychologist, 1978, 33（33）: 125-137.

［17］WILSON M. Six views of embodied cognition.［J］. Psychonomic Bulletin & Review, 2002, 9: 625-636.

［18］SVENSON O, EDLAND A. Change of preferences under time pressure: choices and judgements［J］. Scandinavian Journal of Psychology, 2010, 28（4）: 322-330.

［19］GUILLOT A, HOYEK N, LOUIS M, et al. Understanding the timing of motor imagery: recent findings and future directions［J］. International Review of Sport and Exercise Psychology, 2012, 5（1）: 3-22.

［20］VOYER D. Time limits and gender differences on paper-and-pencil tests of mental rotation: a meta-analysis［J］. Psychonomic Bulletin & Review, 2011, 18（2）: 267-277.

［21］李旭强, 付全. 论跳水运动中的时间知觉和空间知觉［J］. 沈阳体育学院

学报，2006，25（1）：106-107.

［22］SHEPARD R N，METZLER J. Mental Rotation of Three-Dimensional Objects ［J］. Science，1971，171（2）：701-703.

［23］CLEMENTS D H. Geometric and spatial thinking in young children. In J. V. Copley（Ed.），Mathematics in the early years（pp. 66-79）. Reston, VA：National Council of Teachers of Mathematics，1999.

［24］LINN M C，PETERSEN A C. Emergence and characterization of sex differences in spatial ability：a meta-analysis ［J］. Child Development，1985，56（6）：1479-1498.

［25］VOYER D，VOYER S，BRYDEN M P. Magnitude of sex differences in spatial abilities：a meta-analysis and consideration of critical variables ［J］. Psychological Bulletin，1995，117（2）：250.

［26］KOZHEVNIKOV M，HEGARTY M. A dissociation between object manipulation spatial ability and spatial orientation ability ［J］. Memory & Cognition，2001，29（5）：745-756.

［27］VANDENBERG S G，KUSE A R. Mental rotations，a group test of three-dimensional spatial visualization ［J］. Perceptual and motor skills，1978，47（2）：599-604.

［28］WAI J，LUBINSKI D，BENBOW C P. Spatial ability for STEM domains：Aligning over 50 years of cumulative psychological knowledge solidifies its importance ［J］. Journal of Educational Psychology，2009，101（4）：817-835.

［29］KELL H J，LUBINSKI D，BENBOW C P，et al. Creativity and technical innovation spatial ability's unique role ［J］. Psychological Science，2013，24（9）：1831-1836.

［30］祁乐瑛. 表象表征心理旋转的实证探索 ［D］. 上海：华东师范大学，2009.

［31］王积福，黄志剑，于淋. 情绪词语对摔跤运动员心理表象影响的事件相关电位研究 ［J］. 中国运动医学杂志，2015，34（4）：388-393.

［32］宋薇. 用事件相关电位检验表象能力差异的实验研究 ［D］. 北京：首都体育学院，2008.

[33] HEGARTY M, WALLER D. Individual differences in spatial abilities. In P. Shah & A. Miyake (Eds). The Cambridge handbook of visuospatial thinking [M]. New York, NY: Cambdridge University Press, 2005.

[34] MOREAU D. Unreflective actions? Complex motor skill acquisition to enhance spatial cognition [J]. Phenomenology and the Cognitive Sciences, 2015, 14 (2): 349-359.

[35] PARSONS L M. Temporal and kinematic properties of motor behavior reflected in mentally simulated action [J]. Journal of Experimental Psychology: Human Perception and Performance, 1994, 20 (4): 709.

[36] CONSON M, MAZZARELLA E, TROJANO L. Self-touch affects motor imagery: a study on posture interference effect [J]. Experimental Brain Research, 2011, 215 (2): L115.

[37] DE LANGE F P, HELMICH R C, TONI I. Posture influences motor imagery: an fMRI study [J]. Neuroimage, 2006, 33 (2): 609-617.

[38] WOHLSCHLäGER A, WOHLSCHLäGER A. Mental and manual rotation [J]. Journal of Experimental Psychology: Human Perception and Performance, 1998, 24 (2): 397.

[39] GALLESE V, SINIGAGLIA C. What is so special about embodied simulation? [J]. Trends in cognitive sciences, 2011, 15 (11): 512-519.

[40] 叶浩生. 有关具身认知思潮的理论心理学思考 [J]. 心理学报, 2011, 43 (5): 589-598.

[41] SKIPPER J I, NUSBAUM H C, SMALL S L. Listening to talking faces: motor cortical activation during speech perception [J]. Neuroimage, 2005, 25 (1): 76-89.

[42] DIJKSTRA K, MACMAHON C, MISIRLISOY M. The effects of golf expertise and presentation modality on memory for golf and everyday items [J]. Acta Psychologica, 2008, 128 (2): 298-303.

[43] ZWAAN R A, TAYLOR L J. Seeing, acting, understanding: motor resonance in language comprehension [J]. Journal of Experimental Psychology: General, 2006, 135 (1): 1.

[44] THELEN E. Grounded in the world: Developmental origins of the embodied mind [J]. Infancy, 2000, 1 (1): 3-28.

[45] PACO C, ANTONI G. Handbook of Cognitive Science: an embodied approach [M]. Cambridge: Cambridge University Press, 2015: 1-30.

[46] DECETY J, GRèZES J. The power of simulation: imagining one's own and other's behavior [J]. Brain Research, 2006, 1079 (1): 4-14.

[47] JEANNEROD M. Neural simulation of action: a unifying mechanism for motor cognition [J]. Neuroimage, 2001, 14 (1): S103-S109.

[48] 肖承丽. 序列本体感觉学习获得稳定的自我中心空间表征 [J]. 心理学报, 2013, 45 (7): 752-761.

[49] WANG R F. Between reality and imagination: When is spatial updating automatic? [J]. Perception & Psychophysics, 2004, 66 (1): 68.

[50] WALLER D, MONTELLO D R, RICHARDSON A E, et al. Orientation specificity and spatial updating of memories for layouts [J]. J Exp Psychol Learn Mem Cogn, 2002, 28 (6): 1051-1063.

[51] BARSALOU L W. Grounded cognition [J]. Annu Rev Psychol, 2008, 59: 617-645.

[52] PETERS M. Sex differences and the factor of time in solving Vandenberg and Kuse mental rotation problems [J]. Brain and Cognition, 2005, 57: 176-184.

[53] MOREAU D, CLERC J, MANSY-DANNAY A, et al. Enhancing Spatial Ability Through Sport Practice [J]. Journal of Individual Differences, 2012, 33 (2): 83-88.

[54] JOLA C, MAST F. Mental Object Rotation and Egocentric Body Transformation: Two Dissociable Processes? [J]. Spatial Cognition & Computation, 2005, 5 (2): 217-237.

[55] COOPER L A. Mental rotation of random two-dimensional shapes [J]. Cognitive Psychology, 1975, 7 (1): 20-43.

[56] ZACKS J M, OLLINGER J M, SHERIDAN M A, et al. A Parametric Study of Mental Spatial Transformations of Bodies [J]. NeuroImage, 2002, 16 (4): 857-872.

[57] STEGGEMANN Y, ENGBERT K, WEIGELT M. Selective effects of motor expertise in mental body rotation tasks: comparing object-based and perspective transformations [J]. Brain and Cognition, 2011, 76 (1): 97-105.

[58] COOPER L A, SHEPARD R N. Chronometric studies of the rotation of mental images. In: W. G. Chase (Ed.), Attention and Performance IX (pp. 75-176). Hillsdale, NJ: Erlbaum, 1973.

[59] KEEHNER M, GUERIN S, MB, TURK D, et al. Modulation of neural activity by angle of rotation during imagined spatial transformations [J]. Neuroimage, 2006, 33 (1): 391-398.

[60] MICHELON P, ZACKS J M. Two kinds of visual perspective taking [J]. Attention, Perception, & Psychophysics, 2006, 68 (2): 327-337.

[61] KALTNER S, RIECKE B E, JANSEN P. Embodied mental rotation: a special link between egocentric transformation and the bodily self [J]. Frontiers in Psychology, 2014, 5: 505.

[62] KESSLER K, THOMSON L A. The embodied nature of spatial perspective taking: embodied transformation versus sensorimotor interference [J]. Cognition, 2010, 114 (1): 72-88.

[63] HEIL M, ROLKE B. Toward a chronopsychophysiology of mental rotation [J]. Psychophysiology, 2002, 39 (4): 414-422.

[64] SHEPARD R N, COOPER L A. Mental images and their transformations [M]. Boston: MIT Press, 1986.

[65] CORBALLIS M C. Recognition of disoriented shapes [J]. Psychological Review, 1988, 95 (1): 115.

[66] YAN J, SUN J, GUO X, et al. Motor imagery cognitive network after left ischemic stroke: study of the patients during mental rotation task [J]. PloS One, 2013, 8 (10): e77325.

[67] 段娇博. 模拟失重状态心理旋转认知加工脑机制 [D]. 西安: 第四军医大学, 2015.

[68] WRIGHT R, THOMPSON W L, GANIS G, et al. Training generalized spatial skills [J]. Psychonomic Bulletin & Review, 2008, 15 (4): 763-771.

[69] JANSEN P, LEHMANN J, VAN DOREN J. Mental rotation performance in male soccer players [J]. PLoS One, 2012, 7 (10): 1310-1315.

[70] JUST M A, CARPENTER P A. Cognitive coordinate systems: Accounts of mental rotation and individual differences in spatial ability [J]. Psychological Review, 1985, 92 (2): 137-172.

[71] WIJERS A A, OTTEN L J, FEENSTRA S, et al. Brain Potentials During Selective Attention, Memory Search, and Mental Rotation [J]. Psychophysiology, 1989, 26 (4): 452-467.

[72] 林岭, 任天楠, 胡少敏, 等. 体育锻炼对健康成年人P300潜伏期以及波幅影响的元分析 [J]. 体育与科学, 2017, 38 (5): 96-108.

[73] ROCA P, MULAS F, GANDIA R, et al. Executive functioning and evoked potentials P300 pre-and post-treatment in attention deficit hyperactivity disorder [J]. Revista de Neurologia, 2013, 56: S107-118.

[74] DONCHIN, EMANUEL, COLES, et al. Is the P300 component a manifestation of context updating? [J]. Behavioral Brain Science, 1988, 11 (3): 357-374.

[75] MA Q, HU L, LI J, et al. Different Effects of Hypoxia on Mental Rotation of Normal and Mirrored Letters: Evidence from the Rotation-Related Negativity [J]. Plos One, 2016, 11 (5): e0154479-e0154479.

[76] RIEČANSKÝ I, TOMOVA L, KATINA S, et al. Visual image retention does not contribute to modulation of event-related potentials by mental rotation [J]. Brain and Cognition, 2013, 83 (2): 163-170.

[77] TER HORST A C, JONGSMA M L A, JANSSEN L K, et al. Different mental rotation strategies reflected in the rotation related negativity [J]. Psychophysiology, 2012, 49 (4): 566-573.

[78] PIERRET A, PERONNET F, THEVENET M. An electrophysiological study of the mental rotation of polygons [J]. Neuroreport, 1994, 5 (9): 1153.

[79] RöSLER F, HEIL M, BAJRIC J, et al. Patterns of cerebral activation while mental images are rotated and changed in size [J]. Psychophysiology, 1995, 32 (2): 135-149.

[80] YAN J, QIU Y, ZHU Y, et al. Mental rotation differences between Chinese characters and English letters [J]. Neuroscience Letters, 2010, 479 (2): 146-151.

[81] NúñEZ-PEñA M, AZNAR J, LINARES D, et al. Effects of dynamic rotation on event-related brain potentials [J]. Cognitive Brain Research, 2005, 24 (2): 307-316.

[82] SCHENDAN H E, LUCIA L C. Visual object cognition precedes but also temporally overlaps mental rotation [J]. Brain Research, 2009, 1294: 91-105.

[83] HORST A C T, JONGSMA M L A, JANSSEN L K, et al. Different mental rotation strategies reflected in the rotation related negativity [J]. Psychophysiology, 2012, 49 (4): 566-573.

[84] COLLINS D W, KIMURA D. A large sex difference on a two-dimensional mental rotation task [J]. Behavioral Neuroscience, 1997, 111 (4): 845-849.

[85] JAGAROO V. Mental rotation and the parietal question in functional neuroimaging: A discussion of two views [J]. European Journal of Cognitive Psychology, 2004, 16 (5): 717-728.

[86] PROVOST A, JOHNSON B, KARAYANIDIS F, et al. Two routes to expertise in mental rotation [J]. Cogn Sci, 2013, 37 (7): 1321-1342.

[87] RIEČANSKÝ I, JAGLA F. Linking performance with brain potentials: Mental rotation-related negativity revisited [J]. Neuropsychologia, 2008, 46 (13): 3069-3073.

[88] NúñEZ-PEñA M I, AZNAR-CASANOVA J A. Mental rotation of mirrored: letters: evidence from event-related brain potentials [J]. Brain and Cognition, 2009, 69 (1): 180-187.

[89] LYU Y, GUO X, BEKRATER-BODMANN R, et al. An event-related potential study on the time course of mental rotation in upper-limb amputees [J]. Clinical Neurophysiology, 2017, 128 (5): 744-750.

[90] 刘练红, 皇甫恩, 苗丹民, 等. 心理旋转的事件相关电位P300研究进展 [J]. 中华航空航天医学杂志, 2004, 15 (4): 248-250.

[91] 刘练红, 刘旭峰, 苗丹民, 等. 分类任务与心理旋转任务的事件相关电位P300比较 [J]. 中华行为医学与脑科学杂志, 2005, 14 (11): 1013-1015.

[92] 岳鹏飞, 李寿欣, 白学军. 不同场认知方式个体完成心理旋转任务时神经效能的差异: 来自皮层慢电位的证据 [J]. 心理学探新, 2012 (6).

[93] 尹丽琴. 参照物对运动员心理旋转能力的影响研究——来自ERPs的证据 [C] //2015第十届全国体育科学大会论文摘要汇编 (二).

[94] 高淑青，张连成，王钰. 身体锻炼对中老年人空间定向能力的影响：来自P300的证据[J]. 中国体育科技，2016，52（4）：59-62.

[95] 魏景汉，罗跃嘉. 事件相关电位原理与技术[M]. 北京：科学出版社，2010.

[96] SUR S, SINHA V. Event-related potential: An overview [J]. Industrial Psychiatry Journal, 2009, 18 (1): 70.

[97] LI R. Why women see differently from the way men see? A review of sex differences in cognition and sports [J]. Journal of Sport and Health Science, 2014, 3 (3): 155-162.

[98] JANSEN P, LEHMANN J. Mental rotation performance in soccer players and gymnasts in an object-based mental rotation task [J]. Advances in Cognitive Psychology, 2013, 9 (2): 92-98.

[99] JANSEN P, LEHMANN J, VAN DOREN J. Mental Rotation Performance in Male Soccer Players [J]. PLoS ONE, 2012, 7 (10): e48620-e48620.

[100] PIETSCH S, JANSEN P. Different mental rotation performance in students of music, sport and education [J]. Learning and Individual Differences, 2012, 22 (1): 159-163.

[101] HABACHA H, LEJEUNE-POUTRAIN L, MARGAS N, et al. Effects of the axis of rotation and primordially solicited limb of high level athletes in a mental rotation task [J]. Hum Mov Sci, 2014, 37: 58-68.

[102] HABACHA H, MOLINARO C, TABBEN M, et al. Implementation of specific motor expertise during a mental rotation task of hands [J]. Exp Brain Res, 2014, 232 (11): 3465-3473.

[103] SYLVIE O, LARUE J, MOLINARO C. Relation between sport activity and mental rotation: comparison of three groups of subjects. [J]. Perceptual & Motor Skills, 2002, 95 (3f): 1141-1154.

[104] HABACHA H, MOLINARO C, DOSSEVILLE F. Effects of gender, imagery ability, and sports practice on the performance of a mental rotation task [J]. Am J Psychol, 2014, 127 (3): 313-323.

[105] SYLVIE O, JACQUES L, MOLINARO C. Relation Between Sport and Spatial Imagery: Comparison of Three Groups of Participants [J]. The Journal of Psychology, 2004, 138 (1): 49-64.

[106] PASAND F, REKABI A, GOODARZI A M, et al. The Comparison of Mental Rotation Performance in Team and Individual Sports of Students [J]. International Journal of Kinesiology and Sports Science, 2015, 3(1): 21-26.

[107] HABACHA H, LEJEUNE-POUTRAIN L, MARGAS N, et al. Effects of the axis of rotation and primordially solicited limb of high level athletes in a mental rotation task [J]. Human Movement Science, 2014, 37: 58-68.

[108] PIETSCH S, JANSEN P. The Relationship between Coordination Skill and Mental Rotation Ability [M] //Spatial Cognition VIII. Springer Berlin Heidelberg, 2012.

[109] GOLDSTEIN D, HALDANE D, MTCHELL C. Sex differences in visual-spatial ability: The role of performance factors [J]. Memory & Cognition, 1990, 18(5): 546-550.

[110] PETERS M, MANNING J T, REIMERS S. The effects of sex, sexual orientation, and digit ratio (2D:4D) on mental rotation performance [J]. Archives of Sexual Behavior, 2007, 36(2): 251-260.

[111] SIEGEL-HINSON R I, MCKEEVER W F. Hemispheric specialisation, spatial activity experience, and sex differences on tests of mental rotation ability [J]. Laterality, 2002, 7(1): 59-74.

[112] QUAISER-POHL C, NEUBURGER S, HEIL M, et al. Is the male advantage in mental-rotation performance task independent? On the usability of chronometric tests and paper-and-pencil tests in children [J]. International Journal of Testing, 2014, 14(2): 122-142.

[113] BORELLA E, MENEGHETTI C, RONCONI L, et al. Spatial abilities across the adult life span [J]. Developmental Psychology, 2014, 50(2): 384.

[114] KALTNER S, JANSEN P. Developmental changes in mental rotation: A dissociation between object-based and egocentric transformations [J]. Advances in Cognitive Psychology, 2016, 12(2): 67-78.

[115] 张连成, 高淑青, 等. 身体锻炼对认知老化的延迟作用: 来自脑科学的证据 [J]. 天津体育学院学报, 2014, 29(4): 309-312.

[116] 张立敏, 查圣祥. 体育锻炼对老年人执行功能的影响: 多重中介模型的检验 [J]. 体育与科学, 2017(4): 94-102.

[117] VOYER D, JANSEN P. Motor expertise and performance in spatial tasks: A meta-analysis [J]. Human Movement Science, 2017, 54 (April): 110-124.

[118] HEPPE H, KOHLER A, FLEDDERMANN M-T, et al. The Relationship between Expertise in Sports, Visuospatial, and Basic Cognitive Skills [J]. Frontiers in Psychology, 2016, 7: 1-14.

[119] KALTNER S, JANSEN P. Does Body Awareness Influence Visual Spatial Intelligence? [J]. International Journal of Learning, Teaching and Educational Research, 2015, 13 (4): 1-13.

[120] JANSEN P, LANGE L, HEIL M. The influence of juggling on mental rotation performance in children [J]. Biomedical Human Kinetics, 2011, 3 (2): 223-229.

[121] 郑宏伟, 闫苍松, 隋雪. 体育专业大学生的心理旋转能力 [J]. 体育学刊, 2004 (2): 69-72.

[122] HEINEN T. Does the athletes' body shape the athletes' mind? A few ideas on athletes' mental rotation performance. Commentary on Jansen and Lehmann [J]. Adv Cogn Psychol, 2013, 9 (2): 99-101.

[123] WOHLSCHLäGER A, WOHLSCHLäGER A. Mental and manual rotation [J]. Journal of Experimental Psychology Human Perception & Performance, 1998, 24 (2): 397-412.

[124] MOREAU D. The role of motor processes in three-dimensional mental rotation: Shaping cognitive processing via sensorimotor experience [J]. Learning and Individual Differences, 2012, 22 (3): 354-359.

[125] MOREAU D. Constraining movement alters the recruitment of motor processes in mental rotation [J]. Exp Brain Res, 2013, 224 (3): 447-454.

[126] LAMM C, WINDISCHBERGER C, MOSER E, et al. The functional role of dorso-lateral premotor cortex during mental rotation: an event-related fMRI study separating cognitive processing steps using a novel task paradigm [J]. NeuroImage, 2007, 36 (4): 1374-1386.

[127] BERNEISER J, JAHN G, GROTHE M, et al. From visual to motor strategies: Training in mental rotation of hands [J]. Neuroimage, 2016, 167: 247-255.

[128] HEINEN T, JERAJ D. The athletes' body shapes the athletes' mind-new perspectives on mental rotation performance in athletes [J]. Problems of psychology in the 21st century, 2013, 7: 23-31.

[129] SVENSON O, EDLAND A. Change of preferences under time pressure: choices and judgements [J]. Scandinavian Journal of Psychology, 1987, 28 (4): 322-330.

[130] 叶浩生. 具身认知: 认知心理学的新取向 [J]. 心理科学进展, 2010, 18 (5): 705-710.

[131] 吕中凡. 时间压力对不同水平足球运动员注意范围影响研究 [J]. 辽宁师范大学学报: 自然科学版, 2010, 33 (2): 267-269.

[132] DAN A, DAN Z. A timely account of the role of duration in decision making [J]. Acta Psychologica, 2001, 108 (2): 187-207.

[133] 王大伟. 决策制定过程中时间压力效应的实验研究 [D]. 上海: 华东师范大学, 2007: 26-29.

[134] 王大伟. 决策制定过程中的时间压力效应 [J]. 心理研究, 2009, 2 (6): 42-46.

[135] 李爱梅, 颜亮, 王笑天, 等. 时间压力的双刃效应及其作用机制 [J]. 心理科学进展, 2015, 23 (9): 1627-1636.

[136] 王进, 娄虎, 唐寅平, 等. 解读竞赛压力下的运动表现: 一个"Clutch"视角的运动能力初探 [J]. 体育科学, 2013, 33 (6): 14-22.

[137] CALMELS C, FOURNIER J F. Duration of physical and mental execution of gymnastic routines [J]. Sport Psychologist, 2001, 15 (25-27): 142-150.

[138] WEXLER M, KOSSLYN S M, BERTHOZ A. Motor processes in mental rotation [J]. Cognition, 1998, 68 (1): 77-94.

[139] MENEGHETTI C, BORELLA E, PAZZAGLIA F. Mental rotation training: transfer and maintenance effects on spatial abilities [J]. Psychological Research, 2015, 80 (1): 1-15.

[140] RODáN A, CONTRERAS M J, ELOSúA M R, et al. Experimental But Not Sex Differences of a Mental Rotation Training Program on Adolescents [J]. Frontiers in Psychology, 2016, 415 (7): 1-12.

[141] ADAMS D M, STULL A T, HEGARTY M. Effects of Mental and Manual Rotation Training on Mental and Manual Rotation Performance [J]. Spatial

Cognition & Computation, 2014, 14 (3): 169-198.

[142] ERICSSON K A, KRAMPE R T, TESCH-RöMER C. The role of deliberate practice in the acquisition of expert performance [J]. Psychological Review, 1993, 100 (3): 363-406.

[143] VOYER D, BRYDEN M. Gender, level of spatial ability, and lateralization of mental rotation [J]. Brain and Cognition, 1990, 13 (1): 18-29.

[144] HEIRANI A, VAZINITAHER A, SOORI Z, et al. Relationship between choice reaction time and expertise in team and individual sports: a gender differences approach [J]. Australian Journal of Basic & Applied Sciences, 2012, 6 (8): 344-348.

[145] KIOUMOURTZOGLOU E, KOURTESSIS T, MICHALOPOULOU M, et al. Differences in several perceptual abilities between experts and novices in basketball, volleyball and water-polo [J]. Perceptual & Motor Skills, 1998, 86 (1): 899-912.

[146] PIRAS A, LOBIETTI R, SQUATRITO S. Response Time, Visual Search Strategy, and Anticipatory Skills in Volleyball Players [J]. Journal of Ophthalmology, 2014, 2014 (4): 189268.

[147] ZWIERKO T, OSINSKI W, LUBINSKI W, et al. Speed of Visual Sensorimotor Processes and Conductivity of Visual Pathway in Volleyball Players [J]. Journal of Human Kinetics, 2010, 23 (1): 21-27.

[148] VEREZA S C. Philosophy in the flesh: the embodied mind and its challenge to Western thought [M]. Basic Books, 1999: 169-170.

[149] DECETY J. Is there such a thing as functional equivalence between imagined, observed, and executed action? In A. N. Meltzoff & W. Prinz (Eds.), The imitative mind: Development, evolution, and brain bases (pp. 291-310) [M]. Cambridge, England: Cambridge University Press, 2002.

[150] UTTAL D H, MEADOW N G, TIPTON E, et al. The malleability of spatial skills: A meta-analysis of training studies [J]. Psychological Bulletin, 2013, 139 (2): 352-402.

[151] LOHMAN D F. The effect of speed-accuracy tradeoff on sex differences in mental rotation [J]. Perception & Psychophysics, 1986, 39 (6): 427-436.

［152］COURCHESNE E，HILLYARD S A，GALAMBOS R. Stimulus novelty, task relevance and the visual evoked potential in man［J］. Electroencephalography and Clinical Neurophysiology，1975，39（2）：131-143.

［153］FOLSTEIN J R，VAN PETTEN C. Influence of cognitive control and mismatch on the N2 component of the ERP：a review［J］. Psychophysiology，2008，45（1）：152-170.

［154］HAYASHI R，MATSUZAWA Y，KUBO K，et al. Effects of simulated high altitude on event-related potential（P300）and auditory brain-stem responses［J］. Clinical Neurophysiology，2005，116（6）：1471-1476.

［155］DONCHIN E，COLES M G. Is the P300 component a manifestation of context updating？［J］. Behavioral and Brain Sciences，1988，11（3）：357-374.

［156］KOK A. On the utility of P3 amplitude as a measure of processing capacity［J］. Psychophysiology，2001，38（3）：557-577.

［157］RöSLER F，SCHUMACHER G，SOJKA B. What the brain reveals when it thinks. Event-related potentials during mental rotation and mental arithmetic［J］. The German Journal of Psychology，1990，14：185-203.

［158］RIECANSKY I，TOMOVA L，KATINA S，et al. Visual image retention does not contribute to modulation of event-related potentials by mental rotation［J］. Brain Cogn，2013，83（2）：163-170.

［159］HEIL M，BAJRIĆJ，RöSLER F，et al. Event-related potentials during mental rotation：Disentangling the contributions of character classification and image transformation［J］. Journal of Psychophysiology，1996，10（4）：326-335.

［160］VERLEGER R，ŚMIGASIEWICZ K. Do rare stimuli evoke large P3s by being unexpected？ A comparison of oddball effects between standard-oddball and prediction-oddball tasks［J］. Advances in Cognitive Psychology，2016，12（2）：88.

［161］HABACHA H，LEJEUNE-POUTRAIN L，MOLINARO C. Realistic Stimuli Reveal Selective Effects of Motor Expertise During a Mental Body Rotation Task［J］. American Journal of Psychology，2017，130（1）：47.

［162］WASCHER E，SCHNEIDER D，HOFFMANN S，et al. When compensation fails: attentional deficits in healthy ageing caused by visual distraction [J]. Neuropsychologia, 2012, 50 (14): 3185-3192.

[163] ALVES H, VOSS M W, BOOT W R, et al. Perceptual-cognitive expertise in elite volleyball players [J]. Frontiers in Psychology, 2013, 4 (36): 36.

[164] BENSON III L, BEACH L R. The Effects of Time Constraints on the Prechoice Screening of Decision Options [J]. Organizational Behavior and Human Decision Processes, 1996, 67 (2): 222-228.

[165] SEYA Y, MORI S. Tradeoff between manual response speed and pursuit accuracy revealed by a deadline procedure [J]. Experimental Brain Research, 2015, 233 (6): 1845-1854.

[166] BENIKOS N, JOHNSTONE S J, ROODENRYS S J. Varying task difficulty in the Go/Nogo task: the effects of inhibitory control, arousal, and perceived effort on ERP components [J]. International Journal of Psychophysiology, 2013, 87 (3): 262-272.

[167] VOYER D. Scoring procedure, performance factors, and magnitude of sex differences in spatial performance [J]. American Journal of Psychology, 1997, 110 (2): 259-276.

[168] LIESEFELD H R, FU X, ZIMMER H D. Fast and careless or careful and slow? Apparent holistic processing in mental rotation is explained by speed-accuracy trade-offs [J]. J Exp Psychol Learn Mem Cogn, 2015, 41 (4): 1140-1151.

[169] ZHAO B, DELLA SALA S. Different Representations and Strategies in Mental Rotation [J]. Quarterly Journal of Experimental Psychology, 2017, 71 (1): 1-26.

[170] KAIL R, CARTER P, PELLEGRINO J. The locus of sex differences in spatial ability [J]. Perception & Psychophysics, 1979, 26 (3): 182-186.

[171] VAN D L, ROB H. J, JAŚKOWSKI P, WAUSCHKUHN B, et al. Influence of time pressure in a simple response task, a choice-by-location task, and the Simon task [J]. Journal of Psychophysiology, 2001, 15 (4): 241-255.

［172］王小春. 网球运动员时空预测特征及ERP研究［D］. 上海：上海体育学院，2012.

［173］GARDNER D G. Activation theory and task design: An empirical test of several new predictions［J］. Journal of Applied Psychology, 1986, 71（3）: 411-418.

［174］KOSSLYN S M, MALJKOVIC V, HAMILTON S E, et al. Two types of image generation: evidence for left and right hemisphere processes［J］. Neuropsychologia, 1995, 33（11）: 1485-1510.

［175］RYAN L R, BROWNLOW S, PATTERSON B. Women's Mental Rotation Abilities as a Function of Priming［J］. Psychology, 2015, 06（3）: 217-222.

［176］JORDAN K, WüSTENBERG T, HEINZE H-J, et al. Women and men exhibit different cortical activation patterns during mental rotation tasks［J］. Neuropsychologia, 2002, 40（13）: 2397-2408.

［177］COHEN G. Hemispheric differences in the effects of cuing in visual recognition tasks［J］. Journal of Experimental Psychology: Human Perception and Performance, 1975, 1（4）: 366.

［178］HANNAY H J, DEE H L, BURNS J W, et al. Experimental reversal of a left visual field superiority for forms［J］. Brain and Language, 1981, 13（1）: 54-66.

附 录

知情同意书（行为实验）

编号：（ ）

在我们所处的空间里，如何正确辨别方位和角度？您可能经常感到疑惑，为什么有些人魔方玩得好？如何确保第一次使用一把钥匙就能以正确的方向插入锁孔？与朋友出去吃饭，在TA看菜单的时候，您能否在那张倒置的菜单中找到自己心仪的菜色？参加我们的实验，或许您能得到答案。

本实验测试的是您想象物体在空间中变换和旋转的能力，您需要填写基本信息并进行计算机测试，完成实验您会得到测试报告以及一定报酬。基本信息请您务必根据个人真实情况填写，计算机测试需要您根据具体要求对电脑屏幕呈现的图像进行判断并按键反应。整个实验过程为30分钟，分为几个部分进行，在每个部分结束时您可以进行适当的休息。参加这个研究项目是完全自愿的，无论您出于任何原因,在任何时候均有权要求退出研究。本研究的结果可能会在学术期刊或书籍上发表，但是您的名字或者其他可以确认您的信息将不会在任何发表文档中出现。

下面的内容是基于本研究相关内容设计的关于您的一般情况的问卷，研究人员承诺这些内容仅供用于核实是否存在不适于参加本研究的情况，不做他用，并为受试者严格保密。

基本信息表（非运动员）

1. 姓名：（   ）

2. 性别：（   ）

3. 年龄：（   ）岁

4. 年级：（   ）

5. 是否参加过专业体育训练？（请在合适的选项前的括号里打"√"）

（ ）是

（ ）否

6. 是否参加过心理旋转或表象能力测试?

（ ）是

（ ）否

基本信息表（运动员）

1. 姓名：(   )

2. 性别：(   )

3. 年龄：(   )岁

4. 年级：(   )

5. 运动等级：（请在合适的选项前的括号里打"√"）

   (   ) 无等级

   (   ) 二级

   (   ) 一级

   (   ) 健将及以上

6. 专业训练年限：(   )年

7. 最好成绩：

   (   ) 无成绩

   (   ) 省级比赛前八名

   (   ) 国家比赛前八名

   (   ) 洲际/国际比赛前八名

8. 是否参加过心理旋转或表象能力测试？

   (   ) 是

   (   ) 否

我声明我已经被告知本研究的目的、过程、可能的危险和副作用以及潜在的获益和费用。我的所有问题都得到满意的回答。我已经详细阅读了知情同意书。我下面的签名表明我愿意参加本研究。

参加者签名   日期

_____   _____

实验者签名   日期

_____   _____

知情同意书（脑电实验）

编号：（　　）

在我们所处的空间里，如何正确辨别方位和角度？你可能经常感到疑惑，为什么有些人魔方玩得好？如何确保第一次使用一把钥匙就能以正确的方向插入锁孔？与朋友出去吃饭，在TA看菜单的时候，你能否在那张倒置的菜单中找到自己心仪的菜色？参加我们的实验，或许你能得到答案。

本实验测试的是您想象物体在空间中变换和旋转的能力，您需要填写基本信息，并带着电极帽（无痛无创）进行计算机测试（测试时间50分钟左右），完成实验您会得到测试报告以及一定报酬。基本信息请您务必根据个人真实情况填写，计算机测试需要您根据具体要求对电脑屏幕呈现的图像进行判断并按键反应。在计算机实验过程中，我们将要求您尽可能保持不动，因为过度运动将对记录造成很大影响。实验会分为几个部分进行，在每个部分结束时您可以进行适当的休息。如果在实验过程中您感到有任何不适，请及时告知研究人员。参加这个研究项目是完全自愿的，无论您出于任何原因,在任何时候均有权要求退出研究。本研究的结果可能会在学术期刊或书籍上发表，但是您的名字或者其他可以确认您的信息将不会在任何发表文档中出现。

下面的内容是基于本研究相关内容设计的关于受试者一般情况的问卷，研究人员承诺这些内容仅供用于核实受试者是否存在不适于参加本研究的情况，不做他用，并为受试者严格保密。

基本信息表（非运动员）

1. 姓名：（　　）
2. 性别：（　　）
3. 年龄：（　　）岁
4. 年级：（　　）
5. 是否参加过专业体育训练？（请在合适的选项前的括号里打"√"）

　　（　　）是

　　（　　）否

6. 是否参加过心理旋转或表象能力测试？

　　（　　）是

　　（　　）否

基本信息表（运动员）

1. 姓名：（　　　）
2. 性别：（　　　）
3. 年龄：（　　　）岁
4. 年级：（　　　）
5. 运动等级：（请在合适的选项前的括号里打"√"）

　（　　）无等级

　（　　）二级

　（　　）一级

　（　　）健将及以上

6. 专业训练年限：（　　　）年

7. 最好成绩：

　（　　）无成绩

　（　　）省级比赛前八名

　（　　）国家比赛前八名

　（　　）洲际国际比赛前八名

8. 是否参加过心理旋转或表象能力测试？

　（　　）是

　（　　）否

　我声明我已经被告知本研究的目的、过程、可能的危险和副作用以及潜在的获益和费用。我的所有问题都得到满意的回答。我已经详细阅读了本被试同意书。我下面的签名表明我愿意参加本研究。

参加者签名　　　　　　　　　　　　　　　　日期

_____　　　　　　　　_____

实验者签名　　　　　　　　　　　　　　　　日期

_____　　　　　　　　_____